국민은행
신입행원 채용대비
제1회 모의고사

성명		생년월일	
문제 수(배점)	100문항	풀이시간	/ 100분
영역	직업기초능력 + 직무심화지식 + 상식		
비고	객관식 4지선다형		

✳ 유의사항 ✳

- 문제지 및 답안지의 해당란에 문제유형, 성명, 응시번호를 정확히 기재하세요.
- 모든 기재 및 표기사항은 "컴퓨터용 흑색 수성 사인펜"만 사용합니다.
- 예비 마킹은 중복 답안으로 판독될 수 있습니다.

01 직업기초능력

1. 다음 글을 읽고 알 수 있는 내용은?

> 고대 그리스의 원자론자 데모크리토스는 자연의 모든 변화를 원자들의 운동으로 설명했다. 모든 자연현상의 근거는, 원자들, 빈 공간 속에서의 원자들의 움직임, 그리고 그에 따른 원자들의 배열과 조합의 변화라는 것이다.
>
> 한편 데카르트에 따르면 연장, 즉 퍼져있음이 공간의 본성을 구성한다. 그런데 연장은 물질만이 가지는 속성이기 때문에 물질 없는 연장은 불가능하다. 다시 말해 아무 물질도 없는 빈 공간이란 원리적으로 불가능하다. 데카르트에게 운동은 물속에서 헤엄치는 물고기의 움직임과 같다. 꽉 찬 물질 속에서 물질이 자리바꿈을 하는 것이다.
>
> 뉴턴에게 3차원 공간은 해체할 수 없는 튼튼한 집 같은 것이었다. 이 집은 사물들이 들어올 자리를 마련해 주기 위해 비어 있다. 사물이 존재한다는 것은 어딘가에 존재한다는 것인데 그 '어딘가'가 바로 뉴턴의 절대공간이다. 비어 있으면서 튼튼한 구조물인 절대공간은 그 자체로 하나의 실체는 아니지만 '실체 비슷한 것'으로서, 객관적인 것, 영원히 변하지 않는 것이었다.
>
> 라이프니츠는 빈 공간을 부정한다는 점에서 데카르트와 의견을 같이했다. 그러나 데카르트가 뉴턴과 마찬가지로 공간을 정신과 독립된 객관적 실재로 보았던 반면, 라이프니츠는 공간을 정신과 독립된 실재라고 보지 않았다. 그가 보기에는 '동일한 장소'라는 관념으로부터 '하나의 장소'라는 관념을 거쳐 모든 장소들의 집합체로서의 '공간'이라는 관념이 나오는데, '동일한 장소'라는 관념은 정신의 창안물이다. 결국 '공간'은 하나의 거대한 관념적 상황을 표현하고 있을 뿐이다.

① 만일 빈 공간의 존재에 관한 데카르트의 견해가 옳다면, 뉴턴의 견해도 옳다.

② 만일 공간의 본성에 관한 라이프니츠의 견해가 옳다면, 데카르트의 견해는 옳지 않다.

③ 만일 공간의 본성에 관한 데카르트의 견해가 옳다면, 데모크리토스의 견해도 옳다.

④ 만일 공간의 본성에 관한 뉴턴의 견해가 옳다면, 라이프니츠의 견해도 옳다.

2. 다음 글을 통해 알 수 있는 것은?

식량부족 해결책으로 품종 개발을 계획하였다. 1962년 필리핀에 설립된 국제미작연구소에서 생산성이 높은 품종 개발 연구를 시작하였는데, 당시 반 왜성 품종의 밀과 벼가 생산성이 높다고 인정되었기 때문에 반 왜성 품종 유전자와 열대지역의 인디카, 온대지역의 자포니카 품종을 결합하는 교배를 진행하였다. 이를 통해 만들어진 벼들 가운데 우수종자를 선발하고 교배하여 더욱 발전시켰다. 그 결과 1971년에 통일벼가 개발되었고 이듬해 농가에 보급되어 본격적인 재배가 시작되었다. 통일벼는 키가 짧고 내비성과 광합성 능력이 높아 당시 다른 품종보다 약 30 ~ 40% 가량 생산성이 높은 다수확 품종이었다. 또한 도열병, 줄무늬잎마름병, 흰잎마름병 등 주요 병해에도 강하다는 특성이 있었다. 때문에 정부에서도 이를 적극 권장하였으며, 이중곡가제를 실시하였다. 1976년에는 통일벼의 재배면적은 전체 44%로 확대되면서 521.5만 톤을 생산해냈고, 안정적인 자급자족이 이루어졌다. 이후 세계 벼 육종학자들은 물론, 농학계의 관심 대상이 되었다. 그러나 인디카 품종유전자가 높았기 때문에 저온에 대한 내성이 약했다. 찰기가 많고 품질이 좋은 자포니아 품종에 비하여 찰기가 없고 품질이 다소 떨어지며 탈립성이 약해서 수확기에 알맹이가 쉽게 떨어져 나가는 등의 단점이 있었다. 이를 개선하기 위한 연구를 추진하여 조생통일, 영남조생, 유신 등의 통일형 품종이 개발·보급되었으나 1980년대부터는 통일벼 과다생산의 우려와 양질의 쌀을 추구함에 따라 재배면적이 줄어들었다. 하지만 기적의 볍씨라고도 불리는 통일벼의 개발은 우리나라 식량자급의 직접적인 계기가 되었고, 작물육종 기술 격상과 나라의 안정 및 발전에 크게 이바지하였다. 이를 바탕으로 최근에는 농·식품 수출시장 확대를 위하여 쌀의 품질을 보다 끌어올려 생산량은 유지하되 해외시장을 공략하려는 사업이 일고 있다.

① 통일벼가 본격적으로 보급된 시기의 재배 면적은 44%에 달하였다.
② 역사상 최초로 자급자족을 이루었다.
③ 정부에서는 농민에게 비싸게 사들이고, 저렴한 가격으로 보급하였다.
④ 후에 비탈립성의 단점 등의 이유로 재배면적이 줄어들었다.

3. 다음 글의 내용과 일치하지 않는 것은 어느 것인가?

인문학이 기업 경영에 도움을 주는 사례는 대단히 많다. 휴렛패커드의 칼리 피오리나는 중세에서 르네상스로 전환하는 시기에 대한 관심이 디지털시대로 전환하는 시대를 이해하는 데 큰 도움을 주고 있다는 말을 하곤 한다. 또 마이클 아이스너 디즈니 CEO는 자신의 인문학적 소양이 국제 관계를 다루는데 큰 도움이 되었다고 한다.

역사나 문학은 인간과 사회에 대한 다양한 사례를 제공함으로써 인간과 사회를 깊이 이해하게 한다. 철학이 인간과 사회에 대한 본질적인 문제를 다루고 우리가 무엇을 지향해야 할 것인가 하는 가치의 문제를 다루게 하는 것과 함께 고려하면 문학, 역사, 철학은 인간과 사회에 대한 다양한 경험과 깊은 통찰을 알려주고 연마하는 중요한 학문임을 알게 된다. 그 핵심은 소통하고 공감하는 능력이다.

사회 환경 변화에 민감할 수밖에 없는 기업이 이를 가장 예민하게 받아들이고 있다. 현재는 경영 환경이 이전과 달리 복합적이고 복잡하다. 소비 자체가 하나의 문화적 현상이 되면서 기업도 물건을 파는 것이 아니라 문화를 함께 제공하여야 한다. 당연한 말이지만 이를 해결하기 위해서는 단편적인 지식이 아니라 인간을 이해하고 사회 문화를 파악할 수 있는 통찰력과 복합적 사고력이 요구된다.

게다가 요즈음은 새로운 기술이 개발되었다고 해도 복제나 다른 방법을 통해 곧 평준화된다. 신기술의 생명이 점점 짧아지는 것이 바로 이러한 추세를 반영한다. 그렇다면 후발 기업이나 선진 기업의 기술 격차가 난다고 해도 그것이 못 따라갈 정도는 아니라는 말이다. 지금의 차이도 시간의 문제일 뿐 곧 평준화된다고 보아야 한다. 이제 기술을 통해서 차별을 할 수 있는 시기는 지난 것이다.

이런 때 요구되는 것은 인간에 대한 깊은 이해로부터 만들어진 차별이다. 문화를 통한 기술이라는 것이 바로 이런 점이다. 어느 기업이든 인간을 어떻게 보느냐에 따라서 생산물에 그 철학이 담기게 되고 이것은 독특한 색채가 된다.

① 인문학적 소양은 인간과 사회를 깊이 이해하게 한다.
② 문학, 역사, 철학이 인간 사회에 주는 영향의 핵심은 소통과 공감 능력이다.
③ 소비자의 소비 행위는 단순히 물건을 구매하는 것을 넘어 하나의 문화적 현상이 되었다.
④ 기술 개발력의 향상으로 기업 간 격차와 차별화는 날로 심해진다.

4. 다음 글을 읽고 논리적 흐름에 따라 바르게 배열한 것을 고르시오.

> (가) 중동이란 단어는 오늘날 학계와 언론계에서 자주 사용되고 있다. 그러나 이 단어의 역사는 그리 길지 않다. 유럽, 특히 영국은 19세기 이래 아시아지역에서 식민정책을 펼치기 위해 전략적으로 이 지역을 근동, 중동, 극동의 세 지역으로 구분했으며, 이후 이러한 구분은 『런던 타임즈』에 기고된 글을 통해 정착되었다. 따라서 이 단어 뒤에는 중동을 타자화한 유럽 중심적인 사고관이 내재되어 있다.
>
> (나) 대부분의 사람들은 '이슬람', '중동', 그리고 '아랍'이라는 지역 개념을 혼용한다. 그러나 엄밀히 말하면 세 지역 개념은 서로 다르다.
>
> (다) 이슬람지역이 가장 광의의 지역 개념이라면 아랍은 가장 협소한 지역 개념이다. 아랍인들은 셈족이라는 종족적 공통성과 더불어 아랍어와 이슬람 문화를 공유하고 있다. 아랍지역에 속하는 국가는 아랍연맹 회원국 22개국이다. 아랍연맹 회원국에는 아라비아 반도에 위치한 사우디아라비아, 바레인, 쿠웨이트, 이라크, 오만, 아랍에미레이트 등과 북아프리카 지역의 알제리, 모로코, 리비아, 튀니지, 이집트, 수단 등이 포함된다.
>
> (라) 우선 이슬람지역은 이슬람교를 믿는 무슬림이 많이 분포된 지역을 지칭하는 것으로 종교적인 관점에서 구분한 지역 개념이다. 오늘날 무슬림은 전 세계 약 57개국에 많게는 약 16억, 적게는 약 13억이 분포된 것으로 추정되며, 그 수는 점점 더 증가하는 추세이다. 무슬림 인구는 이슬람교 가 태동한 중동지역에 집중되어 있다. 또한 무슬림은 중국 과 중앙아시아, 동남아시아, 북아프리카 지역에 걸쳐 넓게 분포해 있다.
>
> (마) 중동지역의 지리적 정의는 학자에 따라, 그리고 국가의 정책에 따라 다르다. 북아프리카에 위치한 국가들과 소련 해체 이후 독립한 중앙아시아의 신생 독립국들을 이 지역에 포함시켜야 하는가에 대해서는 확고하게 정립된 입장은 아직 없지만, 일반적으로 합의된 중동지역에는 아랍연맹 22개국과 비아랍국가인 이란, 터키 등이 포함된다. 이 중 터키는 유럽 연합 가입을 위해 계속적으로 노력하고 있으나 거부되고 있다.

① (가) - (마) - (나) - (다) - (라)
② (나) - (라) - (가) - (마) - (다)
③ (나) - (라) - (다) - (마) - (가)
④ (라) - (가) - (나) - (마) - (다)

5. 〈보기〉는 '자연 재해로 인한 재난과 나눔'에 관한 글을 쓰기 위해 작성한 개요이다. 수정 의견으로 가장 적절한 것은?

> 〈보기〉
> Ⅰ. 자연 재해의 피해
> - 국내와 국외의 자연 재해 실태
> Ⅱ. 자연 재해의 종류와 예방법
> 1. 종류 ·········· ㉠
> 가. 기상 이변 : 태풍, 홍수, 가뭄
> 나. 지변 재해 : 지진, 화산
> 다. 생물 재해 : 병충해, 전염병, 풍토병 ·········· ㉡
> 2. 예방법
> 가. 기상 이변에 대한 대비
> 나. 위험 시설물의 지진 대비 설계
> 다. 국내와 해외 이동의 검역 철저
> Ⅲ. 자연 재해 피해자에 대한 구호 방안 ·········· ㉢
> 1. 각종 구호단체에 의연금 기부
> 2. 자원 봉사를 통한 이재민 구호
> 3. SNS(소셜 네트워크 서비스)를 통한 위험 경고········· ㉣
> Ⅳ. 자연 재해의 재난 극복과 나눔의 세상 이룩

① ㉠의 하위 항목으로 '교통 재해 : 지하철 사고, 선박 침몰 사고'를 추가해야겠어.
② ㉡은 주제에서 벗어난 내용이어서 'Ⅱ-1-나'와 중복되므로 생략해야겠어.
③ 글의 완결성을 위해 ㉢은 '자연 재해를 예방하기 위한 실천 방안'으로 바꿔야겠어.
④ 논리적 일관성을 고려해 ㉣은 Ⅱ-2의 하위 항목으로 옮겨야겠어.

6. '사회 통합을 위한 언어 정책 마련'이라는 주제로 생각을 정리한 것이다. 논지 전개 과정으로 보아 [가]에 들어갈 내용으로 적절하지 않은 것은?

논지의 전개 과정	주요 내용
문제의 실태	외국인 근로자, 여성 결혼 이민자, 새터민 등의 증가에 따른 언어 소통의 문제와 세대 간의 언어 차이로 인한 사회 통합이 어려워지고 있다.
문제의 원인	- 우리 사회의 국제화 및 다변화 추세에 따른 준비가 부족했다. - 젊은 층의 언어 질서 파괴에 따른 세대 간의 언어 장벽이 형성되고 있다.
문제 해결을 위한 방향	- 국제화 및 다변화 시대의 한국어 교육을 위한 관련 부서의 대책 마련이 필요하다. - 세대 간의 언어 차이를 극복할 수 있는 소통의 장을 마련하여야 한다.
구체적인 문제 해결 방안	[가]

* 새터민 : '탈북자'를 가리키는 표현

① 국제화, 다변화에 따른 국민 의식의 전환을 유도하여야 할 것이며, 아울러 실질적인 한국어 소통 능력을 향상시킬 수 있는 프로그램을 만들어 실행한다.

② 시대의 변화에 따른 국제화, 다변화의 필연성을 인정하고, 해당자들을 위한 언어 정책을 적극적으로 모색하여야 한다.

③ 전문가들의 정확한 진단에 따른 분석을 바탕으로 세대 간 언어 차이의 원인과 실상을 명확히 하고, 필요한 경우 통합을 위한 언어 대책을 강구하여야 한다.

④ 새터민은 제도적, 사회적 차이에서 오는 심리적 부적응과 생활상의 문제가 더 시급하므로 담당 사회복지사를 배정한다.

7. 아래 글을 고쳐 쓰기 위한 의견으로 타당하지 않은 것은?

> 화분에 있는 꽃에 물을 줄 때 어떻게 해야 할까? 꽃을 키울 때 가장 어려운 일은 물 주기다. ㉠물이 적게 주어도 안 되고, 많이 주어도 안 된다. 품종에 따라 적당하게 주어야 한다. ㉡바람이 적당하게 통하게 하는 것은 그런 면에서 중요하다. 토양의 수분 상태를 미리 파악하면 물 주는 시기의 양을 쉽게 조절할 수 있다. 먼저 나무로 된 이쑤시개를 2~3cm 깊이로 흙에 꽂고 30분 뒤 꺼냈을 때 이쑤시개가 1cm 이상 젖어 있다면 뿌리가 흡수할 수 있는 수분이 있다는 표시로 볼 수 있다. ㉢그 이상이면 물을 충분히 줘야 한다. 또 손가락으로 흙을 눌러 잘 들어가지 않으면 토양이 메말랐다는 증거이다.
>
> 물을 주는 방법도 중요하다. 보통 화초에 물을 줄 때 잎이나 꽃에 주는 경우가 많다. 그리고 꽃에 물을 주면 꽃봉오리가 떨어지거나 빨리 시들게 되고, 잎과 잎 사이에 주름진 곳에 물을 주면 잎이 썩을 수도 있다. 따라서 물은 흙에만 주고 잎 사이 먼지는 부드러운 수건으로 닦아 주어야 한다. ㉣싱싱하고 아름다운 꽃을 오래 보기 위해서는 그만큼 정성을 쏟는 것이다.

① ㉠은 '주어도'가 타동사이기 때문에 목적어인 '물을'로 고치는 것이 좋다.

② ㉡은 글의 자연스러운 연결을 위해서 삭제하는 것이 좋다.

③ ㉢은 내용상 잘못 쓰였기 때문에 '이상이면'을 '미만이면'으로 바꿔야 한다.

④ ㉣은 주어와 서술어의 호응이 맞지 않으므로 '~정성을 쏟는다'로 고쳐야 한다.

8. 다음 글의 전개순서로 가장 자연스러운 것을 고르시오.

> (가) 이보다 발달된 차원의 경험적 방법은 관찰이며, 지식을 얻기 위해 외부 자연 세계를 관찰하는 것이다.
>
> (나) 가장 발달된 것은 실험이며 자연 세계에 변형을 가하거나 제한된 조건하에서 살펴보는 것이다.
>
> (다) 우선 가장 초보적인 차원이 일상 경험이다.
>
> (라) 자연과학의 경험적 방법은 세 가지 차원에서 생각해볼 수 있다.

① (가) - (라) - (나) - (다)

② (가) - (나) - (라) - (다)

③ (라) - (다) - (나) - (가)

④ (라) - (다) - (가) - (나)

|9~10| 다음 글을 읽고, 각 물음에 답하시오.

> (가) 고려시대의 상업에 대한 연구가 그리 많지는 않으나 그것이 활발했음은 분명하다. 국내에 조성된 상권 내부에서 매매·유통이 활발했을 뿐 아니라 국외 외부시장과의 거래도 꾸준했기 때문이다. 정형화된 시장(수도)과 다양한 상인, 그리고 제품의 꾸준한 매매가 고려시대 내내 확인된다. 중앙 장시는 매 시기 주기적으로 확장될 만큼 거대했고 이동상인들과 공인들은 상황에 따라 분화돼있었으며, 고위층과 하위민들을 위한 별도의 통화(은병과 포필)가 전국적으로 통용됐다.
>
> (나) 물론 고려의 그러한 '유통 질서'가 언제나 정상적인 모습만 보였다고는 할 수 없다. 상인들의 활동에 일종의 투자자로 동참하던 정상적 공권력이 존재했지만 한편으로, 상인들이 거둔 이윤을 갈취하는 데 골몰했던 폭압적 권위자들도 적지 않았기 때문이다. 어떤 경우에는 한 주체가 두 모습을 모두 보인 경우도 있었는데 국왕, 정부, 종실, 관료들은 사실 모두 그랬다. 이들은 자신들의 수중에 있던 가치가 하락한 은병을 처분하고자 백성들의 물품을 빼앗았으며, 심지어 외국에 내다 팔 물건들을 확보하기 위해 터무니없는 싼 가격에 그것을 백성들로부터 빼앗아오기도 하였다.

> (다) 아울러 불교사찰들 역시 그와 매우 달랐다고 하기 어렵다. 물론 사원들은 어디까지나 종교 공간에 해당했던 만큼 앞서 언급한 행위를 보였더라도 그 수위가 권세가들과는 달랐으며, 생산 활동을 겸한 존재였다는 점에서 사회경제에의 기여도 남달랐음이 확인된다. 민간과의 관계 또한 '거래'보다는 '신앙'을 매개로 한 것이어서 일반 경제주체와 달리보아야 할 필요가 없지 않다. 그러나 그럼에도 불구하고, 상황과 경우에 따라 국내 상인들을 대하는 불교사원들의 입장과 관점이 그리 순수하지만은 않은 경우도 분명 존재하였다.
>
> (라) 이런 상황에서 고려의 국내 상인들은 과연 어떤 삶을 살았을까? 안타깝게도 고려시대의 기록에 상인들이 그리 자주 등장하지 않는 바, 그 생애의 모습을 찾아내 재구성하기란 대단히 어렵다. 상인들의 동태가 시장 질서를 해치거나 국왕의 정책에 반하는 것일 경우 징벌 대상으로는 등장해도, 그 사람의 영업행위나 개인적 일생이 관찬사료에 담길 이유는 당시인들의 관점에서는 거의 없었을 것이기 때문이다. 경우에 따라 정부나 관료들과 결탁한 상인들이 있어 특권을 토대로 영리를 도모했을 가능성도 적지 않지만, 그것이 당대 상인들이 보였던 모습의 전부는 아니었으며, 애당초 선량한 상인들의 경우 그 행적이 사료에 남아 전해지기란 불가능한 일이었을 수도 있다.

9. 윗글의 단락 (가)~(라)에 대한 설명으로 가장 적절한 것은?

① 고려시대 시장의 상황을 묘사한 단락은 (가)뿐이다.

② (나)에서는 당시 권세가들의 이중적인 모습을 엿볼 수 있다.

③ (다)에서는 권세가들이 시장에 끼친 영향과 상반되는 모습을 언급하고 있다.

④ (다), (라)에서는 (가), (나)와 다른 내용의 언급이 이어지고 있다.

10. 윗글의 내용과 일치하지 않는 것은?

① 고려시대의 은병과 포필은 화폐로서의 역할을 하였다.

② 모든 고려 상인들의 모습이 사료에 수록되지 못한 것은 아니다.

③ 고려시대 불교 사찰은 고위층보다 더한 비리와 부패의 모습을 보였다.

④ 고려시대에는 해외 무역도 진행되고 있었다.

11. 다음 빈칸에 논리적으로 어울리는 접속사를 고르시오.

사람들은 흔히 개인이 소유한 것에 대한 독점적인 권리를 인정하는 것이 당연하다고 생각한다. 각 개인은 타고난 지적 능력, 육체적인 힘, 성격이나 외모, 상속받은 유산 등을 가지고 있다. (㉠) 이와 같은 자연적인 자산을 개인이 소유하게 된 것은 우연적이다. 이 자산을 개인이 소유하게 된 것에 대한 정당한 근거나 필연적인 이유가 존재하지 않는다. 자신의 노력을 통해서 획득한 것이 아니라는 말이다. 더구나 물려받은 부나 재산은 애당초 공동체의 사회적인 협력이나 협동으로 획득된 것이다. 다시 말해, 대대로 상속된 재산이라 하더라도 그것은 사회적 환경과 시스템 속에서 형성되고 그 가치를 인정받게 된 것이다. (㉡) 그와 같은 재산에 대한 권리는 극히 제한적이거나 아예 없다고도 말할 수 있다. 개인은 자신이 속한 사회의 물적 제도적 토대를 바탕으로, 자신의 자연적 자산을 활용하여 각종 부를 창출할 수 있다.

	㉠	㉡
①	그런데	요컨대
②	게다가	그러므로
③	그러나	따라서
④	그리고	요컨대

12. 다음은 주간회의를 끝마친 영업팀이 작성한 회의록이다. 다음 회의록을 통해 유추해 볼 수 있는 내용으로 적절하지 않은 것은 어느 것인가?

영업팀 4월 회의록			
회의일시	20××년 4월 11일 10:00~11:30	회의 장소	5층 대회의실
참석자	팀장 이하 전 팀원		
회의안건	• 3사분기 실적 분석 및 4사분기 실적 예상 • 본부장/팀장 해외 출장 관련 일정 수정 • 10월 바이어 내방 관련 계약 준비상황 점검 및 체류 일정 점검 • 월 말 부서 등반대회 관련 행사 담당자 지정 및 준비사항 확인		
안건별 F/up 사항	• 3사분기 매출 및 이익 부진 원인 분석 보고서 작성(오 과장) • 항공 일정 예약 변경 확인(최 대리) • 법무팀 계약서 검토 상황 재확인(박 대리) • 바이어 일행 체류 일정(최 대리, 윤 사원) 　- 호텔 예약 및 차량 이동 스케줄 수립 　- 업무 후 식사, 관광 등 일정 수립 • 등반대회 진행 담당자 지정(민 과장, 서 사원) 　- 참가 인원 파악 　- 배정 예산 및 회사 지원 물품 수령 등 유관부서 협조 의뢰 　- 이동 계획 수립 및 회식 장소 예약		
협조부서	총무팀, 법무팀, 회계팀		

① 오 과장은 회계팀에 의뢰하여 3사분기 팀 집행 비용에 대한 자료를 확인해 볼 것이다.

② 최 대리와 윤 사원은 바이어 일행의 체류 기간 동안 업무 후 식사 등 모든 일정을 함께 보내게 될 것이다.

③ 윤 사원은 바이어 이동을 위하여 차량 배차 지원을 총무팀에 의뢰할 것이다.

④ 민 과장과 서 사원은 담당한 업무를 수행하기 위하여 회계팀과 총무팀의 협조를 의뢰하게 될 것이다.

13. 다음 글의 빈칸 ㉠에 이어질 내용으로 가장 적절한 것은 어느 것인가?

능동문이란 문장에서 주어로 나타난 대상이 어떤 행동을 일으키는 의미론적 관계를 표현하는 문장이다. 피동문은 문장에서 주어로 나타난 대상이 어떤 행동을 일으키는 것이 아니라 문장의 다른 성분(주로 부사어)으로 나타난 대상에 의하여 어떤 행동이나 작용을 받는 의미론적 관계를 표현하는 문장이다. 국어의 여러 예문들에서 남용되거나 오용된 피동문의 사례들이 많이 발견되는 것은 사실이다. (㉠)

① 그러므로 피동문과 능동문을 구분하여 사용하는 것은 옳지 않은 방법이다.
② 그러므로 능동문보다는 피동문을 사용하는 것이 이러한 오용을 줄일 수 있는 방법이다.
③ 그러나 국어에는 피동문이 무조건 자연스럽지 않다거나 잘못된 것이라는 생각은 편견이다.
④ 그러나 능동문의 경우 문장에서 주어로 나타난 대상이 어떤 행동을 일으키는 의미론적 관계를 표현하기 때문에 쉽게 사용될 수 있다.

14. 다음 제시문을 읽고 바르게 추론한 것을 〈보기〉에서 모두 고른 것은?

A회사에서는 1,500명의 소속직원들이 마실 생수를 구입하기로 하였다. 모든 조건이 동일한 두 개의 생수회사가 최종 경쟁을 하게 되었다. 구입 담당자는 직원들에게 시음하게 하여 직원들이 가장 좋아하는 생수를 선정하고자 하였다. 다음과 같은 절차를 통하여 구입 담당자가 시음회를 주관하였다.
• 직원들로부터 더 많이 선택 받은 생수회사를 최종적으로 선정한다.
• 생수 시음회 참여를 원하는 직원을 대상으로 신청자를 접수하고 그 중 남자 15명과 여자 15명을 무작위로 선정하였다.
• 두 개의 컵을 마련하여 하나는 1로 표기하고 다른 하나는 2로 표기하여 회사이름을 가렸다.
• 참가직원들은 1번 컵의 생수를 마신 후 2번 컵의 생수를 마시고 둘 중 어느 쪽을 선호하는지 표시하였다.

〈보기〉
㉠ 참가자들이 특정 번호를 선호할 가능성을 고려하지 못하였다.
㉡ 참가자가 무작위로 선정되었으므로 전체 직원에 대한 대표성이 확보되었다.
㉢ 참가자의 절반은 2번 컵을 먼저 마시고 1번 컵을 나중에 마시도록 했어야 한다.
㉣ 우리나라의 남녀 비율이 50대 50이므로 남자직원과 여자직원을 동수로 뽑은 것은 적절하였다.

① ㉠, ㉡   ② ㉠, ㉢
③ ㉡, ㉢   ④ ㉡, ㉣

15. H공단에서는 신도시 건설 예상 지역에 수도 연결과 관련한 사업 타당성 조사를 벌여 다음과 같은 SWOT 환경 분석 보고서를 작성하고 그에 맞는 전략을 제시하였다. 다음 자료를 참고하여 세운 전략이 적절하지 않은 것은?

SWOT 분석은 내부 환경요인과 외부 환경요인의 2개의 축으로 구성되어 있다. 내부 환경요인은 자사 내부의 환경을 분석하는 것으로 분석은 다시 자사의 강점과 약점으로 분석된다. 외부 환경요인은 자사 외부의 환경을 분석하는 것으로 분석은 다시 기회와 위협으로 구분된다. 내부 환경요인과 외부 환경요인에 대한 분석이 끝난 후에 매트릭스가 겹치는 SO, WO, ST, WT에 해당되는 최종 분석을 실시하게 된다. 내부의 강점과 약점을, 외부의 기회와 위협을 대응시켜 기업의 목표를 달성하려는 SWOT 분석에 의한 발전전략의 특성은 다음과 같다.

- SO전략 : 외부 환경의 기회를 활용하기 위해 강점을 사용하는 전략 선택
- ST전략 : 외부 환경의 위협을 회피하기 위해 강점을 사용하는 전략 선택
- WO전략 : 자신의 약점을 극복함으로써 외부 환경의 기회를 활용하는 전략 선택
- WT전략 : 외부 환경의 위협을 회피하고 자신의 약점을 최소화하는 전략 선택

강점 (Strength)	• 수도관 건설에 따른 수익률 개선 및 주변 지역 파급효과 기대 • H공단의 축적된 기술력과 노하우
약점 (Weakness)	• 해당 지역 연락사무소 부재로 원활한 업무 기대난망 • 과거 건설사고 경험으로 인해 계약 낙찰 불투명
기회 (Opportunity)	• 현지 가용한 근로인력 다수 확보 가능 • 신도시 건설 예상지이므로 정부의 규제 및 제도적 지원 가능
위협 (Threat)	• 지반 문제로 인한 수도관로 건설비용 증가 예상 • 경쟁업체와의 극심한 경쟁 예상

① 자사의 우수한 기술력을 통해 경쟁을 극복하려는 것은 ST전략이다.
② 입찰 전이라도 현지에 연락사무소를 미리 설치하여 경쟁업체의 동향을 파악해 보는 것은 WT전략이다.
③ 현지에 근로인력에게 자사의 기술을 교육 및 전수하여 공사를 진행하려는 것은 SO전략이다.
④ 건설비용 추가 발생 우려가 있으나 인근 지역 개발 기회가 부여될 수 있다는 기대감에 중점을 두는 것은 WO전략이다.

16. 다음과 같은 구조를 가진 어느 호텔에 A~H 8명이 투숙하고 있고, 알 수 있는 정보가 다음과 같다. B의 방이 204호일 때, D의 방은? (단, 한 방에는 한 명씩 투숙한다)

a라인	201	202	203	204	205
복도					
b라인	210	209	208	207	206

• 비어있는 방은 한 라인에 한 개씩 있고, A, B, F, H는 a라인에, C, D, E, G는 b라인에 투숙하고 있다.
• A와 C의 방은 복도를 사이에 두고 마주보고 있다.
• F의 방은 203호이고, 맞은 편 방은 비어있다.
• C의 오른쪽 옆방은 비어있고 그 옆방에는 E가 투숙하고 있다.
• B의 옆방은 비어있다.
• H와 D는 누구보다 멀리 떨어진 방에 투숙하고 있다.

① 202호
② 205호
③ 206호
④ 207호

17. 〈보기〉에 제시된 네 개의 명제가 모두 참일 때, 다음 중 거짓인 것은?

〈보기〉

㉠ 甲 지역이 1급 상수원이면 乙 지역은 1급 상수원이 아니다.
㉡ 丙 지역이 1급 상수원이면 乙 지역도 1급 상수원이다.
㉢ 丁 지역이 1급 상수원이면 甲 지역도 1급 상수원이다.
㉣ 丙 지역이 1급 상수원이 아니면 戊 지역도 1급 상수원이 아니다.

① 甲 지역이 1급 상수원이면 丙 지역도 1급 상수원이다.
② 丁 지역이 1급 상수원이면 丙 지역은 1급 상수원이 아니다.
③ 丙 지역이 1급 상수원이면 甲 지역은 1급 상수원이 아니다.
④ 戊 지역이 1급 상수원이면 丁 지역은 1급 상수원이 아니다.

18. 홍보팀 백 대리는 회사 행사를 위해 연회장을 예약하려 한다. 연회장의 현황과 예약 상황이 다음과 같을 때, 연회장에 예약 문의를 한 백 대리의 아래 질문에 대한 연회장 측의 회신 내용에 포함되기에 적절하지 않은 것은 어느 것인가?

〈연회장 시설 현황〉

구분	최대 수용 인원(명)	대여 비용(원)	대여 가능 시간
A	250	500,000	3시간
B	250	450,000	2시간
C	200	400,000	3시간
D	150	350,000	2시간

* 연회장 정리 직원은 오후 10시에 퇴근함
* 시작 전과 후 준비 및 청소 시간 각각 1시간 소요, 연이은 사용의 경우 중간 1시간 소요.

〈연회장 예약 현황〉

일	월	화	수	목	금	토
			1 A 10시 B 16시	2 B 19시 D 18시	3 C 15시 D 16시	4 A 11시 B 12시
5	6 B 17시 C 18시	7	8 A 18시 D 16시	9 C 15시	10 C 16시 D 11시	11
12	13 C 15시 D 16시	14 A 16시	15 D 18시 A 15시	16	17 B 18시 D 17시	18

〈백 대리 요청 사항〉

안녕하세요?
연회장 예약을 하려 합니다. 주말과 화, 목요일을 제외하고 가능한 날이면 언제든 좋습니다. 참석 인원은 180~220명 정도 될 것 같고요, 오후 6시에 저녁 식사를 겸해서 2시간 정도 사용하게 될 것 같습니다. 물론 가급적 저렴한 연회장이면 더 좋겠습니다. 회신 부탁드립니다.

① 가능한 연회장 중 가장 저렴한 가격을 원하신다면 월요일은 좀 어렵겠습니다.
② 6일은 가장 비싼 연회장만 가능한 상황입니다.
③ 인원이 200명을 넘지 않으신다면 가장 저렴한 연회장을 사용하실 수 있는 기회가 네 번 있습니다.
④ A, B 연회장은 원하시는 날짜에 언제든 가능합니다.

19. 다음 두 사건은 별개의 사건으로 다음이 조건을 따를 때 옳은 것은?

〈사건 1〉

가인 : 저는 물을 훔치지 않았어요.

나은 : 다영이는 절대 물을 훔치지 않았어요.

다영 : 제가 물을 훔쳤습니다.

그런데 나중에 세 명 중 두 명은 거짓말을 했다고 자백하였고, 물을 훔친 사람은 한 명이라는 것이 밝혀졌다.

〈사건 2〉

라희 : 저는 결코 화병을 깨지 않았습니다.

마준 : 라희의 말이 맞습니다.

바은 : 제가 화병을 깼습니다.

그런데 나중에 창문을 깬 사람은 한 명이고 그 범인은 거짓말을 했다는 것이 밝혀졌다.

---

① 가인이의 진술은 참이었다.

② 나은이는 거짓을 말하지 않았다.

③ 마준이의 진술은 거짓이다.

④ 다영이는 창문을 깬 범인일 수 있다.

20. 다음은 국제협력의 개념정의와 목표를 설명한 것이다. 각국의 국제협력 정책과 목표를 가장 적절히 연결한 것을 고르면?

국제협력은 국가 간 및 국가와 국제기관 간의 모든 유·무상 자본협력, 교역협력, 기술·인력협력, 사회문화협력 등 국제사회에서 발생하는 다양한 형태의 교류를 총제적으로 지칭하는 개념이다.

UN은 다음과 같은 8가지 목표들로 구성된 새천년개발목표를 선언하였다. 새천년개발목표의 선언은 개발도상국의 빈곤문제가 개발도상국 자체만의 문제가 아니라 지구촌 전체의 문제라고 규정하면서 지구촌 모든 국가들의 적극적인 참여를 요청하는 계기가 되었다.

• 목표1 : 극심한 빈곤과 기아의 근절

• 목표2 : 초등교육 의무화 달성

• 목표3 : 성 평등 촉진과 여성권의 향상

• 목표4 : 아동사망률 감소

• 목표5 : 모자보건 향상

• 목표6 : 후천성 면역 결핍증(AIDS), 말라리아 등 질병 퇴치

• 목표7 : 환경의 지속가능성 보장

• 목표8 : 개발을 위한 글로벌 파트너십 조성

〈국가별 국제협력 정책〉

• A국 : 개발도상국에 도로건설 지원사업을 실시하면서 야생동물들의 서식지 파괴를 최소화 하고자 하였다.

• B국 : 빈곤국가인 Z국에 메르스 바이러스로 인한 감염 환자가 급증하자 의료진을 파견하고 재정을 지원하였다.

• C국 : 빈곤국가인 Y국에 대한 발전소 건립 지원사업의 중복문제를 해소하기 위해 국가 간 협력 네트워크에 참여하였다.

---

① A국 - 목표3   ② A국 - 목표5

③ B국 - 목표1   ④ C국 - 목표8

┃21~22┃ 다음은 K지역의 지역방송 채널 편성정보이다. 다음을 보고 이어지는 물음에 답하시오.

[지역방송 채널 편성규칙]

· K시의 지역방송 채널은 채널1, 채널2, 채널3, 채널4 네 개이다.

· 오후 7시부터 12시까지는 다음을 제외한 모든 프로그램이 1시간 단위로만 방송된다.

시사정치	기획물	예능	영화 이야기	지역 홍보물
최소 2시간 이상	1시간 30분	40분	30분	20분

· 모든 채널은 오후 7시부터 12시까지 뉴스 프로그램이 반드시 포함되어 있다.

[오후 7시~12시 프로그램 편성내용]

· 채널1은 3개 프로그램이 방송되었으며, 9시 30분부터 시사정치를 방송하였다.

· 채널2는 시사정치와 지역 홍보물 방송이 없었으며, 기획물, 예능, 영화 이야기가 방송되었다.

· 채널3은 6시부터 시작한 시사정치 방송이 9시에 끝났으며, 바로 이어서 뉴스가 방송되었고 기획물도 방송되었다.

· 채널4에서는 예능 프로그램이 연속 2회 편성되었고, 예능을 포함한 4종류의 프로그램이 방송되었다.

---

21. 다음 중 위의 자료를 참고할 때, 오후 7시~12시까지의 방송 프로그램에 대하여 바르게 설명하지 못한 것은? (단, 프로그램의 중간에 광고방송 시간은 고려하지 않는다.)

① 채널1에서 기획물이 방송되었다면 예능은 방송되지 않았다.

② 채널2는 정확히 12시에 프로그램이 끝나며 새로 시작되는 프로그램이 있을 수 없다.

③ 채널3에서 영화 이야기가 방송되었다면, 정확히 12시에 어떤 프로그램이 끝나게 된다.

④ 채널4에서 예능 프로그램이 연속 2회 방송되기 위해서는 반드시 뉴스보다 먼저 방송되어야 한다.

22. 다음 중 각 채널별로 정각 12시에 방송하던 프로그램을 마치기 위한 방법을 설명한 것으로 옳지 않은 것은? (단, 프로그램의 중간에 광고방송 시간은 고려하지 않는다.)

① 채널1에서 기획물을 방송한다면 시사정치를 2시간 반만 방송한다.

② 채널2에서 지역 홍보물 프로그램을 추가한다.

③ 채널3에서 영화 이야기 프로그램을 추가한다.

④ 채널2에서 영화 이야기 프로그램 편성을 취소한다.

23. 다음은 특정 월의 3개 원자력발전소에서 생산된 전력을 각각 다른 세 곳으로 전송한 내역을 나타낸 표이다. 다음 표에 대한 〈보기〉의 설명 중, 적절한 것을 모두 고른 것은 어느 것인가?

(단위 : 천 Mwh)

발전소 \ 전송처	지역A	지역B	지역C
H발전소	150	120	180
G발전소	110	90	120
W발전소	140	170	70

〈보기〉

㈎ 생산 전력량은 H발전소가, 전송받은 전력량은 지역A가 가장 많다.

㈏ W발전소에서 지역A로 공급한 전력의 30%가 지역C로 전송되었더라면 전송받은 전력량의 지역별 순위는 바뀌게 된다.

㈐ H발전소에서 전송한 전력량을 세 지역 모두 10%씩 줄이게 되면 발전소별 생산 전력량 순위는 바뀌게 된다.

㈑ 발전소별 평균 전송한 전력량과 지역별 평균 전송받은 전력량 중, 100~150천 Mwh의 범위를 넘어서는 전력량은 없다.

① ㈏, ㈐, ㈑
② ㈎, ㈏, ㈑
③ ㈎, ㈐, ㈑
④ ㈎, ㈏, ㈐

24. 서로 성이 다른 3명의 야구선수(김씨, 박씨, 서씨)의 이름은 정덕, 선호, 대은이고, 이들이 맡은 야구팀의 포지션은 1루수, 2루수, 3루수이다. 그리고 이들의 나이는 18세, 21세, 24세이고, 다음과 같은 사실이 알려져 있다. 다음 중 성씨, 이름, 포지션, 나이가 제대로 짝지어진 것은?

- 2루수는 대은보다 타율이 높고 대은은 김씨 성의 선수보다 타율이 높다.
- 1루수는 박씨 성의 선수보다 어리나 대은보다는 나이가 많다.
- 선호와 김씨 성의 선수는 어제 경기가 끝나고 같이 영화를 보러 갔다.

① 김 – 정덕 – 1루수 – 18세
② 박 – 선호 – 3루수 – 24세
③ 서 – 대은 – 3루수 – 18세
④ 박 – 정덕 – 2루수 – 24세

25. 다음 주어진 조건을 모두 고려했을 때 옳은 것은?

〈조건〉

- A, B, C, D, E의 월급은 각각 10만 원, 20만 원, 30만 원, 40만 원, 50만 원 중 하나이다.
- A의 월급은 C의 월급보다 많고, E의 월급보다는 적다.
- D의 월급은 B의 월급보다 많고, A의 월급도 B의 월급보다 많다.
- C의 월급은 B의 월급보다 많고, D의 월급보다는 적다.
- D는 가장 많은 월급을 받지는 않는다.

① 월급이 세 번째로 많은 사람은 A이다.
② E와 C의 월급은 20만 원 차이가 난다.
③ B와 E의 월급의 합은 A와 C의 월급의 합보다 많다.
④ 월급이 제일 많은 사람은 E이다.

26. 5명의 친구 A~E가 모여 '수호천사' 놀이를 하기로 했다. 갑이 을에게 선물을 주었을 때 '갑은 을의 수호천사이다'라고 하기로 약속했고, 다음처럼 수호천사 관계가 성립되었다. 이후 이들은 〈규칙〉에 따라 추가로 '수호천사' 관계를 맺었다. 이들 외에 다른 사람은 이 놀이에 참여하지 않는다고 할 때, 옳지 않은 것은?

- A는 B의 수호천사이다.
- B는 C의 수호천사이다.
- C는 D의 수호천사이다.
- D는 B와 E의 수호천사이다.

〈규칙〉

- 갑이 을의 수호천사이고 을이 병의 수호천사이면, 갑은 병의 수호천사이다.
- 갑이 을의 수호천사일 때, 을이 자기 자신의 수호천사인 경우에는 을이 갑의 수호천사가 될 수 있고, 그렇지 않은 경우에는 을이 갑의 수호천사가 될 수 없다.

① A는 B, C, D, E의 수호천사이다.
② B는 A의 수호천사가 될 수 있다.
③ C는 자기 자신의 수호천사이다.
④ E는 A의 수호천사가 될 수 있다.

27. 다음은 우리나라 연도별 성별 월급여액과 나라별 남녀 임금격차 비교표이다. 〈보기〉에서 다음 표에 관해 옳게 해석한 것을 모두 고르면?

〈표 1〉 성별 월급여액

(단위 : 천 원)

구분	2019	2020	2021	2022	2023	2024	2025
여성 월급여액	1,015	1,112	1,207	1,286	1,396	1,497	1,582
남성 월급여액	1,559	1,716	1,850	1,958	2,109	2,249	2,381

※ 남성 대비 여성 임금 비율$=\dfrac{\text{여성 월급여액}}{\text{남성 월급여액}}\times100$

〈표 2〉 나라별 남성 대비 여성 임금 비율 비교

(단위 : %)

연도	프랑스	독일	일본	한국	영국	미국	OECD 평균
2014	90	76	63	58	74	76	78
2024	88	77	67	62	79	81	82

〈보기〉

㉠ 2024년 우리나라의 남녀 임금격차는 최고 수준이며, OECD 국가 평균의 2배 이상이다.
㉡ 남성 근로자의 임금 대비 여성 근로자의 임금 수준은 2019년에 비해 2025년 1.3% 정도로 소폭 상승하였다.
㉢ 국제간 남녀 임금격차가 가장 적은 나라는 프랑스이다.
㉣ OECD 국가들은 남녀 임금격차가 줄어드는 추세이다.

① ㉠
② ㉠, ㉡
③ ㉠, ㉡, ㉢
④ ㉡, ㉢, ㉣

28. 다음 표는 A, B, C, D 도시의 인구 및 총 인구에 대한 여성의 비율과 그 여성 중 독신자의 비율을 나타낸 것이다. 올해 A 도시의 여성 독신자의 7%가 결혼을 하였다면, 올해 결혼한 독신여성은 모두 몇 명인가?

구분	A 도시	B 도시	C 도시	D 도시
인구(만 명)	25	39	43	52
여성 비율(%)	42	53	47	57
여성 독신자 비율(%)	42	31	28	32

① 3,087명 ② 4,210명
③ 5,658명 ④ 6,407명

29. 다음 자료에 대한 올바른 설명을 〈보기〉에서 모두 고른 것은?

〈'갑'시의 도시철도 노선별 연간 범죄 발생건수〉

(단위 : 건)

연도 \ 노선	1호선	2호선	3호선	4호선	합
2024년	224	271	82	39	616
2025년	252	318	38	61	669

〈'갑'시의 도시철도 노선별 연간 아동 상대 범죄 발생건수〉

(단위 : 건)

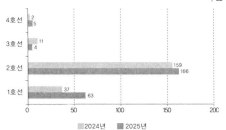

* 노선별 범죄율 = 노선별 해당 범죄 발생건수 ÷ 전체 노선 해당 범죄 발생건수 × 100

* 언급되지 않은 '갑'시의 다른 노선은 고려하지 않으며, 범죄 발생건수는 아동 상대 범죄 발생건수와 비아동 상대 범죄 발생건수로만 구성됨.

〈보기〉
㈎ 2025년 비아동 상대 범죄 발생건수는 4개 노선 모두 전년보다 증가하였다.
㈏ 2025년의 전년 대비 아동 상대 범죄 발생건수의 증가폭은 비아동 상대 범죄 발생건수의 증가폭보다 더 크다.
㈐ 2025년의 노선별 전체 범죄율이 10% 이하인 노선은 1개이다.
㈑ 두 해 모두 전체 범죄율이 가장 높은 노선은 2호선이다.

① ㈎, ㈏ ② ㈏, ㈑
③ ㈎, ㈐ ④ ㈏, ㈐

30. 지헌이는 생활이 어려워 수집했던 고가의 피규어를 인터넷 경매를 통해 판매하려고 한다. 경매 방식과 규칙, 예상 응찰 현황이 다음과 같을 때, 경매 결과를 바르게 예측한 것은?

- 경매 방식 : 각 상품은 따로 경매하거나 묶어서 경매
- 경매 규칙
- −낙찰자 : 최고가로 입찰한 자
- −낙찰가 : 두 번째로 높은 입찰가
- −두 상품을 묶어서 경매할 경우 낙찰가의 5%를 할인해 준다.
- −입찰자는 낙찰가의 총액이 100,000원을 초과할 경우 구매를 포기한다.
- 예상 응찰 현황

입찰자	A 입찰가	B 입찰가	합계
甲	20,000	50,000	70,000
乙	30,000	40,000	70,000
丙	40,000	70,000	110,000
丁	50,000	30,000	80,000
戊	90,000	10,000	100,000
己	40,000	80,000	120,000
庚	10,000	20,000	30,000
辛	30,000	10,000	40,000

① 두 상품을 묶어서 경매한다면 낙찰자는 己이다.
② 경매 방식에 상관없이 지헌이의 예상 수입은 동일하다.
③ 두 상품을 따로 경매한다면 얻는 수입은 120,000원이다.
④ 두 상품을 따로 경매한다면 A의 낙찰자는 丁이다.

31. 다음 표는 A, B 두 회사 전체 신입사원의 성별 교육연수 분포에 관한 자료이다. 이에 대해 신입사원 초임결정공식을 적용하였을 때, 교육연수가 14년인 남자 신입사원과 여자 신입사원의 초임 차이는 각각 얼마인가?

회사별 성별 전체 신입사원의 교육연수 분포

구분		12년 (고졸)	14년 (초대졸)	16년 (대졸)	18년 (대학원졸)
A사	남	30%	20%	40%	10%
	여	40%	20%	30%	10%
B사	남	40%	10%	30%	20%
	여	50%	30%	10%	10%

신입사원 초임결정공식

- A사
- −남성 : 초임(만 원)=1,000만 원+(180만 원×교육연수)
- −여성 : 초임(만 원)=1,840만 원+(120만 원×교육연수)
- B사
- −남성 : 초임(만 원)=750만 원+(220만 원×교육연수)
- −여성 : 초임(만 원)=2,200만 원+(120만 원×교육연수)

	A사	B사
①	0원	40만 원
②	0원	50만 원
③	40만 원	50만 원
④	50만 원	40만 원

32. 다음은 각국 국민의 대미 인식에 대한 여론조사자료이다. 이 여론조사들이 각국 국민의 의견을 충분히 대표한다고 가정할 때 올바른 해석이 아닌 것은?

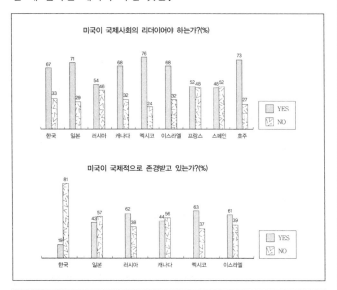

㉠ 미국의 국제 사회의 리더역할의 필요성에 대하여 러시아, 프랑스, 스페인 국민들은 상대적으로 인색하고, 미국과 지리적으로 가까운 멕시코와 캐나다, 전통적인 우방국인 한국, 호주, 이스라엘, 일본 국민들은 상대적으로 높게 평가하고 있다.

㉡ 미국의 국제사회의 리더역할에 대한 당위성은 국민 과반수가 긍정하지만, 실제로 존경받고 있는가에 대한 평가에서는 과반수가 부정하는 국가는 한국, 일본, 캐나다이다.

㉢ 모든 조사 대상 국가에서 미국이 국제사회의 리더이어야 한다는 질문에 긍정 응답이 부정 응답보다 많았다.

㉣ 모든 조사 대상 국가에서 국제사회의 리더로서 미국의 필요성에 대한 긍정보다 실제 미국이 국제사회에서 존경받고 있는가에 대한 긍정 정도가 낮게 나타나고 있다.

① ㉠, ㉡   ② ㉠, ㉡, ㉢
③ ㉡, ㉢, ㉣   ④ ㉢, ㉣

│ 33~34 │ 다음 〈표〉는 콩 교역에 관한 자료이다. 이 자료를 보고 물음에 답하시오.

(단위 : 만 톤)

순위	수출국	수출량	수입국	수입량
1	미국	3,102	중국	1,819
2	브라질	1,989	네덜란드	544
3	아르헨티나	871	일본	517
4	파라과이	173	독일	452
5	네덜란드	156	멕시코	418
6	캐나다	87	스페인	310
7	중국	27	대만	169
8	인도	24	벨기에	152
9	우루과이	18	한국	151
10	볼리비아	12	이탈리아	144

33. 이 자료에 대한 설명으로 옳지 않은 것은?

① 이탈리아 수입량은 볼리비아 수출량의 12배이다.

② 수출량과 수입량 모두 상위 10위에 들어있는 국가는 네덜란드 뿐이다.

③ 캐나다의 콩 수출량은 중국, 인도, 우루과이, 볼리비아 수출량을 합친 것보다 많다.

④ 수출국 1위와 10위의 수출량은 약 250배 이상 차이난다.

34. 네덜란드와 중국의 '수입량－수출량'은 각각 얼마인가?

	네덜란드	중국
①	378	1,692
②	378	1,792
③	388	1,692
④	388	1,792

35. 다음은 ○○은행에서 투자를 검토하고 있는 사업평가 자료인데, 직원의 실수로 일부가 훼손되었다. 다음 중 (가), (나), (다), (라)에 들어갈 수 있는 수치는? (단, 인건비와 재료비 이외의 투입요소는 없다)

구분	목표량	인건비	재료비	산출량	효과성 순위	효율성 순위
A	(가)	200	50	500	3	2
B	1,000	(나)	200	1,500	2	1
C	1,500	1,200	(다)	3,000	1	3
D	1,000	300	500	(라)	4	4

※ 효율성 = 산출 / 투입

※ 효과성 = 산출 / 목표

	(가)	(나)	(다)	(라)
①	300	500	800	800
②	500	800	300	800
③	800	500	300	300
④	500	300	800	800

36. 다음 자료에 대한 설명으로 올바른 것은?

〈연도별 한우 등급 비율〉

(단위 : %, 두)

연도	육질 등급					합계	한우등급 판정두수
	1++	1+	1	2	3		
2019	7.5	19.5	27.0	25.2	19.9	99.1	588,003
2020	8.6	20.5	27.6	24.7	17.9	99.3	643,930
2021	9.7	22.7	30.7	25.2	11.0	99.3	602,016
2022	9.2	22.6	30.6	25.5	11.6	99.5	718,256
2023	9.3	20.2	28.6	27.3	14.1	99.5	842,771
2024	9.2	21.0	31.0	27.1	11.2	99.5	959,751
2025	9.3	22.6	32.8	25.4	8.8	98.9	839,161

① 1++ 등급으로 판정된 한우의 두수는 2021년이 2022년보다 더 많다.

② 1등급 이상이 60%를 넘은 해는 모두 3개년이다.

③ 3등급 판정을 받은 한우의 두수는 2021년이 가장 적다.

④ 1++ 등급의 비율이 가장 낮은 해는 3등급의 비율이 가장 높은 해이며, 반대로 1++ 등급의 비율이 가장 높은 해는 3등급의 비율이 가장 낮다.

37. 다음은 최근 5년간 혼인형태별 평균연령에 관한 자료이다. A~D에 들어갈 값으로 옳지 않은 것은? (단, 남성의 나이는 여성의 나이보다 항상 많다)

(단위 : 세)

연도	평균 초혼연령			평균 이혼연령			평균 재혼연령		
	여성	남성	남녀차	여성	남성	남녀차	여성	남성	남녀차
2021	24.8	27.8	3.0	C	36.8	4.1	34.0	38.9	4.9
2022	25.4	28.4	A	34.6	38.4	3.8	35.6	40.4	4.8
2023	26.5	29.3	2.8	36.6	40.1	3.5	37.5	42.1	4.6
2024	27.0	B	2.8	37.1	40.6	3.5	37.9	D	4.3
2025	27.3	30.1	2.8	37.9	41.3	3.4	38.3	42.8	4.5

① A – 3.0

② B – 29.8

③ C – 32.7

④ D – 42.3

38. 다음 자료를 참고하여 내린 판단으로 적절한 것은?

〈가구주 연령대별 가구당 순자산 보유액〉

(단위 : 만 원)

	구분	전체	30세 미만	30대	40대	50대	60세 이상
평균	2024년	31,572	7,489	21,904	31,246	37,026	33,772
	2025년	34,042	7,509	23,186	34,426	39,419	35,817

〈가구주 종사상 지위별 가구당 순자산 보유액〉

(단위 : 만 원)

	구분	전체	상용 근로자	임시 · 일용근로자	자영 업자	기타 (무직 등)
평균	2024년	31,572	34,389	13,390	39,998	26,475
	2025년	34,042	37,436	14,567	42,112	29,323

* 단, 계산 값은 소수점 둘째 자리에서 반올림한다.

① 2024년과 2025년 임시 · 일용근로자는 모두 30대이다.

② 평균 가구당 순자산 보유액이 가장 크게 증가한 연령대는 50대이다.

③ 평균 가구당 순자산 보유액의 증가율이 가장 큰 종사상 지위는 기타(무직 등)이다.

④ 전체 평균의 가구당 순자산 보유액 증가율은 10%를 조금 넘는다.

39. 다음 〈표〉는 창호, 영숙, 기오, 준희가 홍콩 여행을 하며 지출한 경비에 관한 자료이다. 지출한 총 경비를 네 명이 동일하게 분담하는 정산을 수행할 때 〈그림〉의 A, B, C에 해당하는 금액을 바르게 나열한 것은?

구분	지출자	내역	금액	단위
숙박	창호	호텔비	400,000	원
교통	영숙	왕복 비행기	1,200,000	
기타	기오	간식1	600	홍콩달러
		중식1	700	
		관광지1 입장권	600	
		석식	600	
		관광지2 입장권	1,000	
		간식2	320	
		중식2	180	

※ 환율은 1홍콩 달러당 140원으로 일정하다고 가정함

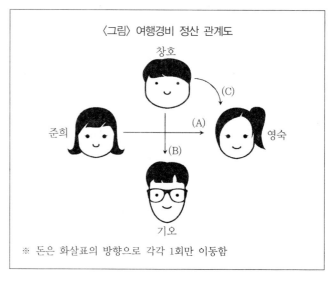

〈그림〉 여행경비 정산 관계도

※ 돈은 화살표의 방향으로 각각 1회만 이동함

	A	B	C
①	540,000원	20,000원	120,000원
②	540,000원	20,000원	160,000원
③	300,000원	40,000원	100,000원
④	300,000원	20,000원	120,000원

40. 다음은 '갑' 지역의 연도별 65세 기준 인구의 분포를 나타낸 자료이다. 이에 대한 올바른 해석은 어느 것인가?

구분	인구 수(명)		
	계	65세 미만	65세 이상
2018년	66,557	51,919	14,638
2019년	68,270	53,281	14,989
2020년	150,437	135,130	15,307
2021년	243,023	227,639	15,384
2022년	325,244	310,175	15,069
2023년	465,354	450,293	15,061
2024년	573,176	557,906	15,270
2025년	659,619	644,247	15,372

① 65세 미만 인구수는 조금씩 감소하였다.

② 전체 인구수는 매년 지속적으로 증가하였다.

③ 65세 이상 인구수는 매년 지속적으로 증가하였다.

④ 65세 이상 인구수는 매년 전체의 5% 이상이다.

02 직무심화지식

41. 갑과 을이 가입한 금융 상품에 대한 설명으로 옳은 것은? (단, (가), (나)는 각각 단리와 복리 중 하나에 해당한다)

- 갑은 3년 전 100만 원으로 3년 만기의 연 4% 약정된 (가)이자가 적용되는 △△은행의 정기 예금 상품에 가입하여 1,124,864원을 받을 예정이다.
- 을은 3년 전 100만 원으로 3년 만기의 연 4%의 약정된 (나)이자가 적용되는 ㅁㅁ은행의 정기 예금 상품에 가입하여 1,120,000원을 받을 예정이다.

※ 세금 및 거래 비용은 고려하지 않음
---

① (가)는 원금에 대해서만 이자를 계산하는 방식이다.

② (나)는 원금뿐만 아니라 발생한 이자에 대해서도 이자를 계산하는 방식이다.

③ 을이 가입한 상품은 정부, 주식회사, 지방자치단체가 발행하는 상품이다.

④ 갑과 을이 가입한 금융 상품의 만기가 5년으로 늘어난다면 만기에 받을 수 있는 원리금의 격차는 커진다.

42. 다음은 K은행 정기예금의 만기지급이자율에 대한 내용이다. 원금 2,000만 원의 6개월 이자와 24개월 이자의 차액은 얼마인가? (단, 단리이며, 세전금액이다)

(연이율, 세전)

이자지급방식	가입기간	이율
만기일시지급방식	6개월 이상 12개월 미만	1.6%
	12개월 이상 24개월 미만	1.7%
	24개월 이상 36개월 미만	1.8%

① 260,000원

② 360,000원

③ 460,000원

④ 560,000원

|43~44| 개인종합자산관리(ISA) 계좌는 개인이 운용하는 적금, 예탁금, 파생결합증권, 펀드를 한 계좌에서 운용하면서 각각의 상품의 수익 증감을 합산하여 발생한 수익에 대해 과세하는 금융상품으로 그 내용은 다음과 같다. 이어지는 물음에 답하시오.

가입대상	• 거주자 중 직전 과세기간 또는 해당 과세기간에 근로소득 또는 사업소득이 있는 자 및 대통령령으로 정하는 농어민(모든 금융기관 1인 1계좌) • 신규 취업자 등은 당해 연도 소득이 있는 경우 가입 가능 ※ 직전년도 금융소득과세 대상자는 제외
납입한도	연간 2천만 원(5년간 누적 최대 1억 원) ※ 기가입한 재형저축 및 소장펀드 한도는 납입한도에서 차감
투자가능 상품	• 예/적금, 예탁금 • 파생결합증권, 펀드
가입기간	2025년 12월 31일까지 가능
상품간 교체	가능
의무가입 기간	• 일반 5년 • 청년층, 서민층 3년
세제 혜택	계좌 내 상품 간 손익통산 후 순이익 중 200만 원까지는 비과세 혜택, 200만 원 초과분 9.9% 분리과세(지방소득세 포함)
기타	• ISA계좌를 5년 이내 해지하면 각 상품에서 실현한 이익금의 15.4%를 세금으로 부과 • 해지수수료 면제

43. 위 상품에 대해 바르게 이해한 것은?

① 작년 12월에 일을 그만두고 올해 구직 중인 자는 위 상품에 가입할 수 있다.

② 프리랜서로 일하고 있는 자는 위 상품에 가입할 수 없다.

③ 청년층 가입자가 의무가입기간이 지난 후 바로 해지할 경우, 이익금의 15.4%를 세금으로 내야한다.

④ 상품 간 손익 합산 결과가 230만원이 나왔다면, 해당 금액은 분리과세 대상이 된다.

44. 대훈이는 ISA에 가입하고 5년 후에 여유 자금으로 ○○증권과 ○○펀드에 가입하여 1년 후 수익을 따져보니 증권에서는 750만 원의 이익을 보고, 펀드에서는 350만 원의 손해를 보았다. 대훈이가 ISA 계좌를 해지하지 않는다면 얼마의 세금을 내야 하는가? (단, 은행수수료는 없다)

① 198,000원 ② 398,000원

③ 598,000원 ④ 798,000원

45. 사회초년생인 동근씨는 결혼자금을 마련하기 위하여 급여의 일부는 저축하기로 하였다. 동근씨는 재작년 1월 초에 K은행을 방문하여 2년 만기 저축계좌를 개설하였고 매월 100만 원씩 납입하였다. 금리는 연 5%이고, 이자소득세는 15.4%라고 할 때 만기시점에 동근씨의 통장에 입금될 금액은? (단, 금리는 연말에 단리로 일괄 지급함)

① 24,507,600원 ② 25,015,200원

③ 25,522,800원 ④ 26,030,400원

46. 다음 자료를 참고할 때, 기업의 건전성을 파악하는 지표인 금융비용부담률이 가장 낮은 기업과 이자보상비율이 가장 높은 기업을 순서대로 알맞게 짝지은 것은 어느 것인가?

(단위 : 천만 원)

구분	매출액	매출원가	판관비	이자비용
A기업	98	90	2	1.5
B기업	105	93	3	1
C기업	95	82	3	2
D기업	112	100	5	2

※ 영업이익 = 매출액 − 매출원가 − 판관비

※ 금융비용부담률 = 이자비용 ÷ 매출액 × 100

※ 이자보상비율 = 영업이익 ÷ 이자비용 × 100

① A기업, B기업

② B기업, A기업

③ B기업, B기업

④ C기업, B기업

┃47~48┃ 다음은 K20 청춘 카드에 대한 설명이다. 이어지는 물음에 답하시오.

20대의 다양한 꿈과 도전, 'K20 청춘'과 함께!
■ 가입대상 : 개인
■ 후불교통카드 : 신청 가능
■ 카드브랜드 : W(JCB), MasterCard
■ 연회비 : W(JCB) 8,000원 / MasterCard 10,000원

〈청춘 선택 서비스〉
※ 청춘여행 / 청춘놀이 Type 중 택1(카드발급 신청 시 택1 및 발급 후 변경 불가)
□ 청춘여행
• 인천 공항라운지 무료이용 서비스
– 통합 월 1회, 연 2회 제공
– 서비스 조건 : 전월 이용실적 50만 원 이상 시 제공

구분	대상라운지
제1여객터미널	마티나, 스카이허브
제2여객터미널	마티나(일반), SPC, 라운지L

※ 본 서비스는 카드사용 등록하신 달에는 제공되지 않으며 그 다음 달부터 서비스 조건 충족 시 제공합니다.
□ 청춘놀이
• 전국 놀이공원 할인
– 통합 월 1회, 연 6회 제공
– 서비스 조건 : 전월 이용실적 30만 원 이상 시 제공

놀이공원명	제공서비스
에버랜드, 롯데월드, 서울랜드, 통도환타지아, 어뮤즈먼트(경주월드), 이월드(대구), 광주패밀리랜드, 한국민속촌(용인)	본인 자유이용권 50% 현장할인
캐리비안베이, 캘리포니아비치 (경주월드)	본인 입장료 30% 현장할인
전주시 동물원	본인 무료 입장

※ 본 서비스는 카드사용 등록하신 달에는 제공되지 않으며 그 다음 달부터 서비스 조건 충족 시 제공됩니다.

〈주요 서비스〉
□ 쇼핑
• 온라인 쇼핑몰 10% 청구할인(건당 이용금액 2만 원 이상 시)
– G마켓, 옥션, 인터파크, 11번가, K몰
□ 자기계발
• 온라인 서점, 어학시험 10% 청구할인(건당 이용금액 2만 이상 시)
– 어학시험은 월 1회, 연 6회 제공
□ 여가
• CGV 온라인 예매(홈페이지, 모바일앱) 2,000원 청구할인 (1만 원 이상 결제 시, 월 1회)
• 배달앱 10% 청구할인(건당 이용금액 1만 원 이상 시)

47. 위 상품에 대한 설명으로 옳지 않은 것은?
① K20 청춘 카드는 브랜드에 따라 연회비가 다르다.
② 청춘 선택 서비스는 카드발급 신청 시 선택한다.
③ 청춘 선택 서비스의 서비스 조건은 동일하다.
④ K20 청춘 카드로 온라인 K몰에서 3만 원짜리 쌀을 구매할 경우 3,000원을 할인받을 수 있다.

48. 석중이는 청춘놀이 타입으로 선택하여 발급받아, 이번 달 혜택을 받을 수 있을 만큼의 전월 실적을 충족했다. 석중이의 이번 달 소비금액이 다음과 같을 때, 이번 달 할인받을 수 있는 금액은 총 얼마인가? (단, 에버랜드 자유이용권의 가격은 1장당 6만원으로 한다)

- 에버랜드 자유이용권을 본인과 동생 것 2장을 현장에서 구매함
- 11번가에서 20만원 어치 옷을 한번에 구입함
- 롯데시네마 티켓 2장을 모바일 앱으로 구매함
- 인터넷 서점에서 자기계발 도서 18,000원짜리를 구입함
- 배달앱을 이용해 2만 5천원짜리 보쌈, 15000원짜리 짜장면 세트를 주문함

① 54,000원
② 55,800원
③ 56,000원
④ 57,800원

49. 다음은 어느 보험회사의 보험계약 현황에 관한 표이다. 이에 대한 설명으로 옳지 않은 것은?

(단위 : 건, 억 원)

구분	2025년		2024년	
	건수	금액	건수	금액
개인보험	5,852,844	1,288,847	5,868,027	1,225,968
생존보험	1,485,908	392,222	1,428,422	368,731
사망보험	3,204,140	604,558	3,241,308	561,046
생사혼합	1,162,792	292,068	1,198,297	296,191
단체보험	0	0	0	0
단체보장	0	0	0	0
단체저축	0	0	0	0
소계	5,852,844	1,288,847	5,868,027	1,225,968

※ 건수는 보유계약의 건수임
※ 금액은 주계약 및 특약의 보험가입금액임

① 2024년과 2025년에 단체보험 보유계약의 건수는 0건이다.
② 2025년은 2024년에 비해 개인보험 보유계약 건수가 감소하였다.
③ 2025년은 2024년에 비해 개인보험 보험가입금액은 증가하였다.
④ 2025년 개인보험 보험가입금액에서 생존보험 금액이 차지하는 비중은 30% 미만이다.

┃50~51┃ 다음은 K은행의 '신나는 직장인 대출' 상품의 안내문이다. 이를 보고 이어지는 물음에 답하시오.

〈신나는 직장인 대출〉

1. 상품특징 : 공무원, 사립학교 교직원, 당행 선정 우량기업 임직원 대상 신용대출상품

2. 대출대상
   - 공무원, 사립학교 교직원, 당행 선정 우량기업에 3개월 이상 정규직으로 재직 중인 급여소득자
   - 단, 인터넷 또는 모바일을 통한 영업점 무방문대출은 재직기간 1년 이상이고, 소득금액증명원 상 최근 귀속년도 소득금액으로 소득확인이 가능한 고객(대출신청일 현재 동일사업장 국민건강보험 가입이력이 1년 이상이어야 하며, 자격유지 기준 변동사항인 휴직, 이직, 합병 등이 있는 경우에는 신청이 불가)

3. 대출기간 : 일시상환대출 1년 이내(1년 단위로 연장 가능), 할부상환대출 5년 이내

4. 대출한도 : 최대 2억 5천만 원 이내(단, 인터넷 또는 모바일을 통한 영업점 무방문대출은 최대 1억 원 이내

5. 대출금리

기준금리	우대금리	최종금리
연리 2.00%	연리 0.40%(최대)	연리 1.60 ~ 2.00%

   * 당행 기준금리 1년 고정
   * KB고객(골드 이상) 0.20%p, 급여이체 0.10%p, 신용카드 이용(3개월)100만 원 이상 0.10%p 등
   * 연체이자율은 연체기간에 관계없이 연체일수×(채무자 대출금리+3%)÷365

6. 고객부담수수료

5천만 원 이하	5천만 원 초과 ~1억 원 이하	1억 원 초과 ~2억 원 이하	2억 원 초과
없음	7만 원	15만 원	20만 원

7. 필요서류
   - 실명확인증표
   - 재직증명서 또는 전자공무원증
   - 고용보험 가입확인서(필요 시)
   - 소득확인서류
   - 기타 필요 시 요청 서류

50. 다음 중 위 대출 상품의 대출금리에 대하여 올바르게 판단한 설명이 아닌 것은 어느 것인가?

① 1억 원 대출 시 최소 적용 가능한 연 이자액은 160만 원이다.

② 3개월 신용카드 월 평균 사용금액이 30만 원인 경우, 적어도 1.90%까지의 금리 적용이 가능하다.

③ 연체이자율은 골드레벨 KB고객 혜택만 있는 고객과 급여이체 혜택만 있는 고객이 서로 동일하지 않다.

④ 골드레벨 KB고객이 급여이체도 K은행을 통하여 하고 있을 경우, 적어도 1.70%까지의 금리 적용이 가능하다.

51. 다음은 K은행의 '신나는 직장인 대출' 상품을 알아보기 위한 고객과 은행 직원과의 질의응답 내용이다. 응답 내용이 상품 안내문의 내용과 부합되지 않는 것은 어느 것인가?

Q. 석달 전에 우리 아들이 공무원이 되었는데요, 인터넷으로 신청을 하면 영업점 무방문대출이 될 테니 8천만 원 정도 대출은 가능하겠네요?

A. ① 네 고객님, 영업점 무방문대출의 경우는 최대 1억 원 한도입니다. 8천만 원 대출은 가능하시겠어요.

Q. 저는 사립학교 행정실에 5년 째 근무하는 직원입니다. 2억 원 정도 대출을 받고 싶은데 급여이체 계좌를 K은행으로 옮기면 금리가 2% 이하로 적용될 수 있지요?

A. ② 네 가능합니다. 그런 경우 1.90%의 금리를 적용받으시겠네요.

Q. 안내문을 보니 저는 우대금리 혜택 사항에 모두 해당이 되는데요, 연체이자율은 3.60%가 되는 게 맞겠네요?

A. ③ 아닙니다. 우대금리가 최대 적용되신다면 최종 1.60%의 금리이신데요, 여기에 3%가 추가되어 연체이자율은 4.60%가 적용됩니다.

Q. 3년차 공무원입니다. 스마트 폰으로 대출 신청을 하려고 하는데요, 이 경우에는 대출 수수료가 10만 원을 넘진 않는 거죠?

A. ④ 맞습니다. 고객님과 같은 경우에는 대출 금액에 따라 수수료가 다른데요, 없을 수도 있고, 있더라도 최대 7만 원입니다.

---

52. 과장 P는 퇴직금 중 3,000만 원을 예금에 가입하였다. 연 6%의 복리 이자를 준다고 했을 때 원금 3,000만 원이 두 배로 늘어나는 데 걸리는 기간은? (단 과세는 고려하지 않는다)

① 11년　　　　　② 12년

③ 18년　　　　　④ 20년

53. 다음은 KB ○○여행적금 상품에 대한 설명이다. 옳은 것은?

KB ○○여행적금

가. 상품특징
고객의 풍요로운 삶과 행복을 지향하기 위하여 K은행 자회사인 KB여행사와 연계한 적금상품으로 (가족)여행과 관련된 고객니즈를 반영한 특화상품

나. 가입대상
　　실명의 개인

다. 가입기간
　• 정기적금 : 6개월 이상 5년 이내 월 단위
　• 자유적립적금 : 3개월 이상 5년 이내 월 단위

라. 가입금액

구분	초입금 및 월 적립금	가입 한도
정기 적금	• 초입금 : 500원 이상 • 월 적립금 : 500원 이상	제한 없음
자유 적립 적금	• 초입금 : 1천 원 이상 • 월 적립금 : 1천 원 이상	제한 없음 ※ 단, 계좌별 계약기간의 3/4 경과 후 적립할 수 있는 금액은 이전 적립금액의 1/2 이내, 만기 1개월 이내에는 전월의 입금액을 초과한 입금 불가

마. 기본 이율(연%, 세전)

가입기간	기본이율
3개월 이상	1%
6개월 이상	1%
12개월 이상	1.4%
24개월 이상	1.45%
36개월 이상	1.5%
48개월 이상	1.5%
60개월 이상	1.5%

바. 이자계산법
- 정기적금 : 월 저축금액을 매월 이 계약에서 정한 날짜에 입금하였을 때에는 입금건별로 입금일부터 해지일 전일까지 예치일수에 대하여 이자율로 계산하여 지급하고, 정한 날짜보다 빨리 혹은 늦게 입금하였을 때에는 적립식 예탁금 약관에서 정한대로 이자 지급
- 자유적립적금 : 저축금마다 입금일부터 해지일 전일까지 기간에 대하여 약정이율로 셈한 후 이자를 더하여 지급
  ※ 저축금별 이자 계산 예시 : 입금액 × 약정금리 × 예치일수 / 365

사. 이자지급방식
  만기일시지급식 : 가입기간 동안 약정이율로 계산하여 만기일에 일시지급

아. KB여행사 연계 우대 서비스
- 서비스 이용대상은 신규 가입고객(예금금액 제한 없음)이며 서비스의 이용기간은 신규일로부터 적금만기 후 3개월 이내로 한다.
- 서비스 이용방법
  - 신규가입 시 안내문구 통장인자 및 인증번호 부여
  - 고객이 KB여행사 홈페이지(www.kbtour.co.kr) 회원가입 시 KB여행적금 인증번호 입력(최초 접속 시만 해당, 회원가입 후 에는 개인아이디로 접속)
  - 회원정보 입력 및 메일수령 동의여부 등을 입력
  - 회원가입 절차를 마친 후 상품안내 화면으로 이동하여 해당 서비스 이용 가능
  - 서비스 신청은 예금주 본인 명의로 신청해야 하되, 실제 서비스 이용자는 본인이 아니어도 가능

① 급여통장 가입 고객이면 적금 인터넷 신규 시 1%p의 우대이율을 받을 수 있다.
② 서비스의 이용기간은 적금만기 후 3개월부터이다.
③ 전 직원 단체 여행 시 법인도 여행적금 상품에 가입할 수 있다.
④ 가입기간이 36개월인 사람과 60개월인 사람의 이율은 동일하다.

54. 다음은 인플레이션을 감안하지 않은 명목이자율과 물가변동을 감안한 실질이자율에 대한 설명이다. 다음 설명을 참고할 때, 〈보기〉의 경우 A씨의 1년 후의 실질이자율은?

누군가가 '이자율이 상승하는 경우 저축을 늘리겠는가?' 라는 질문을 했다고 해 보자. 얼핏 생각할 때, 그 대답은 '예'일 것 같지만 보다 정확한 답은 '알 수 없다'이다. 질문 자체가 정확하지 않기 때문이다. 즉, 질문에서 얘기하는 이자율이 명목이자율인지 아니면 실질이자율인지가 불분명하기 때문이다.

만약 질문한 사람이 명목이자율을 염두에 두고 있었다면, 다시 그 사람에게 '물가상승률은 어떻습니까?' 라고 되물어야 할 것이다. 명목이자율에서 물가상승률을 뺀 실질이자율이 어느 수준인지가 예금에 대한 의사 결정에 영향을 미치기 때문이다.

현실에서는 예금을 통해 번 이자 소득에 세금이 부과된다. 우리나라의 경우 이자 소득세율은 15.4%이다. 따라서 명목이자율이 물가상승률보다 커 실질이자율이 양(+)의 값을 갖는다 하더라도, 이자 소득세를 납부한 후의 실질이자율은 음(-)의 값을 가질 수도 있다. 물론 이러한 경우 예금을 하면 구매력 차원에서 따졌을 때 오히려 손해를 보게 된다.

〈보기〉
2025년 4월 11일 현재 우리나라 금융기관에서 취급하고 있는 1년 만기 정기예금의 연평균 명목이자율은 2.1%이다. A씨는 1억 원을 1년 동안 예금할 예정이며, 만기 시점인 1년 후의 물가는 1% 상승했다고 가정한다.

① 약 0.56% ② 약 0.77%

③ 약 0.95% ④ 약 2.10%

55. 서원이는 이번 해 1월 전액 현금으로만 다음 표와 같이 지출하였다. 만약 서원이가 이번 해 1월에 A ~ C 신용카드 중 하나만을 발급받아 할인 전 금액이 표와 동일하도록 그 카드로만 지출하였다면 신용카드별 할인혜택에 근거한 할인 후 예상 청구액이 가장 적은 카드부터 순서대로 바르게 나열한 것은?

〈표〉 1월 지출내역

(단위 : 만 원)

분류	세부항목		금액	합계
교통비	버스 · 지하철 요금		8	20
	택시 요금		2	
	KTX 요금		10	
식비	외식비	평일	10	30
		주말	5	
	카페 지출액		5	
	식료품 구입비	대형마트	5	
		재래시장	5	
의류구입비	온라인		15	30
	오프라인		15	
여가 및 자기계발비	영화관람료 (1만원/회×2회)		2	30
	도서구입비 (2만원/권×1권, 1만5천원/권×2권, 1만원/권×3권)		8	
	학원 수강료		20	

〈신용카드별 할인혜택〉

○ A 신용카드
• 버스, 지하철, KTX 요금 20% 할인(단, 할인액의 한도는 월 2만원)
• 외식비 주말 결제액 5% 할인
• 학원 수강료 15% 할인
• 최대 총 할인한도액은 없음
• 연회비 1만 5천 원이 발급 시 부과되어 합산됨

○ B 신용카드
• 버스, 지하철, KTX 요금 10% 할인(단, 할인액의 한도는 월 1만원)
• 온라인 의류구입비 10% 할인
• 도서구입비 권당 3천 원 할인(단, 권당 가격이 1만 2천 원 이상인 경우에만 적용)
• 최대 총 할인한도액은 월 3만 원
• 연회비 없음

○ C 신용카드
• 버스, 지하철, 택시 요금 10% 할인(단, 할인액의 한도는 월 1만 원)
• 카페 지출액 10% 할인
• 재래시장 식료품 구입비 10% 할인
• 영화관람료 회당 2천원 할인(월 최대 2회)
• 최대 총 할인한도액은 월 4만 원
• 연회비 없음

※ 할부나 부분청구는 없으며, A ~ C 신용카드는 매달 1일부터 말일까지의 사용분에 대하여 익월 청구됨

① A - B - C

② A - C - B

③ B - A - C

④ B - C - A

┃56~57┃ 다음은 '○○변액적립보험'에 관한 설명이다. 물음에 답하시오.

1. 개요
저금리시대 펀드에 투자하여 안정적인 수익률 추구

2. 상품 특징
㉠ 낮은 비용으로 수익률 극대화 추구
 • 해지 공제 비용이 없어 초기에 해지하더라도 환급률이 높은 상품(기존 자사 변액보험 대비)
㉡ 고객의 자산을 지키기 위한 운용사 경쟁형 펀드 운영
 • 1개 펀드에 복수 운용사를 운영하여 수익률이 높은 운용사에 자산을 추가 배분함으로써 수익률 경쟁을 도모함
㉢ 고객 투자 성향에 따른 다양한 투자 및 옵션 선택 가능
 • K-커버드형, 글로벌멀티에셋형, 글로벌배당주식형, 이머징주식형, K-Selection주식형, 가치주식형, 성장주식형, 일반주식형, 인덱스주식형, 글로벌주식형, 글로벌채권형, 채권형, 단기채권형, 글로벌금리연동채권형 등 다양한 펀드 선택이 가능
㉣ 펀드 운용보수 환급을 통한 수익률 확대
 • 4년 이상 유지할 경우 펀드 운용보수의 10%~25%를 계약자적립금에 가산
㉤ 상황에 따라 유연한 자금 운용
㉥ 연금전환을 활용한 노후준비 가능

3. 보험사
○○생명

4. 가입 나이
만 15세~75세

5. 납입 방법
월납

6. 납입 기간
2년, 3년, 5년, 7년, 10년, 12년, 15년, 20년납

7. 보험 기간
종신

8. 가입 한도
 20만 원 이상 (단, 2년납, 3년납은 50만 원 이상, 5년납은 30만 원 이상)

9. 세제 혜택
 관련 세법에서 정하는 요건에 부합하는 경우 보험차익 비과세 혜택

10. 예금자 보호
이 보험계약은 예금자보호법에 따라 예금보험공사가 보호하지 않습니다. 다만, 약관에서 정한 최저사망보험금에 한하여 예금자보호법에 따라 예금보험공사가 보호하되, 보호 한도는 본 보험회사에 있는 귀하의 모든 예금보호 대상 금융상품의 해지환급금(또는 만기시 보험금이나 사고보험금)에 기타 지급금을 합하여 1인당 최고 "5천만 원"이며, 5천만 원을 초과하는 나머지 금액은 보호하지 않습니다.(다만, 보험계약자 및 보험료 납부자가 법인이면 보호되지 않습니다.)

11. 유의사항
㉠ 이 상품은 보험 상품으로 은행의 예·적금 상품과 다릅니다.
㉡ 이 상품의 자세한 내용은 상품설명서와 약관을 읽어보시기 바랍니다.
㉢ 운용실적에 따라 납입원금의 손실이 발생할 수 있으며, 그 손실은 가입자에게 귀속됩니다.
㉣ 중도해지 할 경우 해지환급금은 최저보증이 되지 않습니다.
㉤ 기존 계약을 해지하고 신계약을 체결할 때에는 보험인수가 거절되거나 보험료가 인상될 수 있으며, 보장내용이 달라질 수 있습니다.

56. 다음 중 상품의 특징이 아닌 것은?

① 연금전환을 활용한 노후준비 가능하다.

② 해지 공제 비용으로 인해 초기에 해지하더라도 환급률이 낮다.

③ 4년 이상 유지할 경우 펀드 운용보수의 10~25%를 계약 자적립금에 가산한다.

④ 1개 펀드에 복수 운용사를 운영하여 수익률이 높은 운용사에 자산을 추가 배분한다.

57. 다음 중 가입 가능한 납입 기간은?

① 1년　　　　　② 4년

③ 6년　　　　　④ 10년

58. 다음은 K은행의 인터넷해외송금에 대한 설명이다. 미국에서 공부하고 있는 진영이에게 경수가 저녁 9시에 송금을 하는 경우, 가능한 금액은?

1. 송금시 환율우대 및 수수료 우대

구분	기본통화(USD, JPY, EUR)	기타통화
우대율	50%	30%

※ 금액에 관계 없이 최대 50% 우대환율 제공
※ 송금 수수료 50% 우대 (단, 전신료는 별도)
※ 중계수수료 부담 송금인(송금하시는 분) 선택시 중계수수료 발생

2. 송금사유별 건당 송금한도

구분	지급증빙서류미 제출송금 외국인/비거주자의 국내 소득 송금	유학생, 해외체재자	해외이주비
09:00~16:00 (월~금요일)	USD 1만 불 상당액 이하	USD 5만 불 상당액 이하	USD 5만 불 상당액 이하
16:00~익일 09:00 (월~금요일)	USD 5천 불 상당액 이하	USD 5천 불 상당액 이하	불가
토요일 09:00 ~월요일 09:00	USD 5천 불 상당액 이하	USD 5천 불 상당액 이하	불가

※ 해외이주비 송금은 월~금요일(공휴일 제외) 17:30시까지 가능

① USD 4,800 불　　② USD 5,200 불

③ USD 6,400 불　　④ USD 7,100 불

| 59~60 | 다음의 상품설명서를 읽고 물음에 답하시오.

<표>

〈거래 조건〉		
구분		금리
적용금리	모집기간 중	큰 만족 실세예금 1년 고시금리
	계약기간 중 중도해지	없음
	만기 후	원금의 연 0.10%
중도해지 수수료율 (원금기준)	예치기간 3개월 미만	개인 원금의 0.38% 법인 원금의 0.38%
	예치기간 3개월 이상~6개월 미만	개인 원금의 0.29% 법인 원금의 0.30%
	예치기간 6개월 이상~9개월 미만	개인 원금의 0.12% 법인 원금의 0.16%
	예치기간 9개월 이상~12개월 미만	원금의 0.10%
이자지급방식		만기일시지급식
계약의 해지		영업점에서 해지 가능

〈유의사항〉

• 예금의 원금보장은 만기 해지 시에만 적용된다.
• 이 예금은 분할해지 할 수 없으며 중도해지 시 중도해지 수수료 적용으로 원금손실이 발생할 수 있다. (중도해지수수료는 '가입금액×중도해지수수료율'에 의해 결정)
• 이 예금은 예금기간 중 지수가 목표지수변동률을 넘어서 지급금리가 확정되더라도 이자는 만기에만 지급한다.
• 지수상승에 따른 수익률(세전)은 실제 지수상승률에도 불구하고 연 4.67%를 최대로 한다.

59. 석준이는 개인이름으로 최초 500만 원의 원금을 가지고 이 상품에 가입했다가 불가피한 사정으로 5개월 만에 중도해지를 했다. 이때 석준이의 중도해지 수수료는 얼마인가?

① 6,000원
② 8,000원
③ 14,500원
④ 15,000원

60. 상원이가 이 예금에 가입한 후 증시 호재로 인해 지수가 약 29% 상승하였다. 이 경우 상원이의 최대 수익률은 연 몇 %인가? (단, 수익률은 세전으로 한다)

① 연 1.35%
② 연 4.67%
③ 연 14.5%
④ 연 21%

61. 인터넷 경제 3원칙을 보기에서 올바르게 고른 것은?

┌─────────────────────────────────────┐
│ ㉠ 마이크로칩의 처리능력은 18개월마다 2배 증가한다. │
│ ㉡ 80%의 효과는 20%의 노력으로 얻어진다. │
│ ㉢ 거래 비용이 적게 드는 쪽으로 변화한다. │
│ ㉣ 가치는 노동시간에 따라 결정된다. │
│ ㉤ 네트워크 가치는 참여자의 수의 제곱이다. │
└─────────────────────────────────────┘

① ㉠㉡㉣
② ㉢㉣㉤
③ ㉠㉢㉤
④ ㉡㉢㉤

62. 네트워크상에 존재하는 패킷 정보를 도청하는 해킹수법의 일종이다. 전화기 도청 장치 설치 과종과 유사한 이 해킹수법을 뜻하는 용어는?

① 스파이 앱
② 스니핑
③ 스머핑
④ 스푸핑

63. 암호화폐를 탈취한다는 것으로 사용자 PC를 해킹하여 가상화폐를 채굴하는 것은?

① 랜섬웨어
② 크립토재킹
③ 스피어 피싱
④ 부트키트

64. 미국교육학자 마크 프렌스키가 처음 사용하였으며, 태어나서부터 디지털 기기에 둘러싸여서 성장한 세대를 의미하는 용어는?

① 디지털 쿼터족
② 디지털 사이니지
③ 디지털 디바이드
④ 디지털 네이티브

65. 디지털 위안화로 중국의 중앙은행에서 발행한 디지털 화폐를 의미하는 용어는?

① CBDC(Central Bank Digital Currency)
② 비트코인
③ E-크로나
④ DECP(Digital Currency Eletronic Payment)

66. 데이터 수집과 활용을 강화하여 데이터 경제를 가속화, 공공데이터 14만여 개 개방, 디지털 집현전 설치를 목표로 하는 디지털 뉴딜 정책으로 옳은 것은?

① 데이터 댐
② 지능형 정부
③ 그린 스마트 스쿨
④ 국민안전 사회간접자본 디지털화

67. LED의 가시광선으로 1초에 10기가 바이트 속도로 데이터를 전달하는 방식을 일컫는 용어는?

① 핫 스팟
② Wi-Fi
③ 테더링
④ Li-Fi

68. 스마트폰, 개인 정보 단말기, 기타 이동 전화 등을 이용한 은행 업무, 지불 업무, 티켓 업무와 같은 서비스를 하는 비즈니스 모델을 무엇이라 하는가?

① M 커머스
② C 커머스
③ U 커머스
④ E 커머스

69. 언론이 통제된 미얀마에서 현재 사용량이 폭증한 이것은 특정 프로그램을 통해 웹페이지에 접속이 가능하다. 접속자나 IP추적이 불가한 웹을 의미하는 용어는?

① 서피스 웹

② 다크 웹

③ 딥 웹

④ 웹 TV

70. 휴대폰용 운영체제·미들웨어·응용프로그램을 묶은 소프트웨어 플랫폼은?

① 윈도우(Window)

② 태블릿(Tablet)

③ 안드로이드(Android)

④ 매킨토시(Macintosh)

71. 스마트폰 시장에서 출시 주기가 짧아지면서 제품수명이 2 ~ 3개월로 단축된다는 것을 일컫는 용어는?

① 아이폰 법칙

② 한계효용 체감의 법칙

③ 황의 법칙

④ 안드로이드 법칙

72. 오지까지 무료로 인터넷을 보급하기 위한 것으로, 2013년부터 진행되어 2021년 1월에 종료된 구글의 프로젝트를 무엇이라 하는가?

① 프로젝트 파이

② 아트 프로젝트

③ 프로젝트 포그혼

④ 프로젝트 룬

73. 빅데이터의 특징에서 4V에 해당하지 않는 것은?

① Volume　　　　② Velocity

③ Variety　　　　④ Verify

74. 甲은 오랜만에 들어간 웹사이트의 비밀번호가 생각나지 않는다. 회원가입은 되어있는 상태라고 하는 데 기억이 나지 않는다. 결국 비밀번호 찾기를 눌러 새로운 비밀번호를 입력한다. 시간이 지나 또 웹사이트에 로그인을 하지 못한 甲은 다시 비밀번호 찾기를 누른다. 이러한 현상을 방지하기 위하여 신속한 온라인 인증이라는 뜻의 생체인증을 주로 시행하는 이 인증을 의미하는 용어는?

① CPO　　　　② GDPR

③ RPA　　　　④ FIDO

75. P2P의 특성에 대한 설명으로 옳지 않은 것은?

① 웹상의 개인과 개인이 파일을 공유하는 것을 의미한다.

② 보안이 강한 특성을 지니고 있다.

③ 저작권 보호의 맹점이 있다.

④ 냅스터(Napster)나 그누텔라(Gnutella)가 대표적인 기업이다.

76. 디지털 이동통신기술로 기존의 아날로그 방식보다 10배 이상 가입자를 수용할 수 있는 방식은?

① TDMA   ② RPA

③ GSM   ④ CDMA

77. 다음 설명 중에서 마이데이터로 추진 중인 서비스가 아닌 것은?

① 고객의 금융정보를 관리하여 맞춤 상품을 추천한다.

② 내 집 마련이나 미래를 대비하기 위한 목표를 제공하고 금융전략을 제시한다.

③ 사회초년생의 신용점수를 높이기 위해 올바른 금융습관을 조언한다.

④ 금융사기를 방지하기 위해서 지연인출제도를 알려준다.

78. 미국 인구의 절반이 이용하는 OTT 서비스 중 하나로 광고 기반 무료 실시간 OTT 서비스이다. 아시아 최초 플랫폼 사업자 뉴 아이디에서 북미, 유럽, 한국에서 약 20개의 채널을 운영하고 있는 것을 의미하는 용어는?

① FAST

② 넷플릭스

③ 아마존프라임비디오

④ 웨이브(Wavve)

79. 코로나로 화상회의와 온라인수업의 사용빈도가 높아졌다. 기업의 줌 화상회의나 학교의 온라인수업에 몰래 들어가 음란물을 보내거나 방해하는 행위를 나타내는 말은?

① 멀티캐스트(Multicast)

② 핀치 투 줌(Pinch To Zoom)

③ 줌폭탄(Zoom Bombing)

④ 웨비나(Webinar)

80. 사업자가 투자금을 확보하기 위해 블록체인 기반의 암호화 화폐를 발행하고 투자자에게 판매하여 가상화폐로 자금을 확보하는 것을 의미하는 것은?

① IPO(Initial Public Offering)

② FDS(Fraud Detection System)

③ 레그테크(Regtech)

④ ICO(Initial Coin Offering)

03 상식

81. 다음에서 설명하고 있는 것은?

> 개인이 받은 주택담보대출 이외에도 신용대출, 카드론 등 금융권에서 받은 대출정보를 합산한 금액에서 연간 원리금을 연소득으로 나눈 비율이다. 대출을 원하는 사람의 소득에 대비하여 전체 금융부채에 대한 대출상환능력이 적절한지를 심사하기 위한 것이다.

① 유동비율
② 당좌비율
③ 총부채상환비율
④ 총부채원리금상환비율

82. BIS 자기자본비율에 대한 설명으로 옳은 것은 무엇인가?

① 각국 중앙은행에서 결정한다.
② 은행이 유지해야 할 수준은 6%이다.
③ 은행 주주들을 보호하기 위한 기준이다.
④ 2 ~ 6%일 경우 경영개선을 요구한다.

83. 자금세탁 방지제도 구성으로 옳지 않은 것은 무엇인가?

① 의심거래보고제도
② 고액현금거래보고제도
③ 소액현금거래보고제도
④ 고객확인제도

84. 다음 중 요구불예금끼리 바르게 묶인 것은 무엇인가?

> ㉠ CMA
> ㉡ 보통예금
> ㉢ 어린이예금
> ㉣ 저축성예금
> ㉤ 당좌예금

① ㉠㉡
② ㉢㉣
③ ㉠㉡㉢
④ ㉡㉢㉤

85. 다음이 설명하는 것은 무엇인가?

> 회사가 근로자의 퇴직연금 재원을 외부 금융회사에 적립하여 운용하고, 근로자 퇴직 시 정해진 금액을 지급하도록 하는 제도로, 금액은 기존의 퇴직금 금액과 동일하다.

① 확정급여형
② 확정기여형
③ 개인형 퇴직연금
④ IRP

86. 다음 금리에 대한 설명으로 옳은 것은 무엇인가?

① 기준금리 : 신용도가 높은 기업에게 가장 낮은 금리로 장기 대출을 해줄 때 적용한다.
② 명목금리 : 금융기관이 기업에게 대출해줄 때 적용하는 금리이다.
③ 고정금리 : 물가 상승을 고려하지 않은 금리이다.
④ 표면금리 : 채권 표면에 표시한 금리이다.

87. A와 B는 20만 원을 2년 만기 정기적금에 가입하려고 한다. A는 단리, B는 복리를 적용할 경우 둘의 이자 차이는 얼마인가? (단, 금리는 5%이다.)

① 400원   ② 450원
③ 500원   ④ 550원

88. 그림자 금융의 특징으로 옳지 않은 것은 무엇인가?

① 엄격한 건전성 규제의 대상이 아니다.
② 중앙은행의 유동성 지원이나 예금보험 등 공공부문의 지원 대상이 아니다.
③ 신용 중개기능이 없는 단순 주식거래와 외환거래를 포함한다.
④ 금융 소비자의 수요 등 금융환경 변화에 맞추어 빠르게 성장하였다.

89. 다음에서 설명하고 있는 주식시장의 명칭은?

( )은 성장단계에 있는 중소, 벤처기업들이 원활히 자금을 조달할 수 있도록 비상장 벤처기업들의 자금난을 해소하는 창구가 되고 있다.

① KRX   ② AMEX
③ Free Board   ④ NASDAQ

90. ㉠과 ㉡에 들어갈 말로 옳은 것은 무엇인가?

주식 시장에서 주가가 갑자기 급등락 하는 경우 시장에 미치는 충격을 완화하기 위해 주식 매매를 일시 정시하는 제도로 주식거래 일시 중단 제도라고도 한다. 지수가 전날 종가보다 10% 이상 하락한 상태로 1분간 지속되면 20분간 모든 종목의 거래가 중단된다. (㉠)이/가 발동되면 30분 후에 매매가 재개되는데 처음 20분 동안은 모든 종목의 호가접수 및 매매 거래가 중단되고, 나머지 10분 동안은 새로 호가를 접수하여 단일가격으로 처리한다. 한 번 발동한 후에는 요건이 충족되어도 다시 발동할 수 없다. 미국 주가 대폭락사태인 블랙먼데이 이후 주식 시장의 붕괴를 막기 위해 처음으로 도입되었다. 한편, (㉡)은/는 선물시장의 급등락에 따라 현물시장의 가격이 급변하는 것을 막기 위한 가격 안정화 장치로, 프로그램 매매만을 잠시 중지시키는 제도이다. 주가지수 선물시장의 개설과 함께 국내에 도입되었는데, 선물가격이 전날 종가보다 5%(코스피) ~ 6%(코스닥) 이상 급등락하는 상태가 1분간 지속되는 경우에 발동되며, 일단 발동되는 경우에는 그 시점부터 프로그램 매매 효과의 효력이 5분간 정지된다.

	㉠	㉡
①	콘탱고	서킷 브레이커
②	서킷 브레이커	프리보드
③	사이드 카	서킷 브레이커
④	서킷 브레이커	사이드 카

91. 다음 중 주식 시장을 비유하는 동물은 무엇인가?

① 매   ② 개구리
③ 사슴   ④ 곰

92. 파생금융상품시장의 기능으로 옳지 않은 것은 무엇인가?

① 가격예시 기능
② 위험전가 기능
③ 부실채권 기능
④ 자원배분의 효율성

93. 다음 매파에 대한 특징으로 옳은 것을 모두 고르면?

> ㉠ 인플레이션 억제 및 물가 안정 추구
> ㉡ 시중 통화량 증가
> ㉢ 화폐 가치 상승으로 인한 물가 안정
> ㉣ 긴축정책 및 금리인상
> ㉤ 인플레이션 장려 및 경제 성장 추구

① ㉠㉡㉢   ② ㉡㉢㉣
③ ㉢㉣㉤   ④ ㉠㉢㉣

94. 다음이 설명하고 있는 것은 무엇인가?

> 기관들도 고객 재산을 선량하게 관리해야 할 의무가 있다는 필요성에 의해 생겨난 용어. 주요 기관투자자가 주식을 보유하는 데에 그치는 것이 아니라 투자 기업의 의사결정에 적극 참여해 주주와 기업의 이익을 추구하고, 지속 가능한 성장과 투명한 경영을 이끌어 내는 것이 목적이다.

① 포트폴리오   ② 스튜어드십 코드
③ 불완전판매   ④ 폰지사기

95. 다음 중 애덤 스미스의 절대우위론에 관한 설명으로 옳은 것은?

① 절대우위론은 한 나라가 모두 절대우위 혹은 절대열위에 있는 경우에 무역이 발생하는 현상은 설명하지 못하는 단점이 있다.
② 절대우위란 다른 생산자에 비해 같은 상품을 더 적은 기회비용으로 생산할 수 있는 능력을 말한다.
③ 절대우위는 곧 기회비용의 상대적 크기를 나타낸다.
④ 절대우위론은 노동만이 유일한 생산요소이고 노동은 균질적인 것으로 가정한다.

96. 최고가격제와 최저가격제의 비교로 옳지 않은 것은 무엇인가?

① 최고가격제는 균형가격을 아래로 설정한다.
② 최고가격제는 초과수요로 인해 암시장이 형성된다.
③ 최고가격제는 물가 안정 및 소비자를 보호하기 위한 목적이다.
④ 최저가격제는 균형가격 아래로 설정한다.

97. A는 소고기와 돼지고기를 판매하는 정육식당을 개업했다. 경기가 어려워지자 소고기의 판매량은 전보다 줄고 돼지고기의 판매량은 크게 늘었는데, 이때 소고기와 돼지고기 관계에 대한 설명으로 옳지 않은 것은 어떤 것인가?

① 소고기는 정상재이다.
② 돼지고기 가격을 올리면 소고기의 수요는 늘어난다.
③ 소고기와 돼지고기는 대체관계에 있다.
④ 소고기는 열등재이다.

98. 독점시장의 특징으로 옳은 것은 무엇인가?

① 차별화된 상품을 공급하기 때문에 시장지배력을 가진다.

② 공급자들의 재화는 동질의 상품이다.

③ 진입과 퇴출이 자유롭지만 가격수용자는 될 수 없다.

④ 공급자끼리 상호의존성이 강하다.

99. GDP에 해당하는 것을 모두 고르면?

ⓐ 이민형 씨의 가사활동

ⓑ 김가을 씨의 불우이웃돕기 성금

ⓒ 국내 식품회사의 국내소득

ⓓ 국내 자동차회사의 국외소득

ⓔ 국외 제약사의 국내소득

---

① ⓐⓑ ② ⓑⓓ

③ ⓒⓔ ④ ⓐⓑⓒ

100. 원 – 달러 환율이 1,000원에서 1,500원으로 올랐다. 어떤 상황이 예상되는가?

① 소비자 물가 하락

② 외채부담 감소

③ 수입물가 상승

④ 국제수지 악화

국민은행 신입행원 채용대비 모의고사

성명	

수험번호									
	⓪	⓪	⓪	⓪	⓪	⓪	⓪	⓪	⓪
	①	①	①	①	①	①	①	①	①
	②	②	②	②	②	②	②	②	②
	③	③	③	③	③	③	③	③	③
	④	④	④	④	④	④	④	④	④
	⑤	⑤	⑤	⑤	⑤	⑤	⑤	⑤	⑤
	⑥	⑥	⑥	⑥	⑥	⑥	⑥	⑥	⑥
	⑦	⑦	⑦	⑦	⑦	⑦	⑦	⑦	⑦
	⑧	⑧	⑧	⑧	⑧	⑧	⑧	⑧	⑧
	⑨	⑨	⑨	⑨	⑨	⑨	⑨	⑨	⑨

문항	1	2	3	4	문항	1	2	3	4	문항	1	2	3	4	문항	1	2	3	4
1	①	②	③	④	26	①	②	③	④	51	①	②	③	④	76	①	②	③	④
2	①	②	③	④	27	①	②	③	④	52	①	②	③	④	77	①	②	③	④
3	①	②	③	④	28	①	②	③	④	53	①	②	③	④	78	①	②	③	④
4	①	②	③	④	29	①	②	③	④	54	①	②	③	④	79	①	②	③	④
5	①	②	③	④	30	①	②	③	④	55	①	②	③	④	80	①	②	③	④
6	①	②	③	④	31	①	②	③	④	56	①	②	③	④	81	①	②	③	④
7	①	②	③	④	32	①	②	③	④	57	①	②	③	④	82	①	②	③	④
8	①	②	③	④	33	①	②	③	④	58	①	②	③	④	83	①	②	③	④
9	①	②	③	④	34	①	②	③	④	59	①	②	③	④	84	①	②	③	④
10	①	②	③	④	35	①	②	③	④	60	①	②	③	④	85	①	②	③	④
11	①	②	③	④	36	①	②	③	④	61	①	②	③	④	86	①	②	③	④
12	①	②	③	④	37	①	②	③	④	62	①	②	③	④	87	①	②	③	④
13	①	②	③	④	38	①	②	③	④	63	①	②	③	④	88	①	②	③	④
14	①	②	③	④	39	①	②	③	④	64	①	②	③	④	89	①	②	③	④
15	①	②	③	④	40	①	②	③	④	65	①	②	③	④	90	①	②	③	④
16	①	②	③	④	41	①	②	③	④	66	①	②	③	④	91	①	②	③	④
17	①	②	③	④	42	①	②	③	④	67	①	②	③	④	92	①	②	③	④
18	①	②	③	④	43	①	②	③	④	68	①	②	③	④	93	①	②	③	④
19	①	②	③	④	44	①	②	③	④	69	①	②	③	④	94	①	②	③	④
20	①	②	③	④	45	①	②	③	④	70	①	②	③	④	95	①	②	③	④
21	①	②	③	④	46	①	②	③	④	71	①	②	③	④	96	①	②	③	④
22	①	②	③	④	47	①	②	③	④	72	①	②	③	④	97	①	②	③	④
23	①	②	③	④	48	①	②	③	④	73	①	②	③	④	98	①	②	③	④
24	①	②	③	④	49	①	②	③	④	74	①	②	③	④	99	①	②	③	④
25	①	②	③	④	50	①	②	③	④	75	①	②	③	④	100	①	②	③	④

국민은행
신입행원 채용대비
제2회 모의고사

성명		생년월일	
문제 수(배점)	100문항	풀이시간	/ 100분
영역	직업기초능력 + 직무심화지식 + 상식		
비고	객관식 4지선다형		

✳ 유의사항 ✳

- 문제지 및 답안지의 해당란에 문제유형, 성명, 응시번호를 정확히 기재하세요.
- 모든 기재 및 표기사항은 "컴퓨터용 흑색 수성 사인펜"만 사용합니다.
- 예비 마킹은 중복 답안으로 판독될 수 있습니다.

01 직업기초능력

1. 다음 글의 논지 전개 방식으로 적절한 것을 고르시오.

오늘날 단일어로 여겨지는 '두더지'는 본래 두 단어가 결합한 말이다. '두더'는 무엇인가를 찾으려고 샅샅이 들추거나 헤친다는 뜻을 지닌 동사 '두디다'에서 왔으며, '지'는 '쥐'가 변화된 것이다. 따라서 두더지는 '뒤지는 쥐'라는 뜻을 갖는 합성어였다.

'뒤지는 쥐'라고 하면 이해하기 쉽지만 '뒤지쥐'라고 하면 어색하게 느껴진다. 그것은 '뒤지쥐'가 마치 '달리차'라고 하는 것과 같기 때문이다. '뒤지는 쥐'나 '달리는 차'는 국어에서 단어가 둘 이상 결합된 단위인 구를 만드는 방법을 따르고 있으므로 우리에게 자연스럽게 받아들여진다.

구를 만드는 이러한 방법은 합성어를 만드는 데에도 적용된다. 체언과 체언이 결합한 '호두과자', 관형사와 체언이 결합한 '한번', 부사와 용언이 결합한 '잘생기다', 용언의 관형사형과 체언이 결합한 '된장', 체언과 용언이 결합한 '낯설다', 용언의 연결형와 용언이 결합한 '접어들다' 등은 구를 만드는 것과 같은 방법을 따라 만들어진 합성어들로 이를 통사적 합성어라고 한다.

반면에 이런 방법을 따르지 않고 만들어진 합성어들도 있다. 두 개의 용언 어간끼리 결합한 '오르내리다'와 용언 어간에 체언이 직접 결합한 '밉상'이 그 예이다. 또한 '깨끗하다'의 '깨끗'과 같이 독립적인 쓰임을 보이지 않는 어근인 '어둑'에 체언이 결합한 '어둑새벽', 그리고 '귀엣말'과 같이 부사적 조사 '에'와 관형격 조사였던 'ㅅ'의 결합형이 포함된 단어 등도 구를 만드는 방법을 따르지 않는 경우이다. 이러한 합성어를 비통사적 합성어라고 한다.

① 두 대상에 대해 전통적인 관점과 현대적인 관점으로 나누어 설명하고 있다.
② 대상이 가지는 문제점을 비판하고 있다.
③ 두 대상의 공통점과 차이점에 초점을 맞추어 설명하고 있다.
④ 대상의 원리에 대해 자세하게 설명하고 있다.

2. 다음에 제시된 사례 ㈎~㈑ 중, 고객을 응대하는 상담 직원으로서 고객에 대한 적절한 의사표현을 하고 있는 경우는 어느 것인가?

㈎ 고객의 잘못을 지적할 때
→ "고객님, 그 쪽에 서 계시면 업무에 방해가 됩니다. 대기하시는 곳은 반대편이라고 쓰인 안내문 못 보셨나요?"

㈏ 고객에게 부탁해야 할 때
→ "고객님, 팀장님이 절 좀 부르시는데요, 잠시만 기다려 주세요. 금방 와서 마무리해 드리도록 하겠습니다."

㈐ 고객의 요구를 거절해야 할 때
→ "그건 좀 곤란합니다, 고객님. 아무리 특이한 경우라도 저희 회사 규정상 그렇게 처리해 드릴 수는 없거든요."

㈑ 설득해야 할 때
→ "어머, 인터넷 통신에 문제가 있었던 모양이네요. 불편을 드려서 너무 죄송합니다. 대신 고객님은 저쪽에서 잠시 쉬고 계세요. 이건 제가 직접 진행해서 확인시켜 드릴게요."

① ㈎
② ㈏
③ ㈐
④ ㈑

▌3~4▐ 다음 글을 읽고 물음에 답하시오.

중국의 전국시대는 주 왕실의 봉건제가 무너지고 열국들이 중국 천하를 할거하면서 끝없는 전쟁으로 패권을 다투던 혼란과 분열의 시기였다. 이때 등장한 제자백가 철학은 전국시대라는 난세를 극복하고 더 나은 세상을 세우기 위한 사회적 필요와 인간에 대한 치열한 사유로부터 비롯되었다. 그렇다면 당대 사상가들은 국가 또는 공동체의 질서 회복과 개인의 삶의 관계를 어떻게 모색하였을까?

전국시대의 주류 사상가로서 담론을 주도했던 양주는 인간은 기본적으로 자신만을 위한다는 위아주의(爲我主義)를 주장했다. 이는 ㉠사회의 모든 제도와 문화를 인위적인 허식으로 보고 자신의 생명을 완전하게 지키며 사는 것이 인생에서 가장 중요하다는 생각이다. 얼핏 보면 양주의 이러한 사상이 극단적인 이기주의로 보일 수도 있으나, 이는 군주를 정점으로 하는 국가 체제를 부정하고 개인의 중요성을 강조하였다는 점에서 의미 있는 관점이다. 일반적으로 무질서한 사회의 원인을 국가나 국가 지향적 이념의 부재로 여기는 데 반해, 양주는 '바람직한 사회를 위해서 삶을 희생하라'는 국가 지향적 이념을 문제 삼은 것이다. 그는 강력한 공권력을 독점한 국가에 의해 개인의 삶이 일종의 수단으로 전락할 수 있다는 점을 통찰하고, 개인은 사회 규범이나 국가 지향적 이념에 사로잡혀 개인을 희생하지 말고 자신들의 삶의 절대적 가치를 자각해야만 한다고 역설했다.

반면, 한비자는 강력한 법치주의(法治主義)로 무장한 국가의 중요성과 절대군주론을 주장했다. 한비자는 군주가 법의 화신이 되어 엄한 법으로 다스려야 국가의 혼란을 치유할 수 있다고 믿었던 것이다. 또한 법의 실질적인 효과를 위해 법은 반드시 성문법 형식으로 만들어져 백성들 사이에 두루 알려져야 하며, 그렇게 만들어진 법은 상하귀천을 막론하고 공정하게 집행되어야 한다고 보았다. 한비자는 인간을 자신의 이익을 추구하는 이기적 존재로 간주하였기 때문에 강력한 공권력으로 상벌 체계를 확립하면 상을 얻기 위해 법을 지키게 될 것이라고 확신했다. 그렇게 된다면, 법치를 통해서 국가는 강력해지고, 동시에 백성들도 국가로부터 보호를 얻어 자신의 이득을 확보할 수 있다는 것이다. 결국 한비자가 생각하는 법치의 진정한 의의는 백성을 보호하고 이롭게 하는 것이었다.

이렇듯 양주는 국가와 같은 외적 존재가 개인의 삶에 개입하는 것을 부정한 반면, 한비자는 공평무사한 정신으로 질서를 확립하여 백성의 고통을 해결하는 군주 정치를 최선으로 여겼다.

3. 윗글의 '양주'와 '한비자' 모두가 동의할 수 있는 생각으로 가장 적절한 것은?

① 인간은 자신의 이익을 중시하는 존재이다.
② 개인의 삶이 국가의 제약을 받는 것은 정당하다.
③ 개인의 권리를 보장하기 위해 사회 규범이 필요하다.
④ 개인과 국가의 이익이 조화를 이루는 사회가 이상적이다.

4. 밑줄 친 ㉠의 이유로 가장 적절한 것은?

① 국가 지향적 이념 추구가 개인의 삶을 위협한다고 보았기 때문이다.
② 당대 정치가들이 난세를 극복하기에는 능력이 부족하다고 보았기 때문이다.
③ 법과 제도만으로는 인간의 다양한 욕구를 충족할 수 없다고 보았기 때문이다.
④ 전쟁으로 인한 제도의 혼란이 국가의 권위를 유지하기 어렵다고 보았기 때문이다.

5. 다음 글을 읽고 논리적 흐름에 따라 바르게 배열한 것을 고르시오.

> (가) 연구자들은 개화식물의 잎을 제거하면 광주기의 변화에 반응하지 못한다는 것을 알아냈다. 그렇다면 개화식물은 낮의 길이를 감지하여 꽃을 피울까, 밤의 길이를 감지하여 꽃을 피울까? 1938년에 연구자들은 낮시간과 밤시간의 길이를 조절하는 실험을 통해 다음과 같은 사실을 알게 되었다.
>
> (나) 대부분의 개화식물은 1년 중 특정한 기간에만 꽃을 피운다. 계절의 변화가 개화에 미치는 영향을 알아보기 위한 연구는 1900년대 초부터 시작되었다. 1918년경의 여러 실험을 통해 개화식물이 낮 혹은 밤의 길이 변화 즉 광주기의 변화에 의하여 유도되는 생체 반응성인 광주기성(光周期性)을 가지고 있음을 알게 되었다. 개화식물 중에는 낮의 길이 즉 일장이 최대 일장보다 짧을 때 개화하는 '단일식물'이 있다. 예를 들어 어떤 단일식물의 최대 일장이 15시간이라면, 낮시간이 이보다 짧아졌을 때 개화한다는 것을 의미한다.
>
> (다) 단일식물인 도꼬마리는 최대 일장이 15.5시간인데 24시간의 낮시간과 9시간의 밤시간이라는 광주기 조건에서는 개화했으나, 16시간의 낮시간과 8시간의 밤시간이라는 조건에서는 개화하지 않았다. 또 최대 일장보다 짧은 4시간의 낮시간과 8시간의 밤시간에서도 개화하지 않았다. 한편 16시간의 낮시간과 32시간의 밤시간에서는 개화하였다. 이 결과를 바탕으로 단일식물의 개화에는 밤의 길이가 중요한 요인이라는 결론을 내릴 수 있다. 이로 인해 광주기성에 대한 새로운 이해가 필요해졌다.
>
> (라) 또한 연구에 따르면 단일식물의 경우 개화에 충분한 밤시간을 준 광주기 조건이라 하더라도, 밤시간 중간에 잠깐씩 적색 섬광을 비춰 밤시간이 중단된 경우 개화기가 되어도 꽃이 피지 않는다는 것을 발견했다. 추가 연구를 통해 연구자들은 개화식물로부터 빛을 감지하는 물질인 피토크롬을 찾아냈다.

① (나) - (가) - (다) - (라)
② (나) - (라) - (가) - (다)
③ (다) - (가) - (나) - (라)
④ (다) - (나) - (가) - (라)

6. 다음 글에서 언급된 밑줄 친 '합리적 기대이론'에 대한 설명으로 적절하지 않은 것은 무엇인가?

> 과거에 중앙은행들은 자신이 가진 정보와 향후의 정책방향을 외부에 알리지 않는 이른바 비밀주의를 오랜 기간 지켜왔다. 통화정책 커뮤니케이션이 활발하지 않았던 이유는 여러 가지가 있었지만 무엇보다도 통화정책 결정의 영향이 파급되는 경로가 비교적 단순하고 분명하여 커뮤니케이션의 필요성이 크지 않았기 때문이었다. 게다가 중앙은행에게는 권한의 행사와 그로 인해 나타난 결과에 대해 국민에게 설명할 어떠한 의무도 부과되지 않았다.
>
> 중앙은행의 소극적인 의사소통을 옹호하는 주장 가운데는 비밀주의가 오히려 금융시장의 발전을 가져올 수 있다는 견해가 있었다. 중앙은행이 모호한 표현을 이용하여 자신의 정책의도를 이해하기 어렵게 설명하면 금리의 변화 방향에 대한 불확실성이 커지고 그 결과 미래 금리에 대한 시장의 기대가 다양하게 형성된다. 이처럼 미래의 적정금리에 대한 기대의 폭이 넓어지면 금융거래가 더욱 역동적으로 이루어짐으로써 시장의 규모가 커지는 등 금융시장이 발전하게 된다는 것이다. 또한 통화정책의 효과를 극대화하기 위해 커뮤니케이션을 자제해야 한다는 생각이 통화정책 비밀주의를 오래도록 유지하게 한 요인이었다. 합리적 기대이론에 따르면 사전에 예견된 통화정책은 경제주체의 기대 변화를 통해 가격조정이 정책의 변화 이전에 이루어지기 때문에 실질생산량, 고용 등의 변수에 변화를 가져올 수 없다. 따라서 단기간 동안이라도 실질변수에 변화를 가져오기 위해서는 통화정책이 예상치 못한 상황에서 수행되어야 한다는 것이다.
>
> 이 외에 통화정책결정에 있어 중앙은행의 독립성이 확립되지 않은 경우 비밀주의를 유지하는 것이 외부의 압력으로부터 중앙은행을 지키는 데 유리하다는 견해가 있다. 중앙은행의 통화정책이 공개되면 이해관계가 서로 다른 집단이나 정부 등이 정책결정에 간섭할 가능성이 커지고 이들의 간섭이 중앙은행의 독립적인 정책수행을 어렵게 할 수 있다는 것이다.

① 사람들은 현상을 충분히 합리적으로 판단할 수 있으므로 어떠한 정책 변화도 미리 합리적으로 예상하여 행동한다.

② 경제주체들이 자신의 기대형성 방식이 잘못되었다는 것을 알면서도 그런 방식으로 계속 기대를 형성한다고 가정하는 것이다.

③ 예상하지 못한 정책 충격만이 단기적으로 실질변수에 영향을 미친다.

④ 1년 후의 물가가 10% 오를 것으로 예상될 때 10% 이하의 금리로 돈을 빌려 주면 손실을 보게 되기 때문에, 대출 금리를 10% 이상으로 인상시켜 놓게 된다.

7. 다음의 개요를 고려하여 글을 쓸 때, '본론'에 들어갈 내용으로 적절하지 않은 것은?

> 문제제기 : 도로를 증설하지 않고 교통 체증을 완화할 수는 없을까?
> 서론 : 도로망의 확충을 통한 교통 체증 해소의 한계
> 본론 : 1. 교통 체증으로 인한 문제
>   (1) 에너지의 낭비
>   (2) 환경오염
>   (3) 교통 법규 위반 및 교통사고의 유발
>   2. 교통 체증의 원인
>   (1) 교통량의 증가
>   (2) 교통 신호 체계의 미흡
>   (3) 운전자의 잘못된 의식
>   3. 교통 체증의 완화 방안
>   (1) 제도 보완을 통한 교통량의 감소 유도
>   (2) 교통 신호 체계의 개선
>   (3) 운전자의 의식 계도
> 결론 : 다각적 측면에서 교통 체증 완화를 위한 노력의 필요성 강조

① 낡은 도로를 정비하고 이면 도로의 활용도를 높이면 교통 흐름이 원활해진다.

② 운행 일수가 적거나 카풀을 시행하는 차량에 대해서 세금과 보험료를 감면해 주어야 한다.

③ 교통 체증이 발생하면 자동차의 주행 속도가 떨어지고 그 결과 연비가 낮아져 자동차 연료의 소모량이 증가한다.

④ 정체된 교차로에서 자신만 빨리 가겠다는 운전자의 심리로 '꼬리물기' 현상이 나타나는데 이 때문에 교통 체증이 더욱 심해진다.

8. 다음을 고쳐 쓰기 위한 방안으로 적절하지 않은 것은?

> '기상 측정이 시작된 이후 최대 강수량, 최대 폭설', '사람체온을 훌쩍 넘기는 이상 기온'. 우리는 요즘 이런 말을 자주 듣는다. ㉠예측할 수 없는 이상 기후와 자연재해의 원인을 살펴보면 아이러니한 측면에 있다. 이제까지 인류는 화석 연료를 지혜롭게 이용한 ㉡탓에 편리함과 풍족함을 누릴 수 있었다. 수억의 인구가 먹고살 수 있도록 농업 생산량을 증가시킨 농약이나 비료를 비롯하여 건강을 지켜 준 의약품, ㉢프라스틱 제품 등 이루 헤아릴수 없을 만큼의 많은 혜택을 인류에게 제공한 것도 화석 연료이다. 게다가 화석 연료로 인한 지구 온난화는 심각한 부작용의 대표적 사례이다.
>   ㉣그래서 다음 몇 세기는 장기간의 화석 연료 사용이 초래한 부정적인 결과를 감당해 내야만 할 것 같다. 우리는과거의 영화를 그리워하기보다는 앞으로 닥칠 미래가 어떤 식으로 진행될지 예측해야 한다. 그와 관련하여 우선 현실을 점검하고 그에 따른 대비책을 마련해야 한다.

① ㉠은 호응을 고려하여 '~ 측면이 있다.'로 고친다.

② ㉡은 긍정적 의미를 표현하는 점을 고려하여 '덕에'로 고친다.

③ ㉢은 외래어 표기법에 맞게 '플라스틱'으로 고친다.

④ ㉣은 글의 흐름을 고려하여 '그리고'로 고친다.

9. 다음 글의 전개순서로 가장 자연스러운 것을 고르시오.

(가) 꿀벌은 자기가 벌집 앞에서 날개를 파닥거리며 맴을 돎으로써 다른 벌한테 먹이가 있는 방향과 거리를 알려준다고 한다.

(나) 언어는 사람만이 가지고 있다. 이는 사람됨의 기본조건의 하나가 언어임을 의미하는 것이다.

(다) 사람 이외의 다른 동물들이 언어를 가졌다는 증거는 아직 나타나지 않는다.

(라) 의사전달에 사용되는 수단이 극히 제한되어 있고, 그것이 표현하는 의미도 매우 단순하다.

(마) 그러나 동물의 이러한 의사교환의 방법은 사람의 말에 비교한다면 불완전하기 짝이 없다.

① (가) - (라) - (마) - (나) - (다)

② (다) - (가) - (마) - (라) - (나)

③ (라) - (다) - (마) - (나) - (가)

④ (마) - (다) - (나) - (가) - (라)

┃10~12┃ 다음 글을 읽고, 각 물음에 답하시오.

교환 당사자 가운데 어느 한쪽은 정보를 잘 아는데 다른 한쪽은 정보에 어두운 상태를 '정보의 비대칭성(asymmetric information)'이라고 한다. '정보 비대칭' 이론은 모든 경제 주체가 동등한 수준의 정보를 지닌 상태에서 움직인다고 본 전통적 경제 이론의 입장이 실제의 경제 현실에는 들어맞지 않는다는 점에 착안한 것으로, 오늘날 개발도상국의 전통적 농업 시장에서부터 선진국의 금융 시장에 이르기까지 헤아릴 수 없을 만큼 폭넓게 응용되고 있다.

겉은 멀쩡한데 속이 엉망인 중고차를 미국에서 '레몬'이라고 한다. 이런 중고차, 즉 레몬을 파는 시장에서는 소비자들이 속임수를 당할 가능성이 높다. 중고차를 파는 사람은 어떤 차가 엔진 상태가 좋은지, 어떤 차가 큰 사고를 내고 엔진에 무리가 있는지 잘 알지만 중고차 시장에 차를 사러 온 소비자는 이를 잘 알기 어렵다. 사고가 크게 난 중고차라도 겉은 모두 잘 고쳐져 그럴듯해 보이기 때문이다. 중고차 거래인과 소비자 사이에 적지 않은 정보의 비대칭성이 존재하는 것이다.

중고차 구입자는 빛 좋은 개살구처럼 겉만 멀쩡한 '레몬'을 비싼 값에 사는 낭패를 겪기 일쑤다. 속아 산 적이 있는 사람들은 중고차 시장을 찾지 않고 아는 사람을 통해 품질이 담보되는 중고차를 사려 들고, 좋은 차량의 소유자는 제 값을 받지 못하기 때문에 아는 사람을 통해 중고차를 팔려고 든다. 결국 중고차 시장에 양질의 매물은 사라지고 질이 낮은 매물들만 남아있게 된다. 따라서 정보 비대칭을 그대로 방치하면 시장은 붕괴하게 되는 것이다.

이 같은 결론은 간단한 산수로도 확인할 수 있다. 어느 중고차 시장에 품질이 좋은 중고차와 품질이 나쁜 중고차 두 가지 종류가 거래되고 있다고 하자. 편의상 좋은 중고차가 50%, 나쁜 중고차가 50%를 차지하고 있다고 가정하자. 소비자는 자신이 1/2의 확률로, 나쁜 중고차인 레몬을 구매할 가능성이 있다는 사실만 알 뿐 어느 차가 좋은지 어느 차가 레몬인지 알 방법이 없다. 좋은 중고차 가격이 200만 원이고 나쁜 중고차 가격이 100만 원이라면 이 레몬 시장에서 소비자가 평가하는 중고차 가격은 150만 원이 된다. 왜냐하면 소비자가 평가하는 '중고차 가격=좋은 차를 살 확률(1/2)×200만 원+나쁜 차를 살 확률(1/2)×100=150만 원'이기 때문이다.

그런데 차를 파는 입장에서는 좋은 차를 150만 원에 팔면 50만 원 손해를 보기 때문에 좋은 차는 시장에 내놓으려 하지 않을 것이다. 반대로 겉만 그럴듯한 레몬을 팔면 50만 원 이익을 보기 때문에 레몬만 시장에 내놓게 된다. 악화가 양화를 구축하는 그레셤의 법칙 때문에 일정 시간이 지나면 이 시장은 레몬이 판치는 시장이 되며, 이 사실을 알게 된 소비자들은 중고차 시장을 외면하게 된다. 정보 부재 때문에 시장이 붕괴하는 것이다. 이처럼 정보의 격차가 존재하는 시장에서는 오히려 품질이 낮은 상품이 선택되는 '역선택(adverse selection)'이 이루어지거나 전체 시장 자체가 붕괴될 수 있다는 것이 바로 '레몬 원리'이다.

10. 위 글을 통해 알 수 있는 내용이 아닌 것은?

① 정보가 많으면 많을수록 역선택을 할 가능성도 커진다.

② 정보가 부족한 사람은 경제적으로 불이익을 당하기 쉽다.

③ 모든 물품이 그 가치에 합당한 가격으로 판매되는 것은 아니다.

④ 물품 거래가 활성화되기 위해서는 거래자 간의 신뢰가 전제돼야 한다.

11. '레몬 이론'에도 불구하고 현실에서 중고차 시장이 존재하는 이유로 적절하지 않은 것은?

① 중고차 시장에 '레몬'만 있다고 믿지 않는 사람들도 존재한다.

② 중고차 시장에는 좋은 중고차를 제값을 받고 팔려는 판매자도 있다.

③ 중고차 수요자들이 모두 아는 사람들을 통해 중고차를 구입할 수는 없다.

④ 중고차 시장에 존재하는 정보의 비대칭성을 크게 문제시하지 않는 판매자도 있다.

12. 위 글의 내용을 바탕으로 강연을 하려고 한다. 강연의 대상과 주제로 적절하지 않은 것은?

① 청소년을 대상으로 정보의 중요성을 강조한다.

② 중고차 소비자를 대상으로 중고차 구입 방법을 알려 준다.

③ 중고차 판매인을 대상으로 윤리 경영의 필요성을 강조한다.

④ 경제학을 공부하는 학생을 대상으로 경제 이론을 알려 준다.

13. 다음 글의 문맥상 빈 칸 ㈎에 들어갈 가장 적절한 말은 어느 것인가?

그물망 형태의 옷감에서 냉감(冷感)을 주는 멘톨(박하의 주성분)을 포함한 섬유까지 접근방식도 제각각이다. 그런데 가까운 미래에는 미생물을 포함한 옷이 이 대열에 합류할지도 모르겠다. 박테리아 같은 미생물은 여름철 땀 냄새의 원인이라는데 어떻게 옷에 쓰일 수 있을까. 생물계에서 흡습형태변형은 널리 관찰되는 현상이다. 솔방울이 대표적인 예로 습도가 높을 때는 비늘이 닫혀있어 표면이 매끈한 덩어리로 보이지만 습도가 떨어지면 비늘이 삐죽삐죽 튀어나온 형태로 바뀐다. 밀이나 보리의 열매(낟알) 끝에 달려 있는 까끄라기도 습도가 높을 때는 한 쌍이 거의 나란히 있지만 습도가 낮아지면 서로 벌어진다. 이런 현상은 한쪽 면에 있는 세포의 길이(크기)가 반대쪽 면에 있는 세포에 비해 습도에 더 민감하게 변하기 때문이다. 즉 습도가 낮아져 세포 길이가 짧아지면 그쪽 면을 향해 휘어지는 것이다.

MIT의 연구자들은 미생물을 이용해서도 이런 흡습형태변형을 구현할 수 있는지 알아보기로 했다. 즉 습도에 영향을 받지 않는 재질인 천연라텍스 천에 농축된 대장균 배양액을 도포해 막을 형성했다. 대장균은 별도의 접착제 없이도 소수성 상호작용으로 라텍스에 잘 달라붙는다. 라텍스 천의 두께는 150~500μm(마이크로미터. 1μm는 100만분의 1m)이고 대장균 막의 두께는 1~5μm다. 이 천을 상대습도 15%인 건조한 곳에 두자 대장균 세포에서 수분이 빠져나가며 대장균 막이 도포된 쪽으로 휘어졌다. 이 상태에서 상대습도 95%인 곳으로 옮기자 천이 서서히 펴지며 다시 평평해졌다. 이 과정을 여러 차례 반복해도 같은 현상이 재현됐다.

연구자들은 원자힘현미경(AFM)으로 대장균 막을 들여다봤고 상대습도에 따라 크기(부피)가 변한다는 사실을 확인했다. 즉 건조한 곳에서는 대장균 세포부피가 30% 정도 줄어드는데 이 효과가 천에서 세포들이 나란히 배열된 쪽을 수축시키는 현상으로 나타나 그 방향으로 휘어지는 것이다.

다음으로 연구자들은 양쪽 면에 미생물이 코팅된 천이 쿨링 소재로 얼마나 효과적인지 알아보기로 했다. 연구팀은 흡습형태변형이 효과를 낼 수 있도록 독특한 형태로 옷을 디자인했다. 즉, (㈎   )

그 결과 공간이 생기면서 땀의 배출을 돕는다. 측정 결과 미생물이 코팅된 천으로 만든 옷을 입을 경우 같은 형태의 일반 천으로 만든 옷에 비해 피부 표면 공기의 온도가 2도 정도 낮아 쿨링 효과가 있는 것으로 나타났다.

① 체온이 높은 등 쪽으로 천이 휘어지게 되는 성질을 이용해 평상시에는 옷이 바깥쪽으로 더 튀어나오도록 디자인했다.

② 미생물이 코팅된 천이 땀으로 인한 습도의 영향을 잘 받을 수 있도록 옷의 안쪽 면에 부착하여 옷의 바깥쪽과는 완전히 다른 환경을 유지할 수 있도록 디자인했다.

③ 땀이 많이 나는 등 쪽에 칼집을 낸 형태로 만들어 땀이 안 날 때는 평평하다가 땀이 나면 피부 쪽 면의 습도가 높아져 미생물이 팽창해 천이 바깥쪽으로 휘어지도록 디자인했다.

④ 땀이 나서 습도가 올라가면 등 쪽의 세포 길이가 짧아질 것을 고려해 천이 안쪽으로 휘어져 공간이 생길 수 있도록 디자인했다.

14. 다음 글을 근거로 판단할 때, 서원 씨가 출연할 요일과 프로그램을 옳게 짝지은 것은?

매체	프로그램	시간대	출연 가능 요일
TV	모여라 남극유치원	오전	월, 수, 금
	펭귄극장	오후	화, 목, 금
	남극의 법칙	오후	월, 수, 목
라디오	지금은 남극시대	오전	화, 수, 목
	펭귄파워	오전	월, 화, 금
	열시의 펭귄	오후	월, 수, 금
	굿모닝 남극대행진	오전	화, 수, 금

서원 씨는 ○○방송국으로부터 아래와 같이 프로그램 특별 출연을 요청받았다.

서원 씨는 다음주 5일(월요일~금요일) 동안 매일 하나의 프로그램에 출연하며, 한 번 출연한 프로그램에는 다시 출연하지 않는다. 또한 동일 매체에 2일 연속 출연하지 않으며, 동일 시간대에도 2일 연속 출연하지 않는다.

	요일	프로그램
①	월요일	펭귄파워
②	화요일	굿모닝 남극대행진
③	수요일	열시의 펭귄
④	목요일	펭귄극장

15. 다음 글을 근거로 판단할 때, 서연이가 구매할 가전제품과 구매할 상점을 옳게 연결한 것은?

서원이는 가전제품 A~E를 1대씩 구매하기 위하여 상점 '갑, 을, 병'의 가전제품 판매가격을 알아보았다.

〈상점별 가전제품 판매가격〉

(단위 : 만 원)

구분	A	B	C	D	E
갑	150	50	50	20	20
을	130	45	60	20	10
병	140	40	50	25	15

서원이는 각각의 가전제품을 세 상점 중 어느 곳에서나 구매할 수 있으며, 아래의 〈혜택〉을 이용하여 총 구매 금액을 최소화하고자 한다.

〈혜 택〉

1. '갑' 상점 : 200만 원 이상 구매 시 전 품목 10% 할인
2. '을' 상점 : A를 구매한 고객에게는 C, D를 20% 할인
3. '병' 상점 : C, D를 모두 구매한 고객에게는 E를 5만 원에 판매

① A - 갑

② B - 을

③ C - 병

④ E - 을

16. 다음은 이○○씨가 A지점에서 B지점을 거쳐 C지점으로 출근을 할 때 각 경로의 거리와 주행속도를 나타낸 것이다. 이○○씨가 오전 8시 정각에 A지점을 출발해서 B지점을 거쳐 C지점으로 갈 때, 이에 대한 설명 중 옳은 것을 고르면?

구간	경로	주행속도(km/h)		거리(km)
		출근 시간대	기타 시간대	
A→B	경로 1	30	45	30
	경로 2	60	90	
B→C	경로 3	40	60	40
	경로 4	80	120	

※ 출근 시간대는 오전 8시부터 오전 9시까지이며, 그 이외의 시간은 기타 시간대임.

① C지점에 가장 빨리 도착하는 시각은 오전 9시 10분이다.
② C지점에 가장 늦게 도착하는 시각은 오전 9시 20분이다.
③ B지점에 가장 빨리 도착하는 시각은 오전 8시 40분이다.
④ 경로 2와 경로 3을 이용하는 경우와, 경로 1과 경로 4를 이용하는 경우 C지점에 도착하는 시각은 동일하다.

17. 작업 A부터 작업 E까지 모두 완료해야 끝나는 업무에 대한 조건이 다음과 같을 때 옳지 않은 것은? (단, 모든 작업은 동일 작업장 내에서 행하여진다)

> ㉠ 작업 A는 4명의 인원과 10일의 기간이 소요된다.
> ㉡ 작업 B는 2명의 인원과 20일의 기간이 소요되며, 작업 A가 끝난 후에 시작할 수 있다.
> ㉢ 작업 C는 4명의 인원과 50일의 기간이 소요된다.
> ㉣ 작업 D와 E는 각 작업 당 2명의 인원과 20일의 기간이 소요되며, 작업 E는 작업 D가 끝난 후에 시작할 수 있다.
> ㉤ 모든 인력은 작업 A~E까지 모두 동원될 수 있으며 생산력은 모두 같다.
> ㉥ 인건비는 1인당 1일 10만 원이다.
> ㉦ 작업장 사용료는 1일 50만 원이다.

① 업무를 가장 빨리 끝낼 수 있는 최단 기간은 50일이다.
② 최단 기간에 업무를 끝내기 위해 필요한 최소 인력은 10명이다.
③ 작업 가능한 인력이 4명뿐이라면 업무를 끝낼 수 있는 기간은 100일이다.
④ 모든 작업을 끝내는데 드는 최소 비용은 6,100만 원이다.

18. R사는 공작기계를 생산하는 업체이다. 이번 주 R사에서 월요일~토요일까지 생산한 공작기계가 다음과 같을 때, 월요일에 생산한 공작기계의 수량이 될 수 있는 수를 모두 더하면 얼마인가? (단, 1대도 생산하지 않은 날은 없었다.)

> • 화요일에 생산된 공작기계는 금요일에 생산된 수량의 절반이다.
> • 이 공장의 최대 하루 생산 대수는 9대이고, 이번 주에는 요일별로 생산한 공작기계의 대수가 모두 달랐다.
> • 목요일부터 토요일까지 생산한 공작기계는 모두 15대이다.
> • 수요일에는 9대의 공작기계가 생산되었고, 목요일에는 이보다 1대가 적은 공작기계가 생산되었다.
> • 월요일과 토요일에 생산된 공작기계를 합하면 10대가 넘는다.

① 10
② 11
③ 12
④ 13

▌19~20▐ 다음은 블루투스 이어폰을 구매하기 위하여 전자제품 매장을 찾은 K씨가 제품 설명서를 보고 점원과 나눈 대화와 설명서 내용의 일부이다. 다음을 보고 이어지는 물음에 답하시오.

> K씨 : "블루투스 이어폰을 좀 사려고 합니다."
>
> 점원 : "네 고객님, 어떤 조건을 원하시나요?"
>
> K씨 : "제 것과 친구에게 선물할 것 두 개를 사려고 하는데요. 두 개 모두 가볍고 배터리 사용시간이 좀 길었으면 합니다. 무게는 42g까지가 적당할 거 같고요. 저는 충전시간이 짧으면서도 통화시간이 긴 제품을 원해요. 선물하려는 제품은요, 일주일에 한 번만 충전해도 통화시간이 16시간은 되어야 하고, 음악은 운동하면서 매일 하루 1시간씩만 들을 수 있으면 돼요. 스피커는 고감도인 게 더 낫겠죠."
>
> 점원 : "그럼 고객님께는 (   )모델을, 친구 분께 드릴 선물로는 (   )모델을 추천해 드립니다."

〈제품 사양서〉

구분	무게	충전시간	통화시간	음악재생시간	스피커감도
A모델	40.0g	2.2H	15H	17H	92db
B모델	43.5g	2.5H	12H	14H	96db
C모델	38.4g	3.0H	12H	15H	94db
D모델	42.0g	2.2H	13H	18H	85db

※ A, B모델 : 통화시간 1시간 감소 시 음악재생시간 30분 증가
※ C, D모델 : 음악재생시간 1시간 감소 시 통화시간 30분 증가

19. 다음 중 위 네 가지 모델에 대한 설명으로 옳은 것을 〈보기〉에서 모두 고르면?

〈보기〉
(가) 충전시간 당 통화시간이 긴 제품일수록 음악재생시간이 길다.
(나) 충전시간 당 통화시간이 5시간 이상인 것은 A, D모델이다.
(다) A모델은 통화에, C모델은 음악재생에 더 많은 배터리가 사용된다.
(라) B모델의 통화시간을 10시간으로 제한하면 음악재생시간을 C모델과 동일하게 유지할 수 있다.

① (가), (나)
② (나), (라)
③ (다), (라)
④ (가), (다)

20. 다음 중 점원이 K씨에게 추천한 빈칸의 제품이 순서대로 올바르게 짝지어진 것은 어느 것인가?

	K씨	선물
①	C모델	A모델
②	C모델	D모델
③	A모델	C모델
④	A모델	B모델

21. 다음 조건을 읽고 옳은 설명으로 고르시오.

- 민희의 어머니는 요리를 한다.
- 요리하는 모든 사람이 난폭하지는 않다.
- 난폭한 사람은 배려심이 없다.
- 누리의 어머니는 난폭하다.

A : 민희의 어머니는 난폭하지 않다.
B : 누리의 어머니는 배려심이 없다.

① A만 옳다.
② B만 옳다.
③ A와 B 모두 옳다.
④ A와 B 모두 그르다.

22. 재적의원이 210명인 '갑'국 의회에서 다음과 같은 규칙에 따라 안건 통과 여부를 결정한다고 할 때, 옳은 설명만으로 바르게 짝지어진 것은?

〈규칙〉
- 안건이 상정된 회의에서 기권표가 전체의 3분의 1 이상이면 안건은 부결된다.
- 기권표를 제외하고, 찬성 또는 반대의견을 던진 표 중에서 찬성표가 50%를 초과해야 안건이 가결된다.

※ 재적의원 전원이 참석하여 1인 1표를 행사하였고, 무효표는 없다.

㉠ 70명이 기권하여도 71명이 찬성하면 안건은 가결된다.
㉡ 104명이 반대하면 기권표에 관계없이 안건이 부결된다.
㉢ 141명이 찬성하면 기권표에 관계없이 안건이 가결된다.
㉣ 안건이 가결될 수 있는 최소 찬성표는 71표이다.

① ㉠, ㉡
② ㉡, ㉢
③ ㉡, ㉣
④ ㉢, ㉣

23. M회사 구내식당에서 근무하고 있는 N씨는 식단을 편성하는 업무를 맡고 있다. 식단편성을 위한 조건이 다음과 같을 때 월요일에 편성되는 식단은?

- 다음 5개의 메뉴를 월요일~금요일 5일에 각각 하나씩 편성해야 한다.
  - 돈가스 정식, 나물 비빔밥, 크림 파스타, 오므라이스, 제육덮밥
- 월요일에는 돈가스 정식을 편성할 수 없다.
- 목요일에는 오므라이스를 편성할 수 없다.
- 제육덮밥은 금요일에 편성해야 한다.
- 나물 비빔밥은 제육덮밥과 연달아 편성할 수 있다.
- 돈가스 정식은 오므라이스보다 먼저 편성해야 한다.

① 나물 비빔밥
② 크림 파스타
③ 오므라이
④ 제육덮밥

24. 다음 조건을 읽고 옳은 설명으로 고르시오.

- A, B, C, D, E, F, G는 출·퇴근시 교통수단으로 각각 대중교통 또는 자가용을 이용한다.
- 이들은 매일 같은 교통수단을 이용하여 출·퇴근하며, 출근시와 퇴근시 이용하는 교통수단도 같다고 한다.
- 자가용과 대중교통을 같이 이용하는 사람은 없고, 대중교통 환승을 두 번 이상 하는 사람도 없다.
- 7명이 이용하는 대중교통으로는 8번 버스, 20번 버스, 지하철 2, 3, 5호선이 있다.
- 대중교통 환승을 하는 사람이 3명 있으며, 버스에서 버스로 환승 하는 사람은 없다.
- 버스를 이용하는 사람은 A, D, F이고, 지하철을 이용하는 사람은 A, B, D, E이다.
- 어제 출근 도중 A와 D는 8번 버스에서 만났고, B와 D는 지하철 2호선에서 만났다.

A : B는 출·퇴근시 환승을 하지 않는다.
B : 자가용을 이용하는 사람은 1명이다.

① A만 옳다.

② B만 옳다.

③ A와 B 모두 옳다.

④ A와 B 모두 그르다.

25. 어느 과학자는 자신이 세운 가설을 입증하기 위해서 다음과 같은 논리적 관계가 성립하는 여섯 개의 진술 A, B, C, D, E, F의 진위를 확인해야 한다는 것을 발견하였다. 그러나 그는 이들 중 F가 거짓이라는 것과 다른 한 진술이 참이라는 것을 이미 알고 있었기 때문에, 나머지 진술들의 진위를 확인할 필요가 없었다. 이 과학자가 이미 알고 있었던 참인 진술은?

- B가 거짓이거나 C가 참이면, A는 거짓이다.
- C가 참이거나 D가 참이면, B가 거짓이고 F는 참이다.
- C가 참이거나 E가 거짓이면, B가 거짓이거나 F가 참이다.

① A   ② B

③ C   ④ D

26. 다음의 내용을 근거로 할 때 유추할 수 있는 옳은 내용만을 바르게 짝지은 것은?

갑과 을은 ○×퀴즈를 풀었다. 문제는 총 8문제(100점 만점)이고, 분야별 문제 수와 문제당 배점은 다음과 같다.

분야	문제 수	문제당 배점
한국사	6	10점
경제	1	20점
예술	1	20점

문제 순서는 무작위로 정해지고, 갑과 을이 각 문제에 대해 ○ 또는 ×를 다음과 같이 선택하였다.

문제	갑	을
1	○	○
2	×	○
3	○	○
4	○	×
5	×	×
6	○	×
7	×	○
8	○	○
총점	80점	70점

- ㉠ 갑과 을은 모두 경제 문제를 틀린 경우가 있을 수 있다.
- ㉡ 갑만 경제 문제를 틀렸다면, 예술 문제는 갑과 을 모두 맞혔다.
- ㉢ 갑이 역사 문제 두 문제를 틀렸다면, 을은 예술 문제와 경제 문제를 모두 맞혔다.

① ㉡   ② ㉢

③ ㉠, ㉡   ④ ㉡, ㉢

27. 어류 관련 회사에서 근무하는 H씨는 생선을 좋아해서 매일 갈치, 조기, 고등어 중 한 가지 생선을 구워 먹는다. 다음 12월 달력과 〈조건〉을 참고하여 〈보기〉에서 옳은 것을 모두 고른 것은?

12월						
일	월	화	수	목	금	토
			1	2	3	4
5	6	7	8	9	10	11
12	13	14	15	16	17	18
19	20	21	22	23	24	25
26	27	28	29	30	31	

〈조건〉
• 같은 생선을 연속해서 이틀 이상 먹을 수 없다.
• 매주 화요일은 갈치를 먹을 수 없다.
• 12월 17일은 조기를 먹어야 한다.
• 하루에 1마리의 생선만 먹어야 한다.

〈보기〉
㉠ 12월 한 달 동안 먹을 수 있는 조기는 최대 15마리이다.
㉡ 12월 한 달 동안 먹을 수 있는 갈치는 최대 14마리이다.
㉢ 12월 6일에 조기를 먹어야 한다는 조건이 추가된다면 12월 한 달 동안 갈치, 조기, 고등어를 1마리 이상씩 먹는다.

① ㉠
② ㉡
③ ㉡㉢
④ ㉠㉢

28. 다음은 A 자동차 회사의 광고모델 후보 4명에 대한 자료이다. 〈조건〉을 적용하여 광고모델을 선정할 때, 총 광고효과가 가장 큰 모델은?

〈표〉 광고모델별 1년 계약금 및 광고 1회당 광고효과

(단위 : 만 원)

광고모델	1년 계약금	1회당 광고효과	
		수익 증대 효과	브랜드 가치 증대 효과
A	1,000	100	100
B	600	60	100
C	700	60	110
D	1,200	110	110

〈조건〉
㉠ 광고효과는 수익 증대 효과와 브랜드 가치 증대 효과로만 구성된다.
• 총 광고효과 = 1회당 광고효과 × 1년 광고횟수
• 1회당 광고효과 = 1회당 수익 증대 효과 + 1회당 브랜드 가치 증대 효과
㉡ 1회당 광고비는 20만 원으로 고정되어 있다.
• 1년 광고횟수 = $\dfrac{1년 광고비}{1회당 광고비}$
㉢ 1년 광고비는 3,000만 원(고정값)에서 1년 계약금을 뺀 금액이다.
• 1년 광고비 = 3,000만 원 − 1년 계약금
※ 광고는 tv를 통해서만 1년 내에 모두 방송됨

① A
② B
③ C
④ D

29. 다음은 흡연 여부에 따른 폐암 발생 현황을 나타낸 것이다. 옳지 않은 것을 모두 고른 것은?

〈흡연 여부에 따른 폐암 발생 현황〉

(단위 : 명)

흡연 여부 \ 폐암 발생 여부	발생	비발생	계
흡연	300	700	1,000
비흡연	300	9,700	10,000
계	600	10,400	11,000

> ㉠ 흡연 시 폐암 발생률은 30%이다.
> ㉡ 비흡연 시 폐암 발생량은 0.3%이다.
> ㉢ 흡연 여부와 상관없이 폐암 발생률은 10%이다.

① ㉠   ② ㉡
③ ㉠, ㉡   ④ ㉡, ㉢

30. 다음은 갑국에서 실시한 취약 계층의 스마트폰 이용 현황과 주된 비(非)이용 이유에 대한 설문 조사 결과이다. 이에 대한 옳은 분석을 〈보기〉에서 고른 것은?

(단위 : %)

구분	전체국민대비수준*	스마트폰을 이용하지 않는 주된 이유				
		스마트폰으로 무엇을 할 수 있는지 모름	구입비 및 이용비 부담	이용 필요성 부재	사용 방법의 어려움	기타
장애인	10.3	33.1	31.5	14.4	13.4	7.6
장노년층	6.4	40.1	26.3	16.5	12.4	4.7
저소득층	12.2	28.7	47.6	11.0	9.3	3.4
농어민	6.4	39.6	26.3	14.7	13.9	5.5

* 전체국민대비수준 = $\dfrac{\text{취약 계층의 스마트폰 이용률}}{\text{전체 국민의 스마트폰 이용률}} \times 100$

> 〈보기〉
> ㉠ 응답자 중 장노년층과 농어민의 스마트폰 이용자 수는 동일하다.
> ㉡ 응답자 중 각 취약 계층별 스마트폰 이용률이 상대적으로 가장 높은 취약 계층은 저소득층이다.
> ㉢ 전체 취약 계층의 스마트폰 이용 활성화를 위한 대책으로는 경제적 지원이 가장 효과적일 것이다.
> ㉣ 스마트폰을 이용하지 않는다고 응답한 장노년층 중 스마트폰으로 무엇을 할 수 있는지 모르거나 사용 방법이 어려워서 이용하지 않는다고 응답한 사람의 합은 과반수이다.

① ㉠, ㉡   ② ㉠, ㉢
③ ㉡, ㉢   ④ ㉡, ㉣

31. 다음 표와 그림은 2025년 한국 골프 팀 A~E의 선수 인원수 및 총 연봉과 각각의 전년대비 증가율을 나타낸 것이다. 이에 대한 설명으로 옳지 않은 것은?

〈2025년 골프 팀 A~E의 선수 인원수 및 총 연봉〉

(단위 : 명, 억 원)

골프 팀	선수 인원수	총 연봉
A	5	15
B	10	25
C	8	24
D	6	30
E	6	24

※ 팀 선수 평균 연봉$= \dfrac{총 연봉}{선수 인원수}$

〈2025년 골프 팀 A~E의 선수 인원수 및 총 연봉의 전년대비 증가율〉

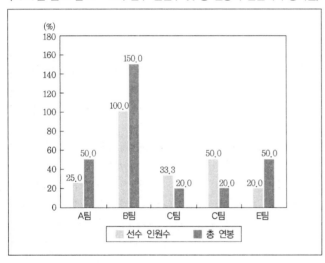

※ 전년대비 증가율은 소수점 둘째자리에서 반올림한 값이다.

① 2025년 팀 선수 평균 연봉은 D팀이 가장 많다.

② 2025년 전년대비 증가한 선수 인원수는 C팀과 D팀이 동일하다.

③ 2025년 A팀이 팀 선수 평균 연봉은 전년대비 증가하였다.

④ 2024년 총 연봉은 A팀이 E팀보다 많다.

32. 다음은 물품 A~E의 가격에 대한 자료이다. 아래 조건에 부합하는 물품의 가격으로 가장 가능한 것은?

(단위 : 원/개)

물품	가격
A	24,000
B	㉠
C	㉡
D	㉢
E	16,000

[조건]

• 갑, 을, 병이 가방에 담긴 물품은 각각 다음과 같다.
 -갑 : B, C, D
 -을 : A, C
 -병 : B, D, E
• 가방에는 해당 물품이 한 개씩만 담겨 있다.
• 가방에 담긴 물품 가격의 합이 높은 사람부터 순서대로 나열하면 갑 > 을 > 병 순이다.
• 병의 가방에 담긴 물품 가격의 합은 44,000원이다.

	㉠	㉡	㉢
①	12,000	14,000	16,000
②	12,000	19,000	16,000
③	13,000	19,000	15,000
④	13,000	23,000	15,000

|33~34| 설 연휴였던 지난 1월 다섯째 주간(25 ~ 31일) 전국 시도별 미세먼지 농도에 대해 민간 기상업체 케이웨더와 Air korea가 발표한 분석표이다. 다음 물음에 답하시오.

일자\n지역	1/25	1/26	1/27	1/28	1/29	1/30	1/31	평균
서울	41	65	62	62	51	24	242	78
부산	54	64	59	41	26	26	37	44
대구	42	56	57	48	35	31	60	47
인천	46	68	58	48	56	34	274	83
광주	22	81	53	41	36	15	113	52
대전	18	71	63	54	48	20	108	55
울산	51	53	58	42	26	31	33	42
경기	42	70	64	64	58	31	226	79
강원	48	50	56	55	50	43	77	54
제주	26	116	61	33	32	18	57	49

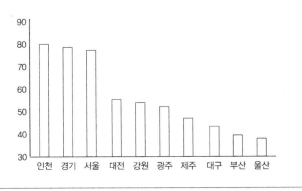

시 · 도별 주간(1/25~1/31) 미세먼지 평균농도 비교

33. 마지막 날이 첫날에 비해 미세먼지 농도가 가장 많이 증가한 지역은 어디인가?

① 제주   ② 강원
③ 경기   ④ 인천

34. 경기지역의 마지막 날의 미세먼지 농도는 첫날에 비해 몇 % 높아졌다고 할 수 있는가?

① 420%

② 426%

③ 431%

④ 438%

35. 다음은 면접관 A ~ E가 NH농협은행 응시자 갑 ~ 정에게 부여한 면접 점수이다. 이에 대한 설명으로 옳은 내용만 모두 고른 것은?

(단위 : 점)

응시자\n면접관	갑	을	병	정	범위
A	7	8	8	6	2
B	4	6	8	10	( )
C	5	9	8	8	( )
D	6	10	9	7	4
E	9	7	6	5	4
중앙값	( )	( )	8	( )	–
교정점수	( )	8	( )	7	–

※ 범위는 해당 면접관이 각 응시자에게 부여한 면접 점수 중 최댓값에서 최솟값을 뺀 값이다.
※ 중앙값은 해당 응시자가 면접관에게서 받은 모든 면접 점수를 크기 순으로 나열할 때 한가운데 값이다.
※ 교정점수는 해당 응시자가 면접관에게 받은 모든 면접 점수 중 최댓값과 최솟값을 제외한 면접 점수의 산술 평균값이다.

> ㉠ 면접관 중 범위가 가장 큰 면접관은 B이다.
> ㉡ 응시자 중 중앙값이 가장 작은 응시자는 정이다.
> ㉢ 교정점수는 병이 갑보다 크다.

① ㉠   ② ㉡
③ ㉠, ㉢   ④ ㉡, ㉢

36. 다음 표는 2016년~2025년 5개 자연재해 유형별 피해금액에 관한 자료이다. 이에 대한 설명 중 옳지 않은 것은?

(단위 : 억 원)

유형 \ 연도	2016	2017	2018	2019	2020	2021	2022	2023	2024	2025
태풍	3,416	1,385	118	1,609	9	0	1,725	2,183	8,765	17
호우	2,150	3,520	19,063	435	581	2,549	1,808	5,276	384	1,581
대설	6,739	5,500	52	74	36	128	663	480	204	113
강풍	0	93	140	69	11	70	2	0	267	9
풍랑	0	0	57	331	0	241	70	3	0	0
전체	12,305	10,498	19,430	2,518	637	2,988	4,268	7,942	9,620	1,720

① 풍랑의 피해금액이 0원인 해는 2016년, 2017년, 2020년, 2024년, 2025년이다.

② 피해금액이 매년 10억 원보다 큰 자연재해 유형은 호우와 대설이다.

③ 전체 피해금액이 가장 큰 해는 2018년이다.

④ 2022년 대설의 피해금액은 2016~2025년 강풍 피해금액 합계보다 작다.

37. 다음 표는 2024 ~ 2025년 지역별 직장인들의 자기개발에 관해 조사한 내용을 정리한 것이다. 이에 대한 분석으로 옳은 것은?

(단위 : %)

연도 \ 구분 \ 지역	2024				2025			
	자기개발 하고 있음	자기개발 비용 부담 주체			자기개발 하고 있음	자기개발 비용 부담 주체		
		직장 100%	본인 100%	직장50%+ 본인50%		직장 100%	본인 100%	직장50%+ 본인50%
충청도	36.8	8.5	88.5	3.1	45.9	9.0	65.5	24.5
제주도	57.4	8.3	89.1	2.9	68.5	7.9	68.3	23.8
경기도	58.2	12	86.3	2.6	71.0	7.5	74.0	18.5
서울시	60.6	13.4	84.2	2.4	72.7	11.0	73.7	15.3
경상도	40.5	10.7	86.1	3.2	51.0	13.6	74.9	11.6

① 2024년과 2025년 모두 자기개발 비용을 본인이 100% 부담하는 사람의 수는 응답자의 절반 이상이다.

② 자기개발을 하고 있다고 응답한 사람의 수는 2024년과 2025년 모두 서울시가 가장 많다.

③ 자기개발 비용을 직장과 본인이 각각 절반씩 부담하는 사람의 비율은 2024년과 2025년 모두 서울시가 가장 높다.

④ 2024년과 2025년 모두 자기개발을 하고 있다고 응답한 비율이 가장 높은 지역에서 자기개발비용을 직장이 100% 부담한다고 응답한 사람의 비율이 가장 높다.

38. 다음은 어느 해의 직업별 월별 국내여행 일수를 나타낸 표이다. 다음 설명 중 옳지 않은 것을 고르면?

(단위 : 천일)

직업	1월	2월	3월	4월	5월	6월	7월	8월
사무전문	12,604	14,885	11,754	11,225	10,127	11,455	14,629	14,826
기술생산 노무	3,998	6,311	3,179	3,529	4,475	3,684	4,564	3,655
판매 서비스	5,801	8,034	6,041	4,998	5,497	5,443	7,412	8,082
자영업	7,300	8,461	6,929	6,180	7,879	6,517	8,558	9,659
학생	3,983	6,209	3,649	4,126	4,154	3,763	4,417	5,442
주부	7,517	10,354	7,346	6,053	6,528	6,851	6,484	7,877
무직은퇴	2,543	2,633	3,005	2,335	2,703	2,351	2,012	2,637

① 사무전문직에 종사하는 사람들의 월별 국내여행 일수는 지속적으로 증가하고 있다.
② 판매서비스직에 종사하는 사람들의 국내여행 일수는 4월보다 5월이 많다.
③ 사무전문직의 4월 국내여행 일수는 무직은퇴인 사람들의 비해 4배 이상 많다.
④ 자영업의 경우 6월부터 지속적으로 국내여행 일수가 증가하고 있다.

39. 다음 글의 [표1]과 [표2]를 분석한 내용으로 가장 적절한 것은?

다음은 미국 콜럼비아 대학의 Stepan과 Robertson이 이슬람 문화와 민주주의의 관계를 분석하기 위해 정리한 자료 중 일부이다. [표1]은 47개 이슬람권 나라(이 중 아랍권은 사우디아라비아 등 16개국, 비아랍권은 말레이시아 등 31개국)를 대상으로 삼아 민주화가 양호한 나라의 비율을 계산한 것이고, [표2]는 이슬람권뿐만 아니라 비이슬람권까지 포함시키되, 전체적으로는 소득수준이 1인당 GDP 1,500달러 미만인 나라(이슬람권 16개국, 비이슬람권 22개국)로 분석 대상을 한정시켜 각 그룹 별로 민주화가 양호한 나라의 비율을 구한 것이다.

(자료 : Journal of Democracy, 2003)

[표1] 이슬람권 나라 중 민주화가 양호한 나라

아랍권	비아랍권
16개국 중 1개국 (6%)	31개국 중 12개국 (39%)

[표2] 1인당 GDP 1,500달러 미만(1996년 기준)의 나라 중 민주화가 양호한 나라

이슬람권		비이슬람권	
16개국 중 5개국 (31%)		22개국 중 7개국 (32%)	
아랍권	**비아랍권**	**기독교 국가**	**기타**
1개국 중 0개국 (0%)	15개국 중 5개국 (33%)	10개국 중 3개국 (30%)	12개국 중 4개국 (33%)

* 두 표에서 민주화가 양호한지 여부는 Polity IV 및 Freedom House 지수를 근거로 1973~2001년의 기간에 대해 평가한 것임.

① 소득에 상관없이 아랍권은 민주화 정도가 높은 편이다.
② 이슬람 문화는 국가의 민주적 발전에 큰 장애가 되고 있다.
③ 저소득 국가들 가운데 기독교권의 민주화 정도가 이슬람권보다 높다.
④ 이슬람권 내에서 저소득 국가라 해서 민주화 정도가 더 낮은 것은 아니다.

40. 다음 표는 6개 기업의 사원 모집정원에 관한 자료이다. 신입사원으로 선발하는 인원이 경력사원으로 선발하는 인원보다 많은 기업은 어디인가?

[표1] 계열별 신입사원 정원

(단위 : 명)

구분	전체	인문계열	공학계열
A기업	5,600	2,400	3,200
B기업	4,100	2,200	1,900
C기업	5,100	2,700	2,400
D기업	7,800	3,500	4,300
E기업	1,300	800	500
F기업	3,200	1,500	1,700

[표2] 모집 방법별 신입사원 정원

(단위 : 명)

구분	신입사원		경력사원	
	인문계열	공학계열	인문계열	공학계열
A기업	1,200	1,600	1,200	1,600
B기업	560	420	1,640	1,480
C기업	700	660	2,000	1,740
D기업	2,300	2,800	1,200	1,500
E기업	340	240	460	260
F기업	750	770	750	930

① A기업
② B기업
③ D기업
④ E기업

---

02 직무심화지식

41. 서원각 경영진은 최근 경기 침체로 인한 이익감소를 극복하기 위하여 신규사업을 검토 중이다. 현재 회사는 기존 사업에서 평균 투자액 기준으로 12%의 회계적 이익률을 보이고 있으며, 신규사업에서 예상되는 당기순이익은 다음과 같을 때, 회사는 신규사업을 위해 2,240,000을 투자해야 하며 3년 후의 잔존가치는 260,000원으로 예상된다. 최초투자액을 기준으로 하여 신규사업의 회계적 이익률을 구하면? (회사는 정액법에 의해 감가상각한다. 또한 회계적 이익률은 소수점 둘째 자리에서 반올림한다)

구분	신규사업으로 인한 당기순이익
1	200,000
2	300,000
3	400,000

① 약 11.4%
② 약 12.4%
③ 약 13.4%
④ 약 14.4%

42. 甲, 乙, 丙은 서울특별시(수도권 중 과밀억제권역에 해당) ○○동 소재 3층 주택 소유자와 각 층별로 임대차 계약을 체결하고 현재 거주하고 있는 임차인들이다. 이들의 보증금은 각각 5,800만 원, 2,000만 원, 1,000만 원이다. 위 주택 전체가 경매절차에서 주택가액 8,000만 원에 매각되었고, 甲, 乙, 丙 모두 주택에 대한 경매신청 등기 전에 주택의 인도와 주민등록을 마쳤다. 乙과 丙이 담보물권자보다 우선하여 변제받을 수 있는 금액의 합은? (단, 확정일자나 경매비용은 무시한다)

제○○조

가. 임차인은 보증금 중 일정액을 다른 담보물권자(擔保物權者)보다 우선하여 변제받을 권리가 있다. 이 경우 임차인은 주택에 대한 경매신청의 등기 전에 주택의 인도와 주민등록을 마쳐야 한다.

나. 제1항에 따라 우선변제를 받을 보증금 중 일정액의 범위는 다음 각 호의 구분에 의한 금액 이하로 한다.
  ㉠ 수도권정비계획법에 따른 수도권 중 과밀억제권역 : 2,000만 원
  ㉡ 광역시(군지역과 인천광역시지역은 제외) : 1,700만 원
  ㉢ 그 밖의 지역 : 1,400만 원

다. 임차인의 보증금 중 일정액이 주택가액의 2분의 1을 초과하는 경우에는 주택가액의 2분의 1에 해당하는 금액까지만 우선변제권이 있다.

라. 하나의 주택에 임차인이 2명 이상이고 그 각 보증금 중 일정액을 모두 합한 금액이 주택가액의 2분의 1을 초과하는 경우, 그 각 보증금 중 일정액을 모두 합한 금액에 대한 각 임차인의 보증금 중 일정액의 비율로 그 주택가액의 2분의 1에 해당하는 금액을 분할한 금액을 각 임차인의 보증금 중 일정액으로 본다.

제○○조

전조(前條)에 따라 우선변제를 받을 임차인은 보증금이 다음 각 호의 구분에 의한 금액 이하인 임차인으로 한다.
  ㉠ 수도권정비계획법에 따른 수도권 중 과밀억제권역 : 6,000만 원
  ㉡ 광역시(군지역과 인천광역시지역은 제외) : 5,000만 원
  ㉢ 그 밖의 지역 : 4,000만 원

---

① 2,200만 원   ② 2,300만 원
③ 2,400만 원   ④ 2,500만 원

| 43~44 | 다음은 KB ○○직장인적금 상품에 대한 설명서이다. 이어지는 물음에 답하시오.

KB ○○직장인적금

가. 상품특징
  급여이체 및 교차거래 실적에 따라 금리가 우대되는 직장인 전용 적금상품

나. 가입대상
  만 18세 이상 개인
  ※ 단, 개인사업자 제외

다. 가입기간
  12개월 이상 36개월 이내(월 단위)

라. 가입금액
  초입금 및 매회 입금 1만 원 이상 원단위(계좌당), 분기당 3백만 원 이내(1인당)
  ※ 단, 계약기간 3/4 경과 후 적립할 수 있는 금액은 이전 적립누계액의 1/2 이내

마. 이자 지급 방식
  입금액마다 입금일부터 만기일 전일까지 기간에 대하여 약정금리로 계산한 이자를 월복리로 계산하여 지급
  ※ 단, 중도해지금리 및 만기 후 금리는 단리로 계산

바. 우대 금리 : 최고 0.8%p
• 가입기간 동안 1회 이상 당행으로 건별 50만 원 이상 급여를 이체한 고객이 다음에 해당할 경우

조건내용	우대금리
당행 입출식통장으로 3개월 이상 급여이체 실적	0.3%p
당행 신용/체크카드의 결제실적이 100만 원 이상인 경우	0.2%p
당행 주택청약종합저축(청약저축, 청년우대형 포함) 또는 적립식 펀드 중 한 개 이상 신규가입 시	0.2%p

• 인터넷(스마트)뱅킹 또는 올원뱅크로 이 적금에 가입할 경우 0.1%p

사. 유의사항
• 우대금리는 만기해지 계좌에 대해 계약기간 동안 적용함
• 급여이체 실적 인정기준
 −당행에서 입금된 급여이체 : 월 누계금액 50만 원 이상
 −창구 입금 : 급여코드를 부여받은 급여 입금분

–인터넷뱅킹 입금 : 개인사업자 또는 법인이 기업인터넷 뱅킹을 통해 대량입금이체(또는 다계좌이체)에서 급여코드로 입금한 급여

–타행에서 입금된 급여이체 : 입금 건당 50만 원 이상

–'급여, 월급, 봉급, 상여금, 보너스, 성과급, 급료, 임금, 수당, 연금' 문구를 포함한 급여이체 입금분

–전자금융공동망을 통한 입금분 중 급여코드를 부여받아 입금된 경우

–급여이체일을 전산등록한 후 해당 일에 급여이체 실적이 있는 경우, 급여이체일 ± 1영업일에 이체된 급여를 실적으로 인정

※ 공휴일 및 토요일 이체 시 실적 불인정

–급여이체일 등록 시 재직증명서, 근로소득원천징수영수증, 급여명세표 中 하나를 지참 후 당행 영업점 방문

• 자동이체일이 말일이면서 휴일인 경우 다음 달 첫 영업일에 자동이체 처리

43. 다음 보기 중 KB ○○직장인적금에 대한 설명으로 옳은 것은?

① 직장인만 해당되는 적금상품이다.
② 매회 300만 원 이내로 적립할 수 있다.
③ 전산등록한 급여이체일이 16일(금)일 때 17일(토)에 이체되었을 경우에 실적으로 인정한다.
④ 말일에 자동이체되는 경우 휴일과 겹쳤을 때 내달 첫 영업일에 처리된다.

44. 다음 중 우대금리율이 동일하게 적용되는 사람끼리 바르게 짝지어진 것은?

• 갑 : 당행 신용카드의 결제실적이 200만 원인 자
• 을 : 당행 체크카드의 결제실적이 150만 원이며 적립식 펀드를 신규 가입한 자
• 병 : 당행 청년 우대형 주택청약종합저축을 신규 가입한 자
• 정 : 당행 입출식통장으로 4개월간의 급여이체실적이 있는 자

① 갑, 을   ② 갑, 병
③ 을, 병   ④ 을, 정

45. K은행 고객인 S씨는 작년에 300만 원을 투자하여 3년 만기, 연리 2.3% 적금 상품(비과세, 단리 이율)에 가입하였다. 올 해 추가로 여유 자금이 생긴 S씨는 200만 원을 투자하여 신규 적금 상품에 가입하려 한다. 신규 적금 상품은 복리가 적용되는 이율 방식이며, 2년 만기라 기존 적금 상품과 동시에 만기가 도래하게 된다. 만기 시 두 적금 상품의 원리금의 총합계가 530만 원 이상이 되기 위해서는 올 해 추가로 가입하는 적금 상품의 연리가 적어도 몇 %여야 하는가? (모든 금액은 절삭하여 원 단위로 표시하며, 이자율은 소수 첫째 자리까지만 계산함)

① 2.2%   ② 2.3%
③ 2.4%   ④ 2.5%

| 46~47 | 다음은 K은행의 직장인월복리적금 상품설명서이다. 이를 보고 이어지는 물음에 답하시오.

직장인월복리적금

■ 상품특징 : 급여이체 및 교차거래 실적에 따라 우대금리를 제공하는 직장인재테크 월복리 적금상품
■ 가입대상 : 만 18세 이상 개인(단, 개인사업자 제외)
■ 가입기간 : 1년 이상 3년 이내(월 단위)
■ 가입금액 : 초입금 및 매회 입금 1만 원 이상 원 단위, 1인당 분기별 3백만 원 이내
• 계약기간 3/4 경과 후 적립할 수 있는 금액은 이전 적립누계액의 1/2 이내
■ 적립방법 : 자유적립식
■ 금리안내 : 기본금리 + 최대0.8%p
• 기본금리 : 신규가입일 당시의 적금 고시금리
■ 우대금리 : 우대금리 0.8%p(가입 월부터 만기일 전월 말까지 조건 충족 시)
• 가입기간 동안 1회 이상 당행에 건별 50만 원 이상 급여를 이체한 고객 中
–가입기간 중 3개월 이상 급여이체 0.3%p
–당행의 주택청약종합저축(청약저축 포함) 또는 적립식펀드 중 1개 이상 가입 0.2%p
–당행 신용 · 체크카드의 결제실적이 100만 원 이상 0.2%p
• 인터넷 또는 스마트뱅킹으로 본 적금에 가입 시 0.1%p

- 이자지급방법 : 월복리식(단, 중도해지이율 및 만기후이율은 단리계산)
- 가입/해지안내 : 비과세종합저축으로 가입가능
- 유의사항
  - 우대금리는 만기해지 계좌에 대해 계약기간 동안 적용합니다.
  - 본 상품은 인터넷을 통한 담보대출이 불가하오니 가까운 K은행 영업점을 방문해 주시기 바랍니다.
  - 급여이체 실적 인정기준은 아래와 같습니다.
    - 당행에서 입금된 급여이체(인정금액 : 월 누계금액 50만 원 이상)
    - 창구 입금 : 급여코드를 부여받은 급여 입금분
    - 인터넷뱅킹 입금 : 개인사업자/법인이 기업인터넷뱅킹을 통해 대량입금이체(또는 다계좌이체)에서 급여코드로 입금한 급여
    - 타행에서 입금된 급여이체(인정금액 : 입금 건당 50만 원 이상)
    - '급여, 월급, 봉급, 상여금, 보너스, 성과급, 급료, 임금, 수당, 연금' 문구를 포함한 급여이체 입금분
    - 전자금융공동망을 통한 입금분 중 급여코드를 부여받아 입금된 경우
    - 급여이체일을 전산등록한 후 해당일에 급여이체 실적이 있는 경우 '급여이체일 ± 1영업일'에 이체된 급여를 실적으로 인정(단, 공휴일 및 토요일 이체 시 실적 불인정)
    - 급여이체일 등록 시 재직증명서, 근로소득원천징수영수증, 급여명세표 중 하나를 지참하시어 K은행 영업점을 방문해주시기 바랍니다.
  - 자동이체일이 말일이면서 휴일인 경우 다음 달 첫 영업일에 자동이체 처리되오니, 자동이체 등록 시 참고하시기 바랍니다.

46. 다음 중 직장인월복리적금의 특징을 바르게 설명한 것은?

① 직장인만 가입할 수 있다.

② 만기까지 한도 제한 없이 적립할 수 있다.

③ 만기일 전월말 기준으로 K은행의 적립식펀드 가입실적이 있다면 0.2%p 우대금리가 적용된다.

④ 전산등록한 급여이체일이 18일(금)일 때 19일(토)에 이체된 급여는 실적으로 인정되지 않는다.

47. ㈜서원에 다니고 있는 김 대리는 근처 K은행에 방문했다가 직장인월복리적금에 가입하였다. 다음 사항을 참고하여 김 대리에게 발급된 적금 통장에 표기된 내용으로 적절하지 않은 것은?

- 김 대리의 급여일은 매달 10일로, 기존 K은행 계좌로 200만 원의 급여가 이체되고 있다.
- 상품 가입일은 2025년 2월 1일로 가입기간은 3년으로 한다.
- 초입금은 30만 원으로 하고 매달 15일에 30만 원씩 자동이체를 신청하였다.
- 2025년 2월 1일 기준 적금 고시금리

(연 %, 세전)

가입기간	1년~2년 미만	2년~3년 미만	3년
금리	1.0	1.2	1.5

예금주	상품명	계좌번호	이율
김○○	직장인월복리적금	123-456-7890-0	① 1.6%

신규일 : 2025년 02월 01일

② 가입기간 : 36개월

③ 만기일 : 2028년 02월 01일

행	년 월 일	출금	입금	잔액	거래지점
1	20250201		④ 300,000	300,000	
2	20250301		300,000	600,000	

48. 다음은 'iTouch국민예금'에 관한 설명이다. 다음 중 옳은 것을 고르면?

---

1. 개요
   가입금액 관계없이 공동구매로 고금리 혜택을 Touch!

2. 특징
   ㉠ 공동구매를 통해 가입금액에 관계없이 높은 금리를 Touch! 할 수 있는 정기예금 상품
   ㉡ 인터넷뱅킹 및 국민스마트뱅킹으로만 가입 가능

3. 예금자보호
   이 예금은 예금자보호법에 따라 예금보험공사가 보호하되, 보호 한도는 본 은행에 있는 귀하의 모든 예금보호 대상 금융상품의 원금과 소정의 이자를 합하여 1인당 "최고 5천만 원"이며, 5천만 원을 초과하는 나머지 금액은 보호하지 않습니다.

4. 가입대상
   제한 없음

5. 가입금액
   제한 없음(단, 회차별 1인 1계좌 가입)

6. 가입기간
   ㉠ 제 155차의 모집기간은 다음과 같습니다.
   • 20250716~20250731 23시까지
   • 모집마감일에는 23시까지 가입 가능합니다.
   • 모집기간 중 판매한도 소진 시에는 가입이 어려울 수 있습니다.
   ㉡ 제 155차의 계약기간(가입기간)은 다음과 같습니다.
   • 3개월 : 20250801~20251101
   • 6개월 : 20250801~20260201
   • 1년 : 20250801~20260801

---

① 국민스마트뱅킹으로만 가입 가능하다.

② 모집마감일에는 23시까지 가입 가능하다.

③ 회차별 1인 2계좌까지 가입 가능하다.

④ 제155차의 계약기간은 1년의 경우 2026년 2월 1일까지이다.

49. 500만 원을 2년 동안 적금을 넣을 때 1년당 8%의 이자율이 적용하여 복리계산을 하였을 때 2년 후 받는 금액은 얼마인가? (단, 만 원 이하는 절삭한다)

① 540만 원   ② 580만 원

③ 583만 원   ④ 600만 원

┃50~51┃ 다음은 국민은행에서 판매하는 예금상품의 정보이다. 이어지는 물음에 답하시오.

상품명	가입 대상	가입 기간	가입 금액
위비 꿀마켓 예금	개인	12개월	1백만 원 ~5천만 원
위비꾹적금	개인 및 개인사업자	6개월, 12개월	월 최대 30만 원 이내
위비 꿀마켓 적금	개인	12개월	월 50만 원 이내
iTouch 국민예금	제한 없음	3개월, 6개월, 12개월	제한 없음

50. 보기의 고객에게 맞는 상품은 무엇인가?

〈보기〉

성진이는 아르바이트로 1년간 돈을 모으는 동안 매달 예금을 하기 위해 예금상품을 찾아보고 있다. 가입 금액은 30만 원을 넘지 않아야 하고, 개인사업자는 아니다.

---

① 위비 꿀마켓 예금

② 위비꾹적금

③ 위비 꿀마켓 적금

④ iTouch국민예금

51. 다음 중 같은 상품을 추천받은 사람끼리 짝지어진 것은? (단, 'iTouch국민예금'과 다른 상품을 동시에 추천받는다면, 'iTouch국민예금'을 제외한다.)

구분	대상 분류	원하는 가입 기간	원하는 가입금액
은성	개인	6개월	월 25만 원
유진	개인	12개월	3천만 원
성주	개인사업자	6개월	월 15만 원
지환	개인사업자	12개월	4천만원

① 은성, 유진

② 은성, 성주

③ 유진, 성주

④ 지환, 은성

52. 다음은 미국의 신용협동조합과 상업은행을 비교한 표이다. 표에 대한 설명으로 옳지 않은 것은?

	신용협동조합		상업은행	
	2025년	2024년	2025년	2024년
기관 수	6,395	6,679	6,508	6,809
기관 당 지점 수	3	3	15	14
기관 당 자산(백만$)	178	161	2,390	2,162
총 대출(백만$)	723,431	655,006	8,309,427	7,891,471
총 저축(백만$)	963,115	922,033	11,763,780	11,190,522
예대율(%)	75.1	71.0	70.6	70.5
자산 대비 대출 비중(%)	60.9	63.7	51.7	52.6
핵심 예금 비중(%)	45.8	47.6	32.2	33.4
순 자본 비율(%)	10.8	11.0	11.2	11.2

① 2024년 대비 2025년 상업은행의 감소폭은 같은 기간 신용협동조합의 감소폭보다 크다.

② 2025년 상업은행의 기관 당 지점 수는 신용협동조합의 5배에 달한다.

③ 2024년 대비 2025년 예대율 증가폭은 신용협동조합이 상업은행보다 크다.

④ 2025년 자산 대비 대출 비중은 상업은행이 신용협동조합보다 8.2%p 높다.

┃53~54┃ 다음은 '리브 짠테크 적금'에 관한 내용이다. 물음에 답하시오.

1. 개요
매주 마다, 매일 마다, 아낀 만큼 적립
짠돌이 재테커들에게 딱 맞는 리브뱅크전용 적금상품
리브뱅크(앱설치)에서 신규가능

2. 특징
㉠ 52주 짠플랜, 매일매일 캘린더플랜, 1DAY절약플랜 성공 시 최대 연 1%p 금리우대
㉡ 국민은행 거래고객에게 연 0.2% 금리우대쿠폰 제공

3. 예금자 보호
이 예금은 예금자보호법에 따라 예금보험공사가 보호하되, 보호 한도는 본 은행에 있는 귀하의 모든 예금보호 대상 금융상품의 원금과 소정의 이자를 합하여 1인당 "최고 5천만 원"이며, 5천만 원을 초과하는 나머지 금액은 보호하지 않습니다.

4. 가입대상/
실명의 개인(1인 1계좌)

5. 적립금액
월 최대 50만 원 이내 자유롭게 적립가능
※ 비대면 실명확인을 통해 이 적금을 0원으로 신규 가입한 경우, 신규 당일에 적립한도 범위 내에서 추가입금이 필요하며 당일 추가입금 실적이 없는 경우 이 적금은 다음날 자동 해지됩니다.
※ 52주 짠플랜, 매일매일 캘린더플랜 자동이체서비스는 당행 출금통장에서 신청 시에만 가능합니다.
※ 비대면 실명 확인을 통해 이 적금을 신규하실 경우, 비대면 계좌개설서비스를 통해 입출금통장도 추가 신규 하셔야 본 서비스 이용이 가능합니다.

6. 가입기간
1년, 2년, 3년

7. 기본금리
1년제 연1.25%, 2년제 연1.35%, 3년제 연1.45%
※ 2025.04.02. 현재, 세금납부전 기준 / 기본 금리는 매일 변경 고시됩니다.

8. 우대금리
최대 연 1.3%p 우대금리 제공
㉠ 국민은행 첫 거래 고객 연 0.2%p
㉡ 금리우대쿠폰을 등록 시 연 0.2%p
㉢ 만기 시 리브톡 및 리브톡알림 이용 고객인 경우 연 0.3%p
　※ 만기해지 전전월까지 리브톡 앱을 1회 이상 이용 & 리브톡알림 동의시 이용고객으로 인정됨
㉣ 이 적금 가입 후 아래와 같이 재테크(짠테크) 적립플랜 횟수를 충족한 경우 연 1.0%p
・52주 짠플랜 자동이체 횟수 총 50회 이상
・매일매일 캘린더플랜 자동이체 횟수 총 200회 이상
・1DAY 절약플랜 이체 횟수 총 200회 이상

9. 만기 후 이율
만기일 당시 고시하는 일반 정기적금 만기 후 이자율 적용

10. 중도해지 이율
신규일 당시 고시한 일반 정기적금 중도해지 이자율 적용

53. 다음 중 연 1.0%p의 우대금리를 제공받을 수 있는 사람으로 짝지어진 것은?

・은성 : 나는 금리우대쿠폰을 등록했지.
・유진 : 나는 짠플랜 자동이체 횟수가 70회를 넘었어.
・성주 : 나는 1DAY 절약플랜 이체 횟수가 250회가 되었어.
・지환 : 나는 매일매일 캘린더플랜 자동이체 횟수가 120회를 넘었어.

① 은성, 유진　　　　② 유진, 성주
③ 성주, 지환　　　　④ 지환, 은성

54. 다음은 '리브 짠테크 적금' 적용 이율에 관한 자료이다. 인성이는 해당 적금에 2025년 7월에 가입하여 2026년 4월에 해지할 예정이다. 다음 중 적용될 수 있는 이자율은?

구분	기간 및 금액	금리(연)	비고
약정 이율	1년제	1.25	우대조건 충족 시 최대 연 1.3%p 금리우대
	2년제	1.35	
	3년제	1.45	
만기 후 이율	만기 후 이율	▶	만기일 당시 고시한 일반 정기적금 만기 후 이자율
중도 해지 이율	중도 해지 이율	▶	신규일 당시 고시한 일반 정기적금 중도해지 이자율

① 신규일 당시 고시한 일반정기적금 중도해지 이자율

② 만기일 당시 고시한 일반정기적금 만기 후 이자율

③ 우대조건을 충족한 1년제 약정 이율

④ 우대조건을 충족하지 못한 2년제 약정 이율

55. 다음 글을 읽고 '차등금리방식'을 〈보기〉에 적용한 내용으로 옳은 것은?

국채는 정부가 부족한 조세 수입을 보전하고 재정 수요를 충당하기 위해 발행하는 일종의 차용 증서이다. 이 중 국고채는 정부가 자금을 조달하는 주요한 수단이며, 채권 시장을 대표하는 상품이다. 만기일에 원금과 약속한 이자를 지급하는 국고채는 관련 법률에 따라 발행된다. 발행 주체인 정부는 이자 비용을 줄이기 위해 낮은 금리를 선호하며, 매입 주체인 투자자들은 높은 이자 수익을 기대하여 높은 금리를 선호한다. 국고채의 금리는 경쟁 입찰을 통해 결정되는데, 경쟁 입찰은 금리 결정 방법에 따라 크게 '복수금리결정방식'과 '단일금리결정방식'으로 나뉜다.

※ 발행 예정액 : 800억 원

투자자	제시한 금리와 금액	결정 방식	
		복수금리	단일금리
A	4.99% 200억 원	4.99%	
B	5.00% 200억 원	5.00%	
C	5.01% 200억 원	5.01%	모두 5.05%
D	5.03% 100억 원	5.03%	
E	5.05% 100억 원	5.05%	
F	5.07% 100억 원	미낙찰	미낙찰

복수금리결정방식은 각각의 투자자가 금리와 금액을 제시하면 최저 금리를 제시한 투자자부터 순차적으로 낙찰자를 결정하는 방식이다. 낙찰된 금액의 합계가 발행 예정액에 도달할 때까지 낙찰자를 결정하기 때문에 상대적으로 낮은 금리를 제시한 투자자부터 낙찰자로 결정된다. 이때 국고채의 금리는 각각의 투자자가 제시한 금리로 결정된다. 표와 같이 발행 예정액이 800억 원인 경쟁 입찰이 있다면, 가장 낮은 금리를 제시한 A부터 E까지 제시한 금액 합계가 800억 원이므로 이들이 순차적으로 낙찰자로 결정된다. 이때 국고채의 금리는 A에게는 4.99%, B에게는 5.00%, …, E에게는 5.05%로 각기 다르게 적용이 된다.

한편, 단일금리결정방식은 각 투자자들이 제시한 금리를 최저부터 순차적으로 나열하여 이들이 제시한 금액이 발행 예정액에 도달할 때까지 낙찰자를 결정한다는 점에서는 복수금리결정방식과 같다. 하지만 발행되는 국고채의 금리는 낙찰자들이 제시한 금리 중 가장 높은 금리로 단일하게 결정된다는 점이 다르다. 표와 같이 낙찰자는 A ~ E로 결정되지만 국고채의 금리는 A ~ E 모두에게 5.05%로 동일하게 적용되는 것이다. 따라서 단일금리결정방식은 복수금리결정방식에 비해 투자자에게 유리한 방식일 수 있다. 하지만 단일금리결정방식은 정부의 이자 부담을 가중시킬 수 있어, 복수금리결정방식과 단일금리결정방식을 혼합한 '차등금리결정방식'을 도입하기도 한다. 차등금리결정방식이란 단일금리결정방식과 같은 방법으로 낙찰자들을 결정하지만, 낙찰자들이 제시한 금리들 중 가장 높은 금리를 기준으로 삼아 금리들을 일정한 간격으로 그룹화한다는 점이 다르다. 각 그룹의 간격은 0.02%p ~ 0.03%p 정도로 정부가 결정하며, 이때 국고채의 금리는 투자자가 제시한 금리와 관계없이 정부가 각각의 그룹에 설정한 최고 금리로 결정된다. 이는 투자자가 제시한 금리를 그룹별로 차등화함으로써 적정 금리로 입찰하도록 유도하는 효과를 낸다.

〈보기〉

㉠ 발행 예정액 : 700억 원
㉡ 그룹화 간격 : 0.03%p
㉢ 입찰 결과

투자자	제시한 금리와 금액
ⓐ	1.98% 100억 원
ⓑ	2.00% 100억 원
ⓒ	2.02% 200억 원
ⓓ	2.05% 100억 원
ⓔ	2.06% 200억 원
ⓕ	2.07% 200억 원

㉣ 그룹화 결과 : 2.06 ~ 2.04%, 2.03 ~ 2.01%, 2.00 ~ 1.98%
(단, 입찰 단위는 0.01%p 단위로 제시한다.)

① ⓐ가 속한 그룹은 ⓐ가 제시한 금리로 낙찰 받는다.
② ⓑ와 ⓒ는 같은 금리로 낙찰 받는다.
③ ⓒ는 2.03%의 금리로 낙찰 받는다.
④ ⓓ와 ⓔ 모두 2.05%의 금리로 낙찰 받는다.

56~58 아래 〈표〉는 주간 환율이다. 다음 물음에 답하시오.

구분	미국 달러화	유럽 유로화	일본 엔화	영국 파운드화	중국 위안화
첫째 주	945.54	1211.14	8.54	1770.54	118.16
둘째 주	963.14	1210.64	8.42	1763.55	118.64
셋째 주	934.45	1207.33	8.30	1763.62	119.51
넷째 주	964.54	1113.54	9.12	1663.47	120.64

56. 둘째 주에 개당 5,000원 하는 핸드폰 덮개 90개를 미국에 수출하여 원화로 x의 이익을 얻었다. 넷째 주에 같은 핸드폰 덮개를 유럽에 수출할 경우, 최소 y개를 수출해야 둘째 주 90개를 미국에 수출했을 때보다 많은 이익을 남길 수 있다. x와 y의 합은 얼마인가?

① 423,455,110 ② 428,645,157
③ 433,413,078 ④ 443,454,410

57. A회사는 첫째 주에 중국에서 7,800켤레의 신발을 단가 200위안에 수입하였고, 일본에 6,400개의 목걸이를 단가 2,000엔에 수출하였다. 지출 금액과 소득 금액의 차이는?

① 101,451,120원 ② 75,017,600원
③ 74,146,500원 ④ 42,654,000원

58. 일본의 넷째 주 환율은 셋째 주 환율에 비해 몇 % 증가하였는가? (단, 소수점 둘째 자리에서 반올림한다)

① 15.5% ② 12.4%
③ 10.0% ④ 9.9%

59. 다음 중 다음 자료에 대한 올바른 판단만을 〈보기〉에서 모두 고른 것은?

〈투자의 주된 목적에 대한 비율〉

(단위 : %)

목적 \ 연도	주택관련	노후대책	결혼자금마련	사고와질병대비	자녀교육비마련	부채상환	기타
2024년	16.7	57.4	2.9	3.5	6.4	8.6	4.5
2025년	15.5	57.2	2.8	3.4	5.7	9.6	5.8

〈투자 시 선호하는 운용 방법에 대한 비율〉

(단위 : %)

선호방법 \ 연도	예금				개인연금	주식			계(契)	기타
		은행예금	저축은행예금	비은행금융기관예금			주식	수익증권(간접투자)		
2024년	91.8	75.0	5.7	11.2	1.8	4.1	2.4	1.7	0.1	2.2
2025년	91.9	75.7	5.5	10.8	1.8	4.7	3.0	1.6	0.1	1.6

〈투자 전 우선 고려 사항에 대한 비율〉

(단위 : %)

고려사항 \ 연도	합계	수익성	안전성	현금화가능성	접근성	기타
2024년	100.0	12.8	75.0	5.8	6.2	0.2
2025년	100.0	13.8	74.5	5.4	6.1	0.1

〈보기〉

㈎ 투자 운용 방법으로 예금 중 은행예금을 선호하는 사람의 비중은 2025년에 더 감소하였다.

㈏ 금융자산 투자 시의 운용 방법 비중에 전년보다 가장 큰 변동이 있는 것은 은행예금이다.

㈐ 노후 대책을 투자 목적으로 하는 사람들은 안전성이 있는 은행예금의 방법을 선택할 가능성이 가장 높다.

㈑ 금융 투자 전에는 현금화 가능성보다 접근성을 더 많이 고려한다.

① ㈎, ㈏   ② ㈏, ㈐

③ ㈏, ㈑   ④ ㈐, ㈑

60. 다음은 금융기관별, 개인신용등급별 햇살론 보증잔액 현황에 관한 자료이다. 〈그림〉은 〈표〉를 이용하여 6개 금융기관 중 2개 금융기관의 개인신용등급별 햇살론 보증잔액 구성비를 나타낸 것이다. 〈그림〉의 금융기관 A와 B를 바르게 나열한 것은?

〈금융기관별, 개인신용등급별 햇살론 보증잔액 현황〉

(단위 : 백만 원)

금융기관 개인 신용 등급	농협	수협	축협	신협	새마을금고	저축은행	합
1	2,425	119	51	4,932	7,783	3,785	19,095
2	6,609	372	77	14,816	22,511	16,477	60,862
3	8,226	492	176	18,249	24,333	27,133	78,609
4	20,199	971	319	44,905	53,858	72,692	192,944
5	41,137	2,506	859	85,086	100,591	220,535	450,714
6	77,749	5,441	1,909	147,907	177,734	629,846	1,040,586
7	58,340	5,528	2,578	130,777	127,705	610,921	935,849
8	11,587	1,995	738	37,906	42,630	149,409	244,265
9	1,216	212	75	1,854	3,066	1,637	8,060
10	291	97	2	279	539	161	1,369
계	227,779	17,733	6,784	486,711	560,750	1,732,596	3,032,353

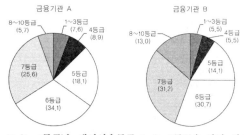

〈금융기관 A와 B의 개인신용등급별 햇살론 보증잔액 구성비〉

(단위 : %)

※ '1~3등급'은 개인신용등급 1, 2, 3등급을 합한 것이고, '8~10등급'은 개인신용등급 8, 9, 10등급을 합한 것
※ 보증잔액 구성비는 소수점 둘째 자리에서 반올림한 값

	A	B		A	B
①	농협	수협	②	농협	축협
③	수협	신협	④	저축은행	수협

61. 누구나 쉽게 참여가 가능하고 중앙 통제 기관이 없는 네트워크에서 쉽게 발생할 수 있다. 다중인격장애를 다룬 책에서 유래된 이 단어는 한 사람이 자신을 여러 명인 것처럼 속이고 하는 공격이다. 이것을 의미하는 용어는?

① HEIF
② 스팀잇
③ V2X
④ 시빌 공격

62. 디지털 저작권을 보호하기 위한 기술이다. 디지털 콘텐츠를 무단으로 사용하지 못하게 막아 권리를 보장하는 이 기술은 음원사이트에서 비용을 지불해야 사용권한을 줄 수 있고, 문서보안을 위해 암호를 설정하여 기밀유지를 할 수 있다. 이 기술을 의미하는 용어는?

① DRM
② CCL
③ 카피레프트
④ FDS

63. 데이터 3법을 설명한 것으로 옳지 않은 것은?

① 개인정보는 가명·익명으로 구분한 후 공익목적으로 사용할 수 있다.
② 정보통신망에서 개인정보와 관련된 사항은 개인정보보호법으로 이관한다.
③ 개인정보보호 관련 규제는 방송통신위원회에서 하고 감독은 개인정복보호위원회에서 한다.
④ 가명정보를 이용할 때에는 신용정보 주체에게 동의를 받지 않아도 된다.

64. 범죄감시시스템 중에 하나이다. 뉴욕 경찰청과 마이크로소프트사가 공동으로 개발한 것으로 빅데이터 기술을 활용하여 범죄를 예방하기 위해 개발되었다. 이 기술은 사생활 침해 논란을 낳고 있지만 범죄예방에 탁월한 효과가 사례를 통해 증명되었다. 이 기술은 무엇인가?

① CDN(Content Delivery Network)

② FNS(Family Network Service)

③ DAS(Domain Awareness System)

④ M2M(Machine to Machine)

65. 최근에는 SNS를 통해 정치·사회적 운동에 참여하고 행동하는 경우가 늘어났다. 국민청원에 서명하거나 캠페인에 참여하는 등 상대적으로 적은 시간과 노력이 필요한 활동에 소극적으로 참여하는 행동을 의미하는 용어는?

① 클릭티비즘

② 슬랙티비즘

③ 할리우디즘

④ 핵티비즘

66. 국내회사에서 만든 클레이(KLAY), 루나(LUNA)의 시가총액이 순위권에 들어 K-코인이 성장세를 이루고 있다. 클레이, 루나와 같은 코인, NFT, 디파이는 이 기술을 사용하여 만들어졌다. 이 기술은 무엇인가?

① 5G

② 데이터마이닝

③ OLAP

④ 블록체인

67. 유튜브 플랫폼에서 '싫어요' 숫자를 보이지 않도록 디자인하는 실험을 하고 있다고 밝혔다. 크리에이터의 스트레스 지수를 높이는 것과 인기 검색어를 위해 의도적으로 조회수를 조작하는 이 현상 때문이었다. 이 현상으로 해당하는 것은?

① 파밍

② 어뷰징

③ 바이럴마케팅

④ 그레셤의 법칙

68. 전 국가별로 트래블 버블이 시작되면서 도입하고 있는 증명서로 적절하지 않은 것은?

① 그린패스(Green Pass)

② 엑셀시어 패스(Excelsior Pass)

③ 디지털헬스 패스

④ 국제여행 건강증명서

69. 코드 구조를 명확히 알지 못할 때 진행한다. 여러 버전의 프로그램에 동일한 검사 자료를 제공하여 동일한 결과가 출력되는지 검사하는 기법을 의미하는 용어는?

① 튜링 테스트

② 알파 테스트

③ 베타 테스트

④ 블랙박스 테스트

70. 다음 중 MAANG에 해당하지 않는 기업은?

① Microsoft

② Amazon

③ Facebook

④ Google

71. 뉴욕증권거래소(NYSE)에서 쿠팡, 스포티파이 등의 신규 상장 기업의 첫 거래를 기념하여 발행한 가상자산은?

① 비트코인

② NFT

③ 스테이블 코인

④ 라이트 코인

72. 〈보기〉의 설명에 해당하는 기술로 가장 적절한 것은?

〈보기〉
• 서비스 모델은 IaaS, PaaS, SaaS로 구분한다.
• 필요한 만큼 자원을 임대하여 사용할 수 있다.
• 가상화 기술, 서비스 프로비저닝(Provisioning) 기술, 과금 체계 등을 필요로 한다.

① 빅데이터(Bigdata)

② 딥러닝(Deep Learning)

③ 사물인터넷(Internet Of Things)

④ 클라우드 컴퓨팅(Cloud Computing)

73. 다음 제시문에서 ㉠에 해당하는 설명으로 옳지 않은 것은?

전통적인 생산요소 세 가지가 노동, 토지, 자본이었다면 디지털 경제에서는 경영활동을 위해 '자본 투자'가 아닌 '디지털 투자'가 이루어지고, '실물 자산'보다는 '디지털 자산'이 생산되고 유통·저장된다. 즉, 디지털 플랫폼이라는 가상의 자산이 만들어지는 것이다. 이러한 상황에서 기존의 법인세가 물리적 고정사업장이 있는 기업에만 부과가 가능하여, 물리적 고장사업장이 큰 돈을 벌어들이는 디지털 기업에 대한 과세 형평성 문제가 제기되면서 (㉠)도입이 논의되기 시작하였다.

① OECD가 「BEPS 프로젝트」를 추진하면서 주도적으로 ㉠에 대해 논의하기 시작하였다.

② 2019년 프랑스가 최초로 도입하였다.

③ 구글, 페이스북, 아마존 등 IT기업이 주 대상이다.

④ 법인세와는 별도로 부과되며, 영업이익을 기준으로 부과되는 것이 특징이다.

74. 4차 산업시대의 원유로 불리며 5V(Volume, Variety, Velocity, Value, Veracity)의 특징을 가지고있는 것은 무엇인가?

① 인공지능

② 사물인터넷

③ 빅데이터

④ 빅 브라더

75. 프로그래밍에 집중한 유연한 개발 방식으로 상호작용, 소프트웨어, 협력, 변화 대응에 가치를 두는 것은?

① 스크럼

② 애자일

③ 백로그

④ 린스타트업

76. 데이터에 의미를 부여하여 문제를 분석하고 해결해 나가는 신종 직업은?

① 빅데이터 큐레이터

② 인포그래픽 전문가

③ 데이터 마이닝 전문가

④ 데이터 사이언티스트

77. 다음에서 ㉠에 해당하는 설명으로 옳지 않은 것은?

클라우드 컴퓨팅이란 중앙의 데이터 센터에서 모든 컴퓨팅을 수행하고, 그 결과 값을 네트워크를 통해 사용자에게 전달하는 방식의 기술이다. 디바이스들에 대한 모든 통제가 데이터센터에서 중앙집중형으로 진행된다. 그러나 5G시대에 (특히 IoT 장치가 확산되고 실용화되면서) 데이터 트래픽이 폭발적으로 증가할 경우 클라우드 컴퓨팅 기술로 대응하기 어려울 것에 대비하여 그 대체기술로서 (㉠)이 주목받기 시작하였다.

① 프로세서와 데이터를 중앙 데이터센터 컴퓨팅 플랫폼에 보내지 않고 네트워크 말단의 장치 및 기기 근처에 배치하는 것을 의미한다.

② IoT 사물 등 로컬 영역에서 직접 AI, 빅데이터 등의 컴퓨팅을 수행하므로 네트워크에 대한 의존도가 높을 수밖에 없다.

③ 클라우드 컴퓨팅이 주로 이메일, 동영상, 검색, 저장 등의 기능을 소화했다면, ㉠은 그를 넘어 자율주행, 증강현실, IoT, 스마트 팩토리 등 차세대 기술을 지원할 수 있다.

④ 클라우드 컴퓨팅에 비해 연산능력이 떨어지더라도 응답속도가 빠르고, 현장에서 데이터를 분석·적용하기 때문에 즉시성이 높다는 장점이 있다.

78. CBDC에 대한 설명으로 옳지 않은 것은?

① CBDC는 중앙은행이 발행한 전자적 명목화폐로, 자체 블록체인 기술을 통해 개발하고 직접 통제하고 관리한다.

② 암호화폐가 민간업체에서 발행하여 국가 차원에서 관리가 어려운 반면, 중앙은행 디지털 화폐는 중앙은행에서 발행하여 '자금 세탁 및 탈세방지' 등 정부차원의 통제가 가능하다.

③ CBDC는 시장의 수요와 공급에 따라 교환가치가 달라지므로 중앙은행의 역할이 중요하다.

④ 화폐의 유통과 관리에 들어가는 비용이 절감되며, 중앙은행이 현금 유통을 추적할 수 있어 지하경제의 양성화 효과를 기대할 수 있다.

79. 세계경제포럼(WEF)은 '전 세계 은행의 80%가 블록체인 기술을 도입할 것이며, 2025년 전 세계 GDP의 10%는 블록체인을 통해 이뤄질 것'이라는 전망을 내놓았다. 블록체인에 대한 설명 및 금융 분야에서의 활용에 대한 설명으로 가장 적절하지 않은 것은?

① 중앙에서 관리되던 장부 거래 내역 등의 정보를 탈중앙화하여 분산·저장하는 기술이기 때문에 참여자들이 모든 거래 정보에 접근할 수는 없다.

② 체인화된 블록에 저장된 정보가 모든 참여자들의 컴퓨터에 지속적으로 누적되므로, 특정 참여자에 의해 정보가 변경되거나 삭제되는 것은 사실상 불가능하다.

③ 거래 상대방에게도 거래 당사자의 신원을 공개하지 않고도 거래가 가능하다.

④ 고객이 보유하고 있는 금융, 의료, 신용정보 등의 디지털 자산을 안전하게 보관할 수있는 모바일 금고 개념으로 '디지털 자산 보관 서비스'를 제공할 수 있을 것이다.

80. 다음 중 4차 산업혁명의 핵심 기술인 '5G'가 가져올 변화 내용으로 가장 적절하지 않은 것은?

① 자동차 산업 – 주위 차량의 운행정보를 실시간으로 공유하여 안전하고 스마트한 자율주행차의 운행을 지원

② 제조업 – 실시간으로 정보를 공유하고 최적상태를 자동으로 유지하도록 하는 스마트 팩토리 구현

③ 미디어 – 인터넷에서 음성이나 영상, 애니메이션 등을 실시간으로 재생

④ 금융 – 사용자 데이터와 AR기술을 활용한 마케팅 및 경제 기회 창출

03 상식

81. 다음 상황으로 인해 나타날 수 있는 변화가 아닌 것은 무엇인가?

> ㉠ A는 해외 유학을 가기 위해 다니던 직장을 그만두었다.
> ㉡ 한 달 전 회사 사정으로 일자리를 잃게 된 B는 현재도 일자리를 구하는 중이다.

① ㉠의 경우 실업률은 이전보다 증가하고, 고용률은 이전보다 하락한다.

② ㉠는 취업자에서 비경제활동 인구가 되었고 ㉡는 취업자에서 실업자가 되었다.

③ ㉡의 경우 이전보다 실업률을 하락하고, 고용률은 상승한다.

④ 경제활동 인구수는 취업자 수와 실업자 수를 합과 같다.

82. 다음 비자발적 실업의 유형으로 옳지 않은 것은 무엇인가?

① 마찰적 실업   ② 계절적 실업

③ 경기적 실업   ④ 기술적 실업

83. 한국은행이 물가 급등을 우려하여 기준금리를 상승시킬 경우 수입과 원·달러 환율에 미칠 영향을 바르게 나타낸 것은?

	금리	환율
①	증가	상승
②	감소	상승
③	증가	하락
④	감소	하락

84. 시장의 실패에 대한 설명으로 적절하지 않은 것은?

① 사교육은 사회적으로 적정한 수준의 교육을 제공하지 못한다.

② 많은 자본설비를 필요로 하는 산업에서는 독과점이 발생한다.

③ 기업은 공해방지시설의 가동에 소요되는 비용을 부담하지 않으려고 폐수를 무단방류한다.

④ 정부조직의 비대화로 인해 불필요한 예산의 낭비가 많다.

85. 금융위기가 발생하여 개별 금융기관 또는 전체 금융시장에 돈 부족 사태가 나타날 때 위기 극복을 위하여 돈을 공급해 줄 수 있는 마지막 보루를 뜻하는 것은?

① 재할인제도

② 최종대부자

③ 모럴해저드

④ 대출자시장

86. 다음이 설명하는 것으로 옳은 것은 무엇인가?

> 연체이자 전액감면, 이자율 인하, 상환기간 연장을 통해 과중채무자가 금융채무불이행자로 전락하지 않도록 지원하는 제도이다.

① 개인워크아웃제도

② 프리워크아웃제도

③ 개인회생

④ 개인파산

87. 리디노미네이션(Redenomination)의 진행절차로 옳은 것은 무엇인가?

> ㉠ 화폐 단위 변경 결정 및 법 개정
> ㉡ 화폐 발행
> ㉢ 화폐 교환
> ㉣ 화폐 단위 완전 변경
> ㉤ 화폐 도안 결정
> ㉥ 신 · 구화폐 병행 사용

① ㉠ - ㉣ - ㉤ - ㉢ - ㉡ - ㉥

② ㉤ - ㉠ - ㉡ - ㉢ - ㉣ - ㉥

③ ㉠ - ㉤ - ㉡ - ㉢ - ㉥ - ㉣

④ ㉣ - ㉠ - ㉤ - ㉢ - ㉡ - ㉥

88. 직장인 A는 여행 자금을 마련하기 위해 매월 100만 원을 단리로 2년간 예금하려고 한다. 이자율은 연 6%이며, 이자소득세는 13.5%일 때, 2년 후 A가 받는 금액은 얼마인가? (단, 이자소득세는 만기 시 한 번만 적용한다.)

① 25,297,500원

② 25,702,500원

③ 25,500,000원

④ 26,797,500원

89. 다음이 설명하는 것은 무엇인가?

> 기업이 하청업체로부터 물건을 납품받고 현금 대신 발행하는 어음으로, 이 어음을 받은 납품업체는 약정된 기일에 현금을 받을 수 있으나 자금 순환을 위해 할인을 받아 현금화하는 것이 보통이다.

① 기업어음
② 융통어음
③ 백지어음
④ 진성어음

90. 스트래들 전략에 관한 설명으로 옳지 않은 것은?

① 동일한 주식에 대해 동일한 만기와 행사가격을 갖는 콜옵션 1개와 풋옵션 1개로 구성된다.
② 주가가 향후 큰 변동을 보일 것으로 예상되나 방향이 불확실할 때 유용하다.
③ 만기일의 주가가 행사가격과 동일할 경우 손실이 발생한다.
④ 만기일의 주가가 행사가격보다 올라가는 경우 콜옵션 행사를 통해 이익을 얻는다.

91. 예금자보호법에 의해 보호되는 상품은 무엇인가?

① 은행의 주택청약종합저축
② 저축은행의 후순위채권
③ 보험회사의 개인보험계약
④ 보험회사의 보증보험계약

92. 다음이 설명하는 것의 특징은 무엇인가?

> 1,000원인 주식을 2주 합쳐 2,000원 1주로 만들고 주식수를 줄이는 것을 ____(이)라고 한다.

① 증권의 가격이 높아 매매가 어려울 때 소액으로도 매매가 가능하도록 하기 위해 실시한다.
② 기업에서 자본금의 감소로 발생한 환급 또는 소멸된 주식의 대가를 주주에게 지급한다.
③ 새로 발행한 주식을 주주들에게 무상으로 지급한다.
④ 자본금에 변화가 없으며 주주들의 지분 가치에도 변함이 없다.

93. 다음과 같이 정의되는 M1, M2, Lf에 대한 설명 중 가장 바른 것은?

> • M1 = 민간보유 현금 + 요구불예금
> • M2 = M1 + 저축성예금 + 거주자 외화예금
> • Lf = M2 + 예금취급기관의 만기 2년 이상 금융상품

① 금융 시장이 발달할수록 Lf가 커진다.
② 포함하는 금융자산의 범위가 가장 넓은 것은 M1이다.
③ M1이 커질수록 M2는 감소한다.
④ 개인이 국내 시중은행에 저축하는 외화가 많아질수록 M1이 증가한다.

94. 국제무역이론 중 비교우위이론에 따라 각국이 가장 효율적으로 생산할 수 있는 제품 조합은 무엇인가?

		한국	중국
생산비(P)	X재	2	8
	Y재	4	5

① 한국, 중국 : X재
② 한국 : Y재 중국 : X재
③ 한국, 중국 : Y재
④ 한국 : X재 중국 : Y재

95. 전환사채(CB)의 특징으로 옳은 것은 무엇인가?

① 사채권자 지위를 유지하는 동시에 주주의 지위도 얻는다.
② 자본금 변동은 없다.
③ 사채보다 이자가 높다.
④ 발행 방식에는 사모와 공모가 있다.

96. 투자자의 성향 정보를 토대로 알고리즘을 활용해 개인의 자산 운용을 자문하고 관리해주는 자동화된 서비스의 특징으로 옳지 않은 것은 무엇인가?

① 다양한 미래 변수를 고려하여 미래 예측이 가능하다.
② 상품의 고위험 · 고수익을 지향한다.
③ 비대면 채널로 운영된다.
④ 24시간 이용 가능하다.

97. 이윤 창출을 목적으로 비상장 주식이나 채권에 투자하는 크라우드 펀딩 형태는 무엇인가?

① 증권형
② 투자형
③ 대출형
④ 기부형

98. 다음 예시를 바르게 설명한 것은 무엇인가?

> A는 한 시간 동안 의류를 5벌 생산할 수 있으며 토마토를 50개 딸 수 있다. B는 한 시간 동안 의류를 3벌 생산할 수 있으며 토마토를 100개 딸 수 있다.

① A가 토마토에서 비교 우위를 지닌다.
② A는 두 제품에 대해 비교 우위를 지닌다.
③ B는 기회비용을 지불하지 않아도 된다.
④ B는 토마토에서 비교 우위를 지닌다.

99. 공급변화 요인으로 옳지 않은 것은 무엇인가?

① 생산요소의 가격 변동

② 소비자의 소득

③ 기술 수준 발달

④ 대체재 및 보완재의 가격 변동

100. 다음은 자본시장과 단기금융시장의 경제적 기능에 관한 설명이다. 각 시장의 기능으로만 옳게 짝지어진 것은?

ㄱ 위험성, 유동성, 자본손실이 적어 경제주체들의 금융자산 위험관리의 기회로 활용된다.

ㄴ 중앙은행 통화정책 수행의 장이다.

ㄷ 중앙은행의 통화정책이 실물경제에 영향을 미치도록 하는 매개적 기능을 한다.

ㄹ 높은 수익률의 금융자산을 투자자에게 제공하여 자산운용상의 효율성을 높여준다.

ㅁ 투자수익이 높은 기업 등에 가계 등의 여유자금을 장기 투자재원으로 공급하여 국민경제의 자금잉여부문과 자금부족부문의 기조적인 자금의 수급불균형을 조절한다.

ㅂ 경제주체의 유휴현금보유에 따른 기회비용 최소화를 통해 운용의 효율성 및 자금조달을 제고할 수 있도록 한다.

ㅅ 주가, 회사채수익률 등 금융자산가격을 결정함으로써 기업의 내부경영과 투자경영에 영향을 준다.

	단기금융시장	자본시장
①	ㄱ, ㄴ, ㅂ	ㄷ, ㄹ, ㅁ, ㅅ
②	ㄱ, ㄷ, ㄹ	ㄴ, ㅁ, ㅂ, ㅅ
③	ㄴ, ㅁ, ㅂ, ㅅ	ㄱ, ㄷ, ㄹ
④	ㄷ, ㄹ, ㅂ, ㅅ	ㄱ, ㄴ, ㅁ

국민은행 신입행원 채용대비 모의고사

성	명

수 험 번 호

⓪	⓪	⓪	⓪	⓪	⓪	⓪	⓪
①	①	①	①	①	①	①	①
②	②	②	②	②	②	②	②
③	③	③	③	③	③	③	③
④	④	④	④	④	④	④	④
⑤	⑤	⑤	⑤	⑤	⑤	⑤	⑤
⑥	⑥	⑥	⑥	⑥	⑥	⑥	⑥
⑦	⑦	⑦	⑦	⑦	⑦	⑦	⑦
⑧	⑧	⑧	⑧	⑧	⑧	⑧	⑧
⑨	⑨	⑨	⑨	⑨	⑨	⑨	⑨

문항	1	2	3	4	문항	1	2	3	4	문항	1	2	3	4	문항	1	2	3	4
1	①	②	③	④	26	①	②	③	④	51	①	②	③	④	76	①	②	③	④
2	①	②	③	④	27	①	②	③	④	52	①	②	③	④	77	①	②	③	④
3	①	②	③	④	28	①	②	③	④	53	①	②	③	④	78	①	②	③	④
4	①	②	③	④	29	①	②	③	④	54	①	②	③	④	79	①	②	③	④
5	①	②	③	④	30	①	②	③	④	55	①	②	③	④	80	①	②	③	④
6	①	②	③	④	31	①	②	③	④	56	①	②	③	④	81	①	②	③	④
7	①	②	③	④	32	①	②	③	④	57	①	②	③	④	82	①	②	③	④
8	①	②	③	④	33	①	②	③	④	58	①	②	③	④	83	①	②	③	④
9	①	②	③	④	34	①	②	③	④	59	①	②	③	④	84	①	②	③	④
10	①	②	③	④	35	①	②	③	④	60	①	②	③	④	85	①	②	③	④
11	①	②	③	④	36	①	②	③	④	61	①	②	③	④	86	①	②	③	④
12	①	②	③	④	37	①	②	③	④	62	①	②	③	④	87	①	②	③	④
13	①	②	③	④	38	①	②	③	④	63	①	②	③	④	88	①	②	③	④
14	①	②	③	④	39	①	②	③	④	64	①	②	③	④	89	①	②	③	④
15	①	②	③	④	40	①	②	③	④	65	①	②	③	④	90	①	②	③	④
16	①	②	③	④	41	①	②	③	④	66	①	②	③	④	91	①	②	③	④
17	①	②	③	④	42	①	②	③	④	67	①	②	③	④	92	①	②	③	④
18	①	②	③	④	43	①	②	③	④	68	①	②	③	④	93	①	②	③	④
19	①	②	③	④	44	①	②	③	④	69	①	②	③	④	94	①	②	③	④
20	①	②	③	④	45	①	②	③	④	70	①	②	③	④	95	①	②	③	④
21	①	②	③	④	46	①	②	③	④	71	①	②	③	④	96	①	②	③	④
22	①	②	③	④	47	①	②	③	④	72	①	②	③	④	97	①	②	③	④
23	①	②	③	④	48	①	②	③	④	73	①	②	③	④	98	①	②	③	④
24	①	②	③	④	49	①	②	③	④	74	①	②	③	④	99	①	②	③	④
25	①	②	③	④	50	①	②	③	④	75	①	②	③	④	100	①	②	③	④

국민은행
신입행원 채용대비
제3회 모의고사

성명		생년월일	
문제 수(배점)	100문항	풀이시간	/ 100분
영역	직업기초능력 + 직무심화지식 + 상식		
비고	객관식 4지선다형		

＊ 유의사항 ＊

• 문제지 및 답안지의 해당란에 문제유형, 성명, 응시번호를 정확히 기재하세요.

• 모든 기재 및 표기사항은 "컴퓨터용 흑색 수성 사인펜"만 사용합니다.

• 예비 마킹은 중복 답안으로 판독될 수 있습니다.

01 직업기초능력

1. 다음 글의 내용과 일치하지 않는 것은?

1776년 애덤 스미스가 '국부론(The Wealth of Nations)'을 펴낼 때는 산업혁명이 진행되는 때여서, 그는 공장과 새로운 과학기술에 매료되었다. 공장에서 각 부품을 잘 연결해 만든 기계에 연료를 투입하면 동륜(動輪)이 저절로 돌아가는 것이 신기했던 애덤 스미스는 시장경제도 커다란 동륜처럼 생각해서 그것을 구동하는 원리를 찾은 끝에 '자기 이득(self-interest)'이라는 에너지로 작동하는 시장경제의 작동원리를 발견했다. 이는 개인이 자기 자신의 이득을 추구하기만 하면 '보이지 않는 손에 의해 공동체 이익을 달성할 수 있다는 원리다. 이것은 모두가 잘살기 위해서는 자신의 이득을 추구하기에 앞서 공동체 이익을 먼저 생각해야 한다는 당시 교회의 가르침에 견주어볼 때 가히 혁명적 발상이었다. 경제를 기계로 파악한 애덤 스미스의 후학들인 고전학파 경제학자들은 우주의 운행원리를 '중력의 법칙'과 같은 뉴턴의 물리학 법칙으로 설명하듯, 시장경제의 작동원리를 설명해주는 '수요 공급의 법칙'을 비롯한 수많은 경제법칙을 찾아냈다.

경제를 기계로 보았던 18세기 고전학파 경제학자들의 전통은 200년이나 지난 지금까지도 내려오고 있다. 경제예측을 전문으로 하는 이코노미스트들은 한 나라 거시경제를 여러 개 부문으로 구성된 것으로 상정하고, 각 부문 사이의 인과관계를 수식으로 설정하고, 에너지인 독립변수를 입력하면 국내총생산량이 얼마일지 계산할 수 있을 것으로 본다. 그래서 매년 연말이 되면 다음 해 국내총생산이 몇 % 증가할 것인지 소수점 첫째 자리까지 계산해서 발표하고, 매스컴에서는 이를 충실하게 게재하고 있다.

경제를 기계처럼 보는 인식은 기업의 생산량을 자본과 노동의 함수로 상정하고 있는 경제원론 교과서에 나오는 생산함수에서도 볼 수 있는데 기업이 얼마의 자본(기계)과 얼마의 노동을 투입하면 얼마의 제품을 생산할 수 있다고 설명한다. 하지만 이러한 인식에서 기업의 생산 과정 중 인간인 기업가의 위험부담 의지나 위기를 기회로 만드는 창의적 역할이 작용할 여지는 없다. 기계는 인간의 의지와 관계없이 만들어진 원리에 따라서 자동으로 작동하는 것이기 때문이다.

우리나라가 60년대 말에 세계은행(IBRD)에 제철소 건립에 필요한 차관을 요청했을 때 당시 후진국 개발 차관 담당자였던 영국인 이코노미스트가 후진국에서 일관제철소 건설은 불가능하다면서 차관 제공을 거절한 것은 기계론적 기업관으로 보면 이해할 수 있는데, 우리나라 기술 수준으로 보아 아무리 포항제철에 자본(기계)과 노동을 투입해도 철강이 생산되지 않을 것은 분명해 보였을 것이기 때문이다.

박태준 포철 회장이 생존해 있을 때 박 회장은 그 영국인을 만나서 "아직도 후진국에서 일관제철소 건설은 불가능하다고 생각하느냐?"라고 질문하였고 그는 여전히 "그렇다"고 대답했다고 한다. 박 회장이 세계적 종합제철소로 부상한 포항제철을 예로 들면서 한국은 가능했지 않았느냐고 반론을 제기하자, 그 사람은 "박태준이라는 인적 요인을 참작하지 못했다"고 실토했다는 이야기는 기업가와 기업가 정신의 중요성을 웅변적으로 보여주고 있다.

① 애덤 스미스는 시장 경제를 움직이는 작동 원리를 발견하였다.

② 고전학파 경제학자들은 경제를 기계처럼 보았다.

③ 일정량의 제품 생산을 투입되는 자본과 노동의 함수로 설명하는 것이 기업가 정신의 핵심이다.

④ 기업가와 기업가 정신 측면에서의 생산량 예측은 자본 및 노동 투입량만으로 계산하기 어렵다.

┃2~3┃ 다음 글을 읽고 물음에 답하시오.

　이탈리아의 경제학자 파레토는 한쪽의 이익이 다른 쪽의 피해로 이어지지 않는다는 전제하에, 모두의 상황이 더 이상 나빠지지 않고 적어도 한 사람의 상황이 나아져 만족도가 커진 상황을 자원의 배분이 효율적으로 이루어진 상황이라고 보았다. 이처럼 파레토는 경제적 효용을 따져 최선의 상황을 모색하는 이론을 만들었고, 그 중심에는 '파레토 개선', '파레토 최적'이라는 개념이 있다.

　갑은 시간당 500원, 을은 1,000원을 받는 상황 A와, 갑은 시간당 750원, 을은 1,000원을 받는 상황 B가 있다고 가정해 보자. 파레토에 의하면 상황 B가 을에게는 손해가 되지 않으면서 갑이 250원을 더 받을 수 있기에 상황 A보다 우월하다. 즉 상황 A에서 상황 B로 바뀌었을 때 아무도 나빠지지 않고 적어도 한 사람 이상은 좋아지게 되는 것이다. 이때, 상황 A에서 상황 B로의 전환을 파레토 개선이라고 하고, 더 이상 파레토 개선의 여지가 없는 상황을 파레토 최적이라고 한다.

　이와 같이 파레토 최적은 서로에게 유리한 결과를 가져오는 선택의 기회를 보장한다는 점에서 의미가 있지만 한계 또한 있다. 예를 들어 갑이 시간당 500원을 받고 을이 시간당 1,000원을 받는 상황에서 갑과 을 모두의 임금이 인상되면 이는 파레토 개선이다. 그러나 만약 갑은 100원이 인상되고 을은 10원이 인상되는 상황과 갑은 10원 인상되고 을이 100원 인상되는 상황 가운데 어느 것을 선택해야 하는지에 대해서 파레토 이론은 답을 제시하지 못한다.

　그러나 이러한 한계에도 불구하고 파레토 최적은 자유 시장에서 유용한 경제학 개념으로 평가받고 있는데, 그 이유는 무엇일까? 특정한 한쪽의 이득이 다른 쪽의 손해로 이어지지 않는다는 전제하에, 위와 같이 갑은 시간당 500원, 을은 1,000원을 받는 상황 A에서 갑은 시간당 750원, 을은 1,000원을 받는 상황 B로의 전환에 대해 협의한다고 가정하자. 을은 자신에게는 아무런 이익도 없고 만족도도 별로 나아지지 않는 상황 전환에 대해 별로 마음 내켜 하지 않을 것이나 갑은 250원이나 더 받을 수 있으므로 상황의 전환이 절실하다. 이에 따라 갑이 을에게 자신이 더 받는 250원 중에서 100원을 주기로 제안한다면 을은 이러한 제안을 받아들여 상황 B로 전환하는 데 동의할 것이다. 이와 같이 파레토 최적은 (　　　　　　⊙　　　　)을/를 설명했다는 점에서 가치 있게 평가받고 있다.

2. 윗글에 대한 설명으로 적절하지 않은 것은?

① 파레토 최적의 개념과 특성을 밝히고 있다.

② 파레토 이론의 발전 과정을 설명하고 있다.

③ 파레토 이론의 한계와 의의를 설명하고 있다.

④ 파레토 개선과 관련한 구체적 상황을 소개하고 있다.

3. 윗글의 빈칸 ⊙에 들어갈 내용으로 가장 적절한 것은?

① 선택의 기회가 많을수록 이익은 줄어드는 경우

② 경제 주체 간의 타협보다는 경쟁이 중요한 이유

③ 소비자의 기호에 따라 상품 가격이 결정되는 상황

④ 모두에게 손해가 되지 않으면서 효용을 증가시키는 상황

4. 다음 글을 읽고 논리적 흐름에 따라 바르게 배열한 것을 고르시오.

(가) 인간이 만들어낸 수학에 비해 자연은 훨씬 복잡할 수도 있고 오히려 단순할 수도 있다. 그럼에도 수학은 자연을 묘사하고 해석하는 데 가장 뛰어난 방법적 도구로서 건재함을 과시한다. 이는 학문이 효용성을 발휘하는 모든 영역에서 오직 수학만이 거둘 수 있는 성과이다.

(나) 하지만 수학이 이룩한 성공은 응분의 대가를 치른 후에 가능했다. 그 대가란 세계를 질량, 시간과 같은 개념들로 단순하게 설명하는 것이다. 이런 설명은 풍부하고 다양한 경험을 완벽하게 반영하지 못한다. 이는 한 사람의 키를 바로 그 사람의 본질이라고 말하는 것과 마찬가지이다. 수학은 기껏해야 자연의 특수한 과정을 묘사할 따름이며, 과정 전체를 온전히 담아내지 못한다.

(다) 더욱이 수학은 인간이 아닌, 생명 없는 대상을 다룬다. 이런 대상은 반복적으로 움직이는 것처럼 보이며 수학이야 말로 그런 반복적 현상을 잘 다룰 수 있는 것처럼 보인다. 하지만 과연 그런가? 마치 접선이 곡선의 한 점만을 스치고 지나가듯 수학은 물리적 실체의 표피만을 건드린다. 지구는 태양을 완전한 타원 궤도를 그리면서 도는가? 그렇지 않다. 지구와 태양을 모두 점으로 간주하고 다른 항성이나 행성을 모두 무시할 때에만 그런 결론이 나온다. 지구의 사계절은 영원히 변함없이 되풀이될까? 전혀 그렇지 않다. 인간이 파악할 수 있는 매우 낮은 수준의 정확도에서만 반복이 예측될 따름이다.

(라) 인간이 만들어낸 수학 덕분에 자연과학의 일부 영역에서 인간은 기대를 훨씬 웃도는 큰 진보를 이루었다. 실재 세계와 동떨어진 추상화가 그런 엄청난 성과를 내놓았다는 점은 역설적이기도 하다. 수학은 세상을 꿈으로 채색한 동화일지 모른다. 하지만 교훈을 지닌 동화이다. 설명되지는 않지만 강력한 힘을 지닌 이성이 이 동화를 쓴 것이다.

(마) 그러나 수학이 이와 같은 한계를 지님에도 기대 이상의 성과를 거둔 것은 분명하다. 어떻게 이러한 성과가 가능했는지를 이해하지 못한다는 이유로 과연 수학을 버려야 하는가? 어떤 수학자는 소화 과정을 이해하지 못한다고 해서 저녁 식사를 거부해야 하느냐고 반문한 적이 있다. 수학은 분명 성공적인 지식 체계이다. 이는 수학이 엄밀한 내적 일관성을 지닌 체계라는 데 기인한다. 그러나 그뿐만이 아니다. 수학적 지식은 천문 현상의 예측에서, 그리고 실험실에서 일어나는 수많은 사건들에서 끊임없이 입증되고 있다.

① (가) - (나) - (다) - (라) - (마)
② (가) - (라) - (나) - (다) - (마)
③ (다) - (가) - (마) - (라) - (나)
④ (다) - (라) - (가) - (마) - (나)

5. 다음 내용은 방송 대담의 한 장면이다. 이를 통해 알 수 있는 것은?

> 사회자 : '키워드로 알아보는 사회' 시간입니다. 의료 서비스 시장 개방이 눈앞의 현실로 다가오고 있습니다. 이와 관련하여 오늘은 먼저 의료 서비스 시장의 특성에 대해서 알아보겠습니다. 김 박사님 말씀해주시죠.
> 김 박사 : 일반적인 시장에서는 소비자가 선택할 수 있는 상품의 폭이 넓습니다. 목이 말라 사이다를 마시고 싶은데, 사이다가 없다면 대신 콜라를 마시는 식이지요. 하지만 의료 서비스 시장은 다릅니다. 의료 서비스 시장에서는 음료수를 고르듯 아무 병원이나, 아무 의사에게 갈 수는 없습니다.
> 사회자 : 의료 서비스는 일반 시장의 상품과 달리 쉽게 대체할 수 있는 상품이 아니라는 말씀이군요.
> 김 박사 : 예, 그렇습니다. 의료 서비스라는 상품은 한정되어 있다는 특성이 있습니다. 우선 일정한 자격을 가진 사람만 의료 행위를 할 수 있기 때문에 의사의 수는 적을 수밖에 없습니다. 의사의 수가 충분하더라도 소비자, 즉 환자가 만족할 만한 수준의 병원을 설립하는 데는 더 큰 비용이 들죠. 그래서 의사와 병원의 수는 의료 서비스를 받고자 하는 사람보다 항상 적을 수밖에 없습니다.
> 사회자 : 그래서 종합 병원에 항상 그렇게 많은 환자가 몰리는군요. 저도 종합 병원에 가서 진료를 받기 위해 오랜 시간을 기다린 적이 많습니다. 그런데 박사님…… 병원에 따라서는 환자에게 불필요한 검사까지 권하는 경우도 있다고 하던데요…….
> 김 박사 : 그것은 '정보의 비대칭성'이라는 의료 서비스 시장의 특성과 관련이 있습니다. 의료 지식은 매우 전문적이어서 환자들이 자신의 증상에 관한 정보를 얻기가 어렵습니다. 그래서 환자는 의료 서비스를 수동적으로 받아들일 수밖에 없습니다. 중고차 시장을 생각해보시면 될 텐데요, 중고차를 사려는 사람이 중고차 판매자를 통해서만 차에 관한 정보를 얻을 수 있는 것과 마찬가지입니다.
> 사회자 : 중고차 판매자는 중고차의 좋지 않은 점을 숨길 수 있으니 정보가 판매자에게 집중되는 비대칭성을 나타낸다고 보면 될까요?
> 김 박사 : 맞습니다. 의료 서비스 시장도 중고차 시장과 마찬가지로 소비자의 선택에 불리한 구조로 이루어져 있습니다. 따라서 의료 서비스 시장을 개방하기 전에는 시장의 특수한 특성을 고려해 소비자가 피해보는 일이 없도록 많은 논의가 이루어져야 할 것입니다.

① 의료서비스 수요자의 증가와 의료 서비스의 질은 비례한다.
② 의료서비스 시장에서는 공급자 간의 경쟁이 과도하게 나타난다.
③ 의료서비스 시장에서는 소비자의 의료서비스 선택의 폭이 좁다.
④ 의료서비스 공급자와 수요자 사이에는 정보의 대칭성이 존재한다.

6. ㉠에 들어갈 말로 가장 적절한 것을 고르시오.

> 우리 삶에서 운이 작용해서 결과가 달라지는 일은 흔하다. 그러나 외적으로 드러나는 행위에 초점을 맞추는 '의무 윤리'든 행위의 기반이 되는 성품에 초점을 맞추는 '덕의 윤리'든, 도덕의 문제를 다루는 철학자들은 도덕적 평가가 운에 따라 달라져서는 안 된다고 생각한다. 이들의 생각처럼 도덕적 평가는 스스로가 통제할 수 있는 것에 대해서만 이루어져야 한다. 왜냐하면 (㉠   ).

① 운에 따라 누구는 도덕적이게 되고 누구는 아니게 되는 일은 공평하지 않기 때문이다.
② 도덕적 운의 존재를 인정하는 것은 옳지 않기 때문이다.
③ 운이 작용하면 어떠한 문제라도 긍정적인 결과로 변하기 때문이다.
④ 운은 공평하지 않아서, 상식이 통하는 사회가 되어야 하기 때문이다.

7. 다음은 OO 금융 공사의 동향 보고서이다. 이를 평가한 것으로 글의 내용과 부합하지 않는 것은?

> 연방준비제도(이하 연준)가 고용 증대에 주안점을 둔 정책을 입안한다 해도 정책이 분배에 미치는 영향을 고려하지 않는다면, 그 정책은 거품과 불평등만 부풀릴 것이다. 기술 산업의 거품 붕괴로 인한 경기 침체에 대응하여 2000년대 초에 연준이 시행한 저금리 정책이 이를 잘 보여준다.
>
> 특정한 상황에서는 금리 변동이 투자와 소비의 변화를 통해 경기와 고용에 영향을 줄 수 있다. 하지만 다른 수단이 훨씬 더 효과적인 상황도 많다. 가령 부동산 거품에 대한 대응책으로는 금리 인상보다 주택 담보 대출에 대한 규제가 더 합리적이다. 생산적 투자를 위축시키지 않으면서 부동산 거품을 가라앉힐 수 있기 때문이다.
>
> 경기 침체기라 하더라도 금리 인하는 은행의 비용을 줄여주는 것 말고는 경기 회복에 별다른 도움이 되지 않을 수 있다. 대부분의 부분에서 설비 가동률이 낮은 상황이라면, 2000년대 초가 바로 그런 상황이었기 때문에, 당시의 저금리 정책은 생산적인 투자 증가 대신에 주택 시장의 거품만 초래한 것이다.
>
> 금리 인하는 국공채에 투자했던 퇴직자들의 소득을 감소시켰다. 노년층에서 정부로, 정부에서 금융업으로 부의 대규모 이동이 이루어져 불평등이 심화되었다. 이에 따라 금리 인하는 다양한 경로로 소비를 위축시켰다. 은퇴 후의 소득을 확보하기 위해, 혹은 자녀의 학자금을 확보하기 위해 사람들은 저축을 늘렸다. 연준은 금리 인하가 주가 상승으로 이어질 것이므로 소비가 늘어날 것이라고 주장했다. 하지만 2000년대 초 연준의 금리 인하 이후 주가 상승에 따라 발생한 이득은 대체로 부유층에 집중되었으므로 대대적인 소비 증가로 이어지지 않았다.
>
> 2000년대 초 고용 증대를 기대하고 시행한 연준의 저금리 정책은 노동을 자본으로 대체하는 투자를 증대시켰다. 인위적인 저금리로 자본 비용이 낮아지자 이런 기회를 이용하려는 유인이 생겨났다. 노동력이 풍부한 상황인데도 노동을 절약하는 방향의 혁신이 강화되었고, 미숙련 노동자들의 실업률이 높은 상황인데도 가계들은 계산원을 해고하고 자동화 기계를 들여놓았다. 경기가 회복되더라도 실업률이 떨어지지 않는 구조가 만들어진 것이다.

① 갑 : 2000년대 초 연준의 금리 인하로 국공채에 투자한 퇴직자의 소득이 줄어들어 금융업에서 정부로 부가 이동하였다.

② 을 : 2000년대 초 연준은 고용 증대를 기대하고 금리를 인하했지만 결과적으로 고용 증대가 더 어려워지도록 만들었다.

③ 병 : 2000년대 초 기술 산업 거품의 붕괴로 인한 경기 침체기에 설비 가동률은 대부분 낮은 상태였다.

④ 정 : 2000년대 초 연준이 금리 인하 정책을 시행한 후 주택 가격과 주식 가격은 상승하였다.

8. 다음을 고쳐 쓰기 위한 방안으로 적절하지 않은 것은?

> 우리나라 사람들은 과잉 경쟁으로 시달리고 있다. 그 중에서도 입시 경쟁과 부동산 투기 경쟁이 으뜸이다. 사람들은 왜 경쟁에 몰두하는 것인가? 그것은 ㉠경쟁의 승자에게 대한 과도한 보상이다. 예를 들어 대기업과 중소기업을 비교해 볼 때 대졸 신입 사원의 입금은 1.5배 정도가, 임원의 임금은 네 배 가까이가 차이가 난다고 한다. ㉡그런데 좋은 대학에 진학하여 좋은 직장에 취직하지 않으려는 사람이 어디 있겠는가?
>
> 경쟁은 개인과 사회의 발전의 원동력이다. 그러나 경쟁이 과도해지면 경제적인 낭비가 초래되고 불평등이 심화되어 ㉢사회 구성원의 행복한 삶을 위협한다. 지금 우리나라는 과잉 경쟁으로 인한 사회 문제가 웬간한 방법으로는 해결하기 어려울 정도로 심화되어 있다. 이제라도 과잉 경쟁을 막기 위해서는 사회적 합의를 통해 보상의 격차를 줄여야 할 것이다.

① 첫째 문단의 끝에 '경쟁의 패자는 승자를 축복하지 않는다.'라는 문장을 첨가하여 문단의 완결성을 확보한다.

② ㉠은 어법과 문장의 호응을 고려하여 '경쟁의 승자에게 과도한 보상이 주어지기 때문이다.'로 고친다.

③ ㉡은 문맥에 어울리는 연결어가 아니므로 '그러니'로 바꾼다.

④ 문장의 주술 관계를 고려하여 ㉢을 '사회 구성원의 행복한 삶이 위협받는다.'로 고친다.

9. 다음 글의 전개순서로 가장 자연스러운 것을 고르시오.

> (가) 과학기술의 발전을 도모하되 이에 대한 사회적인 차원에서의 감시와 지성적인 비판을 게을리 하지 말아야 한다.
>
> (나) 과학기술에 대한 맹목적인 비난과 외면은 자칫 문명의 발전을 포기하는 결과를 초래하게 된다.
>
> (다) 인류는 과학기술에 대한 올바른 대응 방안을 모색하여 새로운 과학기술 문명을 창출해야 한다.
>
> (라) 과학기술에 대한 과도한 신뢰는 인류의 문명을 오도하거나 인류의 생존 자체를 파괴할 우려가 있다.

① (가) - (다) - (나) - (라)

② (나) - (다) - (라) - (가)

③ (다) - (나) - (라) - (가)

④ (라) - (가) - (나) - (다)

10. 다음 글을 읽고 〈보기〉의 질문에 답을 할 때 가장 적절한 것은?

> 다세포 생물체는 신경계와 내분비계에 의해 구성 세포들의 기능이 조절된다. 이 중 내분비계의 작용은 내분비선에서 분비되는 호르몬에 의해 일어난다. 호르몬을 분비하는 이자는 소화선인 동시에 내분비선이다. 이자 곳곳에는 백만 개 이상의 작은 세포 집단들이 있다. 이를 랑게르한스섬이라고 한다. 랑게르한스섬에는 인슐린을 분비하는 β 세포와 글루카곤을 분비하는 α 세포가 있다.
>
> 인슐린의 주된 작용은 포도당이 세포 내로 유입되도록 촉진하여 혈액에서의 포도당 농도를 낮추는 것이다. 또한 간에서 포도당을 글리코겐의 형태로 저장하게 하며 세포에서의 단백질 합성을 증가시키고 지방 생성을 촉진한다.
>
> 한편 글루카곤은 인슐린과 상반된 작용을 하는데, 그 주된 작용은 간에 저장된 글리코겐을 포도당으로 분해하여 혈액에서의 포도당 농도를 증가시키는 것이다. 또한 아미노산과 지방산을 저장 부위에서 혈액 속으로 분리시키는 역할을 한다.

> 인슐린과 글루카곤의 분비는 혈당량에 의해 조절되는데 식사 후에는 혈액 속에 포함되어 있는 포도당의 양, 즉 혈당량이 증가하기 때문에 β 세포가 자극을 받아서 인슐린 분비량이 늘어난다. 인슐린은 혈액 중의 포도당을 흡수하여 세포로 이동시키며 이에 따라 혈당량이 감소되고 따라서 인슐린 분비량이 감소된다. 반면 사람이 한참 동안 음식을 먹지 않거나 운동 등으로 혈당량이 70mg/dl 이하로 떨어지면 랑게르한스섬의 α 세포가 글루카곤 분비량을 늘린다. 글루카곤은 간에 저장된 글리코겐을 분해하여 포도당을 만들어 혈액으로 보내게 된다. 이에 따라 혈당량은 다시 높아지게 되는 것이다. 일반적으로 8시간 이상 공복 후 혈당량이 99mg/dl 이하인 경우 정상으로, 126mg/dl 이상인 경우는 당뇨로 판정한다.
>
> 포도당은 뇌의 에너지원으로 사용되는데, 인슐린과 글루카곤이 서로 반대되는 작용을 통해 이 포도당의 농도를 정상 범위로 유지시키는 데 크게 기여한다.

> 〈보기〉
>
> 인슐린에 대해서는 어느 정도 이해를 했습니까? 오늘은 '인슐린 저항성'에 대해 알아보도록 하겠습니다. 인슐린의 기능이 떨어져 세포가 인슐린에 효과적으로 반응하지 못하는 것을 인슐린 저항성이라고 합니다. 그럼 인슐린 저항성이 생기면 우리 몸속에서는 어떤 일이 일어나게 될지 설명해 보시겠습니까?

① 혈액 중의 포도당 농도가 높아지게 됩니다.

② 이자가 인슐린과 글루카곤을 과다 분비하게 됩니다.

③ 간에서 포도당을 글리코겐으로 빠르게 저장하게 됩니다.

④ 아미노산과 지방산을 저장 부위에서 분리시키게 됩니다.

11. 다음 글을 읽고 추론할 수 없는 내용은?

우리나라의 고분, 즉 무덤은 크게 나누어 세 가지 요소로 구성되어 있다. 첫째는 목관(木棺), 옹관(甕棺)과 같이 시신을 넣어두는 용기이다. 둘째는 이들 용기를 수용하는 내부 시설로 광(壙), 곽(槨), 실(室) 등이 있다. 셋째는 매장시설을 감싸는 외부 시설로 이에는 무덤에서 지상에 성토한, 즉 흙을 쌓아 올린 부분에 해당하는 분구(墳丘)와 분구 주위를 둘러 성토된 부분을 보호하는 호석(護石) 등이 있다.

일반적으로 고고학계에서는 무덤에 대해 '묘(墓)–분(墳)–총(塚)'의 발전단계를 상정한다. 이러한 구분은 성토의 정도를 기준으로 삼은 것이다. 매장시설이 지하에 설치되고 성토하지 않은 무덤을 묘라고 한다. 묘는 또 목관묘와 같이 매장시설, 즉 용기를 가리킬 때도 사용된다. 분은 지상에 분명하게 성토한 무덤을 가리킨다. 이 중 성토를 높게 하여 뚜렷하게 구분되는 대형 분구를 가리켜 총이라고 한다.

고분 연구에서는 지금까지 설명한 매장시설 이외에도 함께 묻힌 피장자(被葬者)와 부장품이 그 대상이 된다. 부장품에는 일상품, 위세품, 신분표상품이 있다. 일상품은 일상생활에 필요한 물품들로 생산 및 생활도구 등이 이에 해당한다. 위세품은 정치, 사회적 관계를 표현하기 위해 사용된 물품이다. 당사자 사이에만 거래되어 일반인이 입수하기 어려운 물건으로 피장자가 착장(着裝)하여 위세를 드러내던 것을 착장형 위세품이라고 한다. 생산도구나 무기 및 마구 등은 일상품이기도 하지만 물자의 장악이나 군사력을 상징하는 부장품이기도 하다. 이것들은 피장자의 신분이나 지위를 상징하는 물건으로 일상품적 위세품이라고 한다. 이러한 위세품 중에 6세기 중엽 삼국의 국가체제 및 신분질서가 정비되어 관등(官等)이 체계화된 이후 사용된 물품을 신분표상품이라고 한다.

① 묘에는 분구와 호석이 발견되지 않는다.

② 피장자의 정치, 사회적 신분 관계를 표현하기 위해 장식한 칼을 사용하였다면 이는 위세품에 해당한다.

③ 생산도구가 물자의 장악이나 군사력을 상징하는 부장품에 사용되었다면, 이는 위세품이지 일상품은 아니다.

④ 성토를 높게 할수록 신분이 높다면, 같은 시대 같은 지역에 묻힌 두 피장자 중 분보다는 총에 묻힌 피장자의 신분이 높다.

12. 다음 A ~ F에 대한 평가로 적절하지 못한 것은?

어느 때부터 인간으로 간주할 수 있는가와 관련된 주제는 인문학뿐만 아니라 자연과학에서도 흥미로운 주제이다. 특히 태아의 인권 취득과 관련하여 이러한 주제는 다양하게 논의되고 있다. 과학적으로 볼 때, 인간은 수정 후 시간이 흐름에 따라 수정체, 접합체, 배아, 태아의 단계를 거쳐 인간의 모습을 갖추게 되는 수준으로 발전한다. 수정 후에 태아가 형성되는 데까지는 8주 정도가 소요되는데 배아는 2주 경에 형성된다. 10달의 임신 기간은 태아 형성기, 두뇌의 발달 정도 등을 고려하여 4기로 나뉘는데, 1 ~ 3기는 3개월 단위로 나뉘고 마지막 한 달은 4기에 해당한다. 이러한 발달 단계의 어느 시점에서부터 그 대상을 인간으로 간주할 것인지에 대해서는 다양한 견해들이 있다.

A에 따르면 태아가 산모의 뱃속으로부터 밖으로 나올 때 즉 태아의 신체가 전부 노출이 될 때부터 인간에 해당한다. B에 따르면 출산의 진통 때부터는 태아가 산모로부터 독립해 생존이 가능하기 때문에 그때부터 인간에 해당한다. C는 태아가 형성된 후 4개월 이후부터 인간으로 간주한다. 지각력이 있는 태아는 보호받아야 하는데 지각력이 있어서 필수 요소인 전뇌가 2기부터 발달하기 때문이다. D에 따르면 정자와 난자가 합쳐졌을 때, 즉 수정체부터 인간에 해당한다. 그 이유는 수정체는 생물학적으로 인간으로 태어날 가능성을 갖고 있기 때문이다. E에 따르면 합리적 사고를 가능하게 하는 뇌가 생기는 시점 즉 배아에 해당하는 때부터 인간에 해당한다. F는 수정될 때 영혼이 생기기 때문에 수정체부터 인간에 해당한다고 본다.

① A가 인간으로 간주하는 대상은 B도 인간으로 간주한다.

② C가 인간으로 간주하는 대산은 E도 인간으로 간주한다.

③ D가 인간으로 간주하는 대상은 E도 인간으로 간주한다.

④ D가 인간으로 간주하는 대상은 F도 인간으로 간주하지만, 그렇게 간주하는 이유는 다르다.

13. 다음 글에서 주장하는 바를 가장 함축적으로 요약한 것은 어느 것인가?

새로운 지식의 발견은 한 학문 분과 안에서만 영향을 끼치지 않는다. 가령 뇌 과학의 발전은 버츄얼 리얼리티라는 새로운 현상을 가능하게 하고 이것은 다시 영상공학의 발전으로 이어진다. 이것은 새로운 인지론의 발전을 촉발시키는 한편 다른 쪽에서는 신경경제학, 새로운 마케팅 기법의 발견 등으로 이어진다. 이것은 다시 새로운 윤리적 관심사를 촉발하며 이에 따라 법학적 논의도 이루어지게 된다. 다른 쪽에서는 이러한 새로운 현상을 관찰하며 새로운 문학, 예술 형식이 발견되고 콘텐츠가 생성된다. 이와 같이 한 분야에서의 지식의 발견과 축적은 계속적으로 마치 도미노 현상처럼 인접 분야에 영향을 끼칠 뿐 아니라 예측하기 어려운 방식으로 환류한다. 이질적 학문에서 창출된 지식들이 융합을 통해 기존 학문은 변혁되고 새로운 학문이 출현하며 또다시 이것은 기존 학문의 발전을 이끌어내고 있는 것이다.

① 학문의 복잡성
② 이질적 학문의 상관관계
③ 지식의 상호 의존성
④ 신지식 창출의 형태와 변화 과정

14. 다음 회의록의 내용을 보고 올바른 판단을 내리지 못한 것을 고르면?

인사팀 4월 회의록			
회의일시	20××년 4월 30일 14:00~15:30	회의장소	대회의실(예약)
참석자	팀장, 남 과장, 허 대리, 김 대리, 이 사원, 명 사원		
회의안건	• 직원 교육훈련 시스템 점검 및 성과 평가 • 차기 교육 프로그램 운영 방향 논의		
진행결과 및 협조 요청	〈총평〉 • 1사분기에는 지난해보다 학습목표시간을 상향조정(직급별 10~20시간)하였음에도 평균 학습시간을 초과하여 달성하는 등 상시학습문화가 정착됨 – 1인당 평균 학습시간 : 지난해 4사분기 22시간 → 올해 1사분기 35시간 • 다만, 고직급자와 계약직은 학습 실적이 목표에 미달하였는바, 앞으로 학습 진도에 대하여 사전 통보하는 등 학습목표 달성을 적극 지원할 필요가 있음 – 고직급자 : 목표 30시간, 실적 25시간 – 계약직 : 목표 40시간, 실적 34시간 〈운영방향〉 • 전 직원 일체감 형성을 위한 비전공유와 '매출 증대, 비용 절감' 구현을 위한 핵심과제 등 주요사업 시책교육 추진 • 직원이 가치창출의 원천이라는 인식하에 생애주기에 맞는 직급별 직무역량교육 의무화를 통해 인적자본 육성 강화 • 자기주도적 상시학습문화 정착에 기여한 학습관리시스템을 현실에 맞게 개선하고, 조직 간 인사교류를 확대		

① 올 1사분기에는 지난해보다 1인당 평균 학습시간이 50% 이상 증가하였다.
② 전체적으로 1사분기의 교육시간 이수 등의 성과는 우수하였다.
③ 2사분기에는 일부 직원들에 대한 교육시간이 1사분기보다 더 증가할 전망이다.
④ 2사분기에는 각 직급에 보다 적합한 교육이 시행될 것이다.

15. 전문가 6명(A ~ F)의 '회의 참여 가능 시간'과 '회의 장소 선호도'를 반영하여 〈조건〉을 충족하는 회의를 월요일 ~ 금요일 중에 개최하려 한다. 다음에 제시된 '표' 및 〈조건〉을 보고 판단한 것 중 옳은 것은?

〈회의 참여 가능 시간〉

요일 전문가	월	화	수	목	금
A	13:00 ~16:20	15:00 ~17:30	13:00 ~16:20	15:00 ~17:30	16:00 ~18:30
B	13:00 ~16:10	–	13:00 ~16:10	–	16:00 ~18:30
C	16:00 ~19:20	14:00 ~16:20	–	14:00 ~16:20	16:00 ~19:20
D	17:00 ~19:30	–	17:00 ~19:30	–	17:00 ~19:30
E	–	15:00 ~17:10	–	15:00 ~17:10	–
F	16:00 ~19:20	–	16:00 ~19:20	–	16:00 ~19:20

〈회의 장소 선호도〉

(단위 : 점)

전문가 장소	A	B	C	D	E	F
가	5	4	5	6	7	5
나	6	6	8	6	8	8
다	7	8	5	6	3	4

〈조건〉
1) 전문가 A~F 중 3명 이상이 참여할 수 있어야 회의 개최가 가능하다.
2) 회의는 1시간 동안 진행되며, 회의 참여자는 회의 시작부터 종료까지 자리를 지켜야 한다.
3) 회의 시간이 정해지면, 해당 일정에 참여 가능한 전문가들의 선호도를 합산하여 가장 높은 점수가 나온 곳을 회의 장소로 정한다.

① 월요일에는 회의를 개최할 수 없다.
② 금요일 16시에 회의를 개최할 경우 회의 장소는 '가'이다.
③ 금요일 18시에 회의를 개최할 경우 회의 장소는 '다'이다.
④ C, D를 포함하여 4명 이상이 참여해야 할 경우 금요일 17시에 회의를 개최할 수 있다.

16. 다음은 영업사원인 윤석씨가 오늘 미팅해야 할 거래처 직원들과 방문해야 할 업체에 관한 정보이다. 다음의 정보를 모두 반영하여 하루의 일정을 짠다고 할 때 순서가 올바르게 배열된 것은? (단, 장소 간 이동 시간은 없는 것으로 가정한다)

〈거래처 직원들의 요구 사항〉
• A거래처 과장 : 회사 내부 일정으로 인해 미팅은 10시~12시 또는 16~18시까지 2시간 정도 가능합니다.
• B거래처 대리 : 12시부터 점심식사를 하거나, 18시부터 저녁식사를 하시죠. 시간은 2시간이면 될 것 같습니다.
• C거래처 사원 : 외근이 잡혀서 오전 9시부터 10시까지 1시간만 가능합니다.
• D거래처 부장 : 외부일정으로 18시부터 저녁식사만 가능합니다.

〈방문해야 할 장소와 가능시간〉
• E서점 : 14~18시, 소요시간은 2시간
• F은행 : 12~16시, 소요시간은 1시간
• G미술관 관람 : 하루 3회(10시, 13시, 15시), 소요시간은 1시간

① C거래처 사원 – A거래처 과장 – B거래처 대리 – E서점 – G미술관 – F은행 – D거래처 부장
② C거래처 사원 – A거래처 과장 – G미술관 – B거래처 대리 – F은행 – E서점 – D거래처 부장
③ C거래처 사원 – G미술관 – F은행 – B거래처 대리 – E서점 – A거래처 과장 – D거래처 부장
④ C거래처 사원 – A거래처 과장 – B거래처 대리 – F은행 – G미술관 – E서점 – D거래처 부장

17. A구와 B구로 이루어진 신도시 '가' 시에는 어린이집과 복지회관이 없다. 이에 '가' 시는 60억 원의 건축 예산을 사용하여 '건축비와 만족도'와 '조건'을 참고하여 시민 만족도가 가장 높도록 어린이집과 복지회관을 신축하려고 한다. 다음을 근거로 판단할 때 옳지 않은 것은?

〈건축비와 만족도〉

지역	시설 종류	건축비(억 원)	만족도
A구	어린이집	20	35
	복지회관	15	30
B구	어린이집	15	40
	복지회관	20	50

〈조건〉

1) 예산 범위 내에서 시설을 신축한다.
2) 시민 만족도는 각 시설에 대한 만족도의 합으로 계산한다.
3) 각 구에는 최소 1개의 시설을 신축해야 한다.
4) 하나의 구에 동일 종류의 시설을 3개 이상 신축할 수 없다.
5) 하나의 구에 동일 종류의 시설을 2개 신축할 경우, 그 시설 중 한 시설에 대한 만족도는 20% 하락한다.

① 예산은 모두 사용될 것이다.
② A구에는 어린이집이 신축될 것이다.
③ B구에는 2개의 시설이 신축될 것이다.
④ '조건 5'가 없더라도 신축되는 시설의 수는 달라지지 않을 것이다.

18. 다음 조건을 읽고 옳은 설명으로 고르시오.

- A, B, C 3명이 아래와 같이 진술하였다.
- A : 우리 중 한 사람만 진실을 말한다.
- B : 우리 모두 거짓말을 한다.
- C : 우리 모두 진실을 말한다.

A : A는 거짓말을 했다.
B : B는 거짓말을 했다.

① A만 옳다.
② B만 옳다.
③ A와 B 모두 옳다.
④ A와 B 모두 그르다.

19. 다음은 주식회사 서원각의 팀별 성과급 지급 기준이다. Y 팀의 성과평가결과가 다음과 같다면 지급되는 성과급의 1년 총액은?

〈성과급 지급 방법〉

(가) 성과급 지급은 성과평가 결과와 연계함.

(나) 성과평가는 유용성, 안전성, 서비스 만족도의 총합으로 평가함. 단, 유용성, 안전성, 서비스 만족도의 가중치를 각각 0.4, 0.4, 0.2로 부여함.

(다) 성과평가 결과를 활용한 성과급 지급 기준

성과평가 점수	성과평가 등급	분기별 성과급 지급액	비고
9.0 이상	A	100만 원	성과평가 등급이 A이면 직전분기 차감액의 50%를 가산하여 지급
8.0 이상 9.0 미만	B	90만 원 (10만 원 차감)	
7.0 이상 8.0 미만	C	80만 원 (20만 원 차감)	
7.0 미만	D	40만 원 (60만 원 차감)	

구분	1/4 분기	2/4 분기	3/4 분기	4/4 분기
유용성	8	8	10	8
안전성	8	6	8	8
서비스 만족도	6	8	10	8

① 350만 원 ② 360만 원
③ 370만 원 ④ 380만 원

20. 다음은 배탈의 발생과 그 원인에 대한 설명이다. 배탈의 원인이 생수, 냉면, 생선회 중 하나라고 할 때, 다음의 진술 중 반드시 참인 것은?

㉠ 갑은 생수와 냉면 그리고 생선회를 먹었는데 배탈이 났다.

㉡ 을은 생수와 생선회를 먹지 않고 냉면만 먹었는데 배탈이 나지 않았다.

㉢ 병은 생수와 생선회는 먹었고 냉면은 먹지 않았는데 배탈이 났다.

㉣ 정은 생수와 냉면을 먹었고 생선회는 먹지 않았는데 배탈이 나지 않았다.
---

① ㉡㉣의 경우만 고려할 경우 냉면이 배탈의 원인이다.

② ㉠㉡㉣의 경우만 고려할 경우 냉면이 배탈의 원인이다.

③ ㉠㉢㉣의 경우만 고려할 경우 생수가 배탈의 원인이다.

④ ㉡㉢㉣의 경우만 고려할 경우 생선회가 배탈의 원인이다.

21. 다음의 내용에 따라 두 번의 재배정을 한 결과, 병이 홍보팀에서 수습 중이다. 다른 신입사원과 최종 수습부서를 바르게 연결한 것은?

신입사원을 뽑아서 1년 동안의 수습 기간을 거치게 한 후, 정식사원으로 임명을 하는 한 회사가 있다. 그 회사는 올해 신입사원으로 2명의 여자 직원 갑과 을, 그리고 2명의 남자 직원 병과 정을 뽑았다. 처음 4개월의 수습기간 동안 갑은 기획팀에서, 을은 영업팀에서, 병은 총무팀에서, 정은 홍보팀에서 각각 근무하였다. 그 후 8개월 동안 두 번의 재배정을 통해서 신입사원들은 다른 부서에서도 수습 중이다. 재배정할 때마다 다음의 세 원칙 중 한 가지 원칙만 적용되었고, 같은 원칙은 다시 적용되지 않았다.

〈원칙〉
1. 기획팀에서 수습을 거친 사람과 총무팀에서 수습을 거친 사람은 서로 교체해야 하고, 영업팀에서 수습을 거친 사람과 홍보팀에서 수습을 거친 사람은 서로 교체한다.
2. 총무팀에서 수습을 거친 사람과 홍보팀에서 수습을 거친 사람만 서로 교체한다.
3. 여성 수습사원만 서로 교체한다.

① 갑 – 총무팀
② 을 – 영업팀
③ 을 – 총무팀
④ 정 – 총무팀

22. 다음 글을 근거로 판단할 때 〈상황〉에 맞는 대안을 가장 적절히 연결한 것을 고르면?

OO공사에서는 수익금의 일부를 기부하는 사랑의 바자회를 여름철에 정기적으로 실시하고 있다. 사랑의 바자회를 준비하고 있는 책임자는 바자회를 옥내에서 개최할 것인지 또는 야외에서 개최할 것인지를 검토하고 있는데, 여름철의 날씨와 장소 사용에 따라서 수익금액이 영향을 받는다. 사랑의 바자회를 담당한 주최측에서는 옥내 또는 야외의 개최장소를 결정하는 판단기준으로 일기상황과 예상수입을 토대로 하여 대안별 일기상황의 확률과 예상수입을 곱한 결과 값의 합계가 큰 대안을 선택한다.

〈상황〉
A : 옥내에서 대회를 개최하는 경우 비가 오면 수익금은 150만원 정도로 예상되고, 비가 오지 않으면 190만원 정도로 될 것으로 예상된다고 한다. 한편 야외에서 개최하는 경우 비가 오면 수익금은 70만원 정도로 예상되고, 비가 오지 않으면 300만원 정도로 예상된다고 한다. 일기예보에 의하면 행사 당일에 비가 오지 않을 확률은 70%라고 한다.
B : 옥내에서 대회를 개최하는 경우 비가 오면 수익금은 80만원 정도로 예상되고, 비가 오지 않으면 250만원 정도로 될 것으로 예상된다고 한다. 한편 야외에서 개최하는 경우 비가 오면 수익금은 60만원 정도로 예상되고, 비가 오지 않으면 220만원 정도로 예상된다고 한다. 일기예보에 의하면 행사 당일에 비가 올 확률은 60%라고 한다.
C : 옥내에서 대회를 개최하는 경우 비가 오면 수익금은 150만원 정도로 예상되고, 비가 오지 않으면 200만원 정도로 될 것으로 예상된다고 한다. 한편 야외에서 개최하는 경우 비가 오면 수익금은 100만원 정도로 예상되고, 비가 오지 않으면 210만원 정도로 예상된다고 한다. 일기예보에 의하면 행사 당일에 비가 오지 않을 확률은 20%라고 한다.

① A : 옥내, B : 옥내, C : 옥내
② A : 옥내, B : 야외, C : 옥내
③ A : 야외, B : 옥내, C : 옥내
④ A : 야외, B : 옥내, C : 야외

23. 다음 조건을 읽고 옳은 설명으로 고르시오.

- 민주, 소라, 정희, 아라는 모두 민혁이를 좋아한다.
- 찬수는 영희를 좋아한다.
- 영훈은 소라를 좋아한다.
- 민혁이는 아라를 좋아한다.

A : 민혁이와 아라는 서로 좋아하는 사이다.
B : 영희는 찬수를 좋아한다.

① A만 옳다.

② B만 옳다.

③ A와 B 모두 옳다.

④ A와 B 모두 그르다.

24. 수덕, 원태, 광수는 임의의 순서로 빨간색, 파란색, 노란색 지붕을 가진 집에 나란히 이웃하여 살고, 개, 고양이, 원숭이라는 서로 다른 애완동물을 기르며, 광부 · 농부 · 의사라는 서로 다른 직업을 갖는다. 알려진 정보가 다음과 같을 때, 옳은 것은?

- 광수는 광부이다.
- 가운데 집에 사는 사람은 개를 키우지 않는다.
- 농부와 의사의 집은 서로 이웃해 있지 않다.
- 노란 지붕 집은 의사의 집과 이웃해 있다.
- 파란 지붕 집에 사는 사람은 고양이를 키운다.
- 원태는 빨간 지붕 집에 산다.

① 수덕은 빨간 지붕 집에 살지 않고, 원태는 개를 키우지 않는다.

② 노란 지붕 집에 사는 사람은 원숭이를 키우지 않는다.

③ 원태는 고양이를 키운다.

④ 수덕은 개를 키우지 않는다.

25. S씨는 자신의 재산을 운용하기 위해 자산에 대한 설계를 받고 싶어 한다. S씨는 자산 설계사 A~E를 만나 조언을 들었다. 그런데 이들 자산 설계사들은 주 투자처에 대해서 모두 조금씩 다르게 추천을 해주었다. 해외펀드, 해외부동산, 펀드, 채권, 부동산이 그것들이다. 다음을 따를 때, A와 E가 추천한 항목은?

- S씨는 A와 D와 펀드를 추천한 사람과 같이 식사를 한 적이 있다.
- 부동산을 추천한 사람은 A와 C를 개인적으로 알고 있다.
- 채권을 추천한 사람은 B와 C를 싫어한다.
- A와 E는 해외부동산을 추천한 사람과 같은 대학에 다녔었다.
- 해외펀드를 추천한 사람과 부동산을 추천한 사람은 B와 같이 한 회사에서 근무한 적이 있다.
- C와 D는 해외부동산을 추천한 사람과 펀드를 추천한 사람을 비난한 적이 있다.

① 펀드, 해외펀드

② 채권, 펀드

③ 부동산, 펀드

④ 채권, 부동산

26. A는 일주일 중 월요일에만 거짓말을 하고 나머지 요일에는 참말을 한다. 어느 날 A의 친구들이 A가 결혼을 한다는 소문을 들었다. A한테 전화를 걸었더니 다음과 같이 말했다. 친구들이 유추한 것 중 적절한 것은?

① A가 "오늘은 월요일이고 나는 결혼을 한다"라고 대답했다면 오늘은 월요일이 아니다.

② A가 "오늘은 월요일이고 나는 결혼을 한다"라고 대답했다면 A는 결혼을 한다.

③ A가 "오늘은 월요일이거나 나는 결혼을 한다"라고 대답했다면 오늘은 월요일이 맞다.

④ A가 "오늘은 월요일이거나 나는 결혼을 한다"라고 대답했다면 A는 결혼을 한다.

27. 최 대리, 남 대리, 양 과장, 강 사원, 이 과장 5명은 사내 기숙사 A동~E동에 나누어 숙소를 배정받았다. 다음 조건을 참고할 때, 같은 동에 배정받을 수 있는 두 사람이 올바르게 짝 지어진 것은 어느 것인가?

- 최 대리는 C동, D동, E동에 배정받지 않았다.
- 남 대리는 A동, C동, D동에 배정받지 않았다
- 양 과장은 B동, D동, E동에 배정받지 않았다.
- 강 사원은 B동, C동, E동에 배정받지 않았다.
- 이 과장은 A동, C동, E동에 배정받지 않았다.
- 아무도 배정받지 않은 동은 C동뿐이다.
- A동은 두 사람이 배정받은 동이 아니다.

① 최 대리, 양 과장
② 남 대리, 이 과장
③ 강 사원, 이 과장
④ 양 과장, 강 사원

28. O회사에 근무하고 있는 채과장은 거래 업체를 선정하고자 한다. 업체별 현황과 평가기준이 다음과 같을 때, 선정되는 업체는?

〈업체별 현황〉

국가명	시장매력도	정보화수준	접근가능성
	시장규모(억 원)	정보화순위	수출액(백만 원)
A업체	550	106	9,103
B업체	333	62	2,459
C업체	315	91	2,597
D업체	1,706	95	2,777

〈평가기준〉

- 업체별 종합점수는 시장매력도(30점 만점), 정보화수준(30점 만점), 접근가능성(40점 만점)의 합계(100점 만점)로 구하며, 종합점수가 가장 높은 업체가 선정된다.
- 시장매력도 점수는 시장매력도가 가장 높은 업체에 30점, 가장 낮은 업체에 0점, 그 밖의 모든 업체에 15점을 부여한다. 시장규모가 클수록 시장매력도가 높다.
- 정보화수준 점수는 정보화순위가 가장 높은 업체에 30점, 가장 낮은 업체에 0점, 그 밖의 모든 업체에 15점을 부여한다.
- 접근가능성 점수는 접근가능성이 가장 높은 업체에 40점, 가장 낮은 업체에 0점, 그 밖의 모든 국가에 20점을 부여한다. 수출액이 클수록 접근가능성이 높다.

① A
② B
③ C
④ D

┃29~30┃ 다음에 제시된 항공사별 운항현황을 보고 물음에 답하시오.

항공사	구분	2022년	2023년	2024년	2025년
AAR	운항 편(대)	8,486	8,642	8,148	8,756
	여객(명)	1,101,596	1,168,460	964,830	1,078,490
	운항거리 (km)	5,928,362	6,038,761	5,761,479	6,423,765
KAL	운항 편(대)	11,534	12,074	11,082	11,104
	여객(명)	1,891,652	2,062,426	1,715,962	1,574,966
	운항거리 (km)	9,112,071	9,794,531	8,972,439	8,905,408

29. AAR 항공사의 경우 항공기 1대 당 수송 여객의 수가 가장 많았던 해는 언제인가?

① 2022년   ② 2023년

③ 2024년   ④ 2025년

30. 항공기 1대당 운항 거리가 2025년과 동일하다고 했을 때, KAL 항공사가 2026년 한 해 동안 9,451,570km의 거리를 운항하기 위해서 증편해야 할 항공기 수는 몇 대인가?

① 495   ② 573

③ 681   ④ 709

31. 다음은 우리나라 도시가구 연평균 지출 구성비 일부를 나타낸 것이다. 이에 대한 분석 중 적절하지 않은 것은?

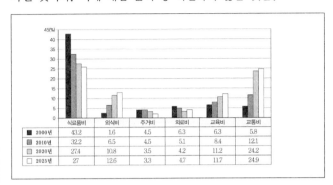

	식료품비	외식비	주거비	의료비	교육비	교통비
2000년	43.2	1.6	4.5	6.3	6.3	5.8
2010년	32.2	6.5	4.5	5.1	8.4	12.1
2020년	27.4	10.8	3.5	4.2	11.2	24.2
2025년	27	12.6	3.3	4.7	11.7	24.9

① 2025년에는 2020년보다 주거비의 구성비가 감소하였다.

② 2025년의 교육비의 구성비는 2010년보다 3.3%p 증가하였다.

③ 2020년에는 20년 전보다 식료품비와 의료비의 구성비가 감소하였다.

④ 2000년부터 2010년까지 외식비의 구성비가 증가하였기 때문에 주거비의 구성비는 감소하였다.

32. 다음 표는 B 중학교 학생 200명의 통학수단을 조사한 것이다. 이 학교 학생 중 지하철로 통학하는 남학생의 비율은?

(단위 : 명)

통학수단	버스	지하철	자전거	도보	합계
여학생	44	17	3	26	90
남학생	45	22	17	26	110
합계	89	39	20	52	200

① 11%   ② 16%

③ 20%   ④ 22%

33. 다음은 20××년 코리아 그랑프리대회 기록이다. 1위의 기록이 2시간 48분 20초일 때 대회기록이 2시간 48분 59초 이내인 드라이버는 모두 몇 명인가?

드라이버	1위 와의 기록차이(초)
알론소	0
해밀턴	+14.9
마사	+30.8
슈마허	+39.6
쿠비차	+47.7
리우찌	+53.5
바리첼로	+69.2
가우이	+77.8
하펠트	+80.1
칼버그	+80.8

① 1명   ② 2명
③ 3명   ④ 4명

34. 다음 표는 A지역 전체 가구를 대상으로 일본원자력발전소 사고 전후의 식수조달원 변경에 대해 설문조사한 결과이다. 사고 전에 비해 사고 후에 이용 가구 수가 감소한 식수조달원의 수는 몇 개인가?

사고 전 조달원 \ 사고 후 조달원	수돗물	정수	약수	생수
수돗물	40	30	20	30
정수	10	50	10	30
약수	20	10	10	40
생수	10	10	10	40

① 0개   ② 1개
③ 2개   ④ 3개

35. 다음은 가구당 순자산 보유액 구간별 가구 분포에 관련된 표이다. 이 표를 바탕으로 이해한 내용으로 가장 적절한 것은?

〈가구당 순자산 보유액 구간별 가구 분포〉

(단위 : %, %p)

순자산(억 원)	가구분포		
	2024년	2025년	전년차(비)
-1 미만	0.2	0.2	0.0
-1~0 미만	2.6	2.7	0.1
0~1 미만	31.9	31.2	-0.7
1~2 미만	19.1	18.5	-0.6
2~3 미만	13.8	13.5	-0.3
3~4 미만	9.5	9.4	-0.1
4~5 미만	6.3	6.8	0.5
5~6 미만	4.4	4.6	0.2
6~7 미만	3.0	3.2	0.2
7~8 미만	2.0	2.2	0.2
8~9 미만	1.5	1.5	0.0
9~10 미만	1.2	1.2	0.0
10 이상	4.5	5.0	0.5
평균(만 원)	29,918	31,142	4.1
중앙값(만 원)	17,740	18,525	4.4

① 순자산 보유액이 많은 가구보다 적은 가구의 2025년 비중이 전년보다 더 증가하였다.
② 순자산이 많은 가구의 소득은 2024년 대비 2025년에 더 감소하였다.
③ 소수의 사람들이 많은 순자산을 가지고 있다.
④ 2025년의 순자산 보유액이 3억 원 미만인 가구는 전체의 50%가 조금 안 된다.

16

36. 다음은 신재생 에너지 및 절약 분야 사업 현황이다. '신재생 에너지' 분야의 사업별 평균 지원액이 '절약' 분야의 사업별 평균 지원액의 5배 이상이 되기 위한 사업 수의 최대 격차는? (단, '신재생 에너지' 분야의 사업 수는 '절약' 분야의 사업 수보다 큼)

(단위 : 억 원, %, 개)

구분	신재생 에너지	절약	합
지원금(비율)	3,500(85.4)	600(14.6)	4,100(100)
사업 수	( )	( )	600

① 44개
② 46개
③ 48개
④ 54개

37. 다음은 A시의 연도별·혼인종류별 건수와 관련된 자료이다. 빈 칸 ㉠, ㉡에 들어갈 알맞은 수치는 얼마인가?

〈A시의 연도별·혼인종류별 건수〉

(단위 : 건)

구분		2016	2017	2018	2019	2020	2021	2022	2023	2024	2025
남자	초혼	279	270	253	274	278	274	272	257	253	㉠
	재혼	56	58	52	53	47	55	48	47	45	㉡
여자	초혼	275	266	248	269	270	272	267	255	249	231
	재혼	60	62	57	58	55	57	53	49	49	49

(단위 : 건)

구분	2016	2017	2018	2019	2020	2021	2022	2023	2024	2025
남(초) + 여(초)	260	250	235	255	260	255	255	241	( )	( )
남(재) + 여(초)	15	16	13	14	10	17	12	14	( )	( )
남(초) + 여(재)	19	20	18	19	18	19	17	16	( )	( )
남(재) + 여(재)	41	42	39	39	37	38	36	33	( )	( )

※ 초 : 초혼, 재 : 재혼

구분	2024년의 2016년 대비 증감 수	2023~2025년의 연평균 건수
남(초) + 여(초)	-22	233
남(재) + 여(초)	-4	12
남(초) + 여(재)	-4	16
남(재) + 여(재)	-7	33

① 237, 53
② 240, 55
③ 237, 43
④ 240, 43

38. 다음은 A사의 20××년 추진 과제의 전공별 연구책임자 현황에 대한 자료이다. 다음 설명 중 옳지 않은 것을 고르면?

(단위 : 명, %)

연구책임자 전공	남자		여자	
	연구책임자 수	비율	연구책임자 수	비율
이학	2,833	14.8	701	30.0
공학	11,680	61.0	463	19.8
농학	1,300	6.8	153	6.5
의학	1,148	6.0	400	17.1
인문사회	1,869	9.8	544	23.3
기타	304	1.6	78	3.3
계	19,134	100.0	2,339	100.0

① 전체 연구책임자 중 공학전공의 연구책임자가 차지하는 비율이 50%를 넘는다.
② 전체 연구책임자 중 의학전공의 여자 연구책임자가 차지하는 비율은 1.9%이다.
③ 전체 연구책임자 중 인문사회전공의 연구책임자가 차지하는 비율은 12%를 넘는다.
④ 전체 연구책임자 중 농학전공의 남자 연구책임자가 차지하는 비율은 6%를 넘는다.

국민은행 신입행원 채용대비 모의고사

39. 다음은 P사의 계열사 중 철강과 지원 분야에 관한 자료이다. 다음을 이용하여 A, B, C 중 두 번째로 큰 값은? (단, 지점은 역할에 따라 실, 연구소, 공장, 섹션, 사무소 등으로 구분되며, 하나의 지점은 1천 명의 직원으로 조직된다.)

구분	그룹사	편제	직원 수(명)
철강	PO강판	1지점	1,000
	PONC	2지점	2,000
지원	PO메이트	실 10지점, 공장 A지점	( )
	PO터미널	실 5지점, 공장 B지점	( )
	PO기술투자	실 7지점, 공장 C지점	( )
	PO휴먼스	공장 6지점, 연구소 1지점	( )
	PO인재창조원	섹션 1지점, 사무소 1지점	2,000
	PO경영연구원	1지점	1,000
계		45지점	45,000

• PO터미날과 PO휴먼스의 직원 수는 같다.
• PO메이트의 공장 수는 PO휴먼스의 공장 수의 절반이다.
• PO메이트의 공장 수와 PO터미날의 공장 수를 합하면 PO기술투자의 공장 수와 같다.

① 3
② 4
③ 5
④ 6

40. 다음은 사무용 물품의 조달단가와 구매 효용성을 나타낸 것이다. 20억 원 이내에서 구매예산을 집행한다고 할 때, 정량적 기대효과 총합의 최댓값은? (단, 각 물품은 구매하지 않거나 1개만 구매 가능하며, 구매효용성 = 정량적 기대효과/조달단가이다.)

물품 구분	A	B	C	D	E	F	G	H
조달단가 (억 원)	3	4	5	6	7	8	10	16
구매 효용성	1	0.5	1.8	2.5	1	1.75	1.9	2

① 35
② 36
③ 37
④ 38

02 직무심화지식

41. 새롭게 출시한 다음 적금 상품을 홍보하려고 할 때, 책자에 담을 내용으로 적절하지 않은 것은?

가. 상품 특징

인터넷으로 가입 시 영업점 창구에서 가입 시보다 높은 금리(+0.3%p)가 제공되는 비대면 전용 상품

나. 거래조건

구분	내용
가입 자격	개인(1인 1계좌)
가입 금액	• 초입금 5만 원 이상, 매회 1만 원 이상(계좌별) • 매월 2천만 원 이내(1인당) • 총 불입액 2억 원 이내(1인당)에서 자유적립(※ 단, 계약기간 3/4경과 후 월 적립 가능 금액은 이전 월 평균 적립금액의 1/2 이내)
가입 기간	1년 이상 3년 이내 월 단위

적용 금리	가입 기간	1년 이상	2년	3년
	기본금리 (연%)	2.18	2.29	2.41

우대 금리	• 가입일 해당 월로부터 만기일 전월 말까지 ○○카드 이용 실적이 100만 원 이상인 경우 : 0.2%p • 예금가입 고객이 타인에게 이 상품을 추천하고 타인이 이 상품에 가입한 경우 : 추천 및 피추천계좌 각 0.1%p(최대 0.3%p)
예금자 보호	이 예금은 예금자보호법에 따라 예금보험공사가 보호하되, 보호한도는 본 은행에 있는 귀하의 모든 예금보호대상 금융상품의 원금과 소정의 이자를 합하여 1인당 최고 5천만 원이며, 5천 만 원을 초과하는 나머지 금액은 보호하지 않습니다.

---

① 은행에 방문하지 않고도 가입할 수 있는 상품임을 강조

② 금리는 최대 2.71%임을 강조

③ 가입 기간이 길수록 우대금리가 적용되는 상품임을 강조

④ "1년 계약자가 9개월이 지난 후 불입 총액이 180만 원이었다면, 10개월째부터는 월 10만 원이 적립 한도금액이 된다."는 예시 기재

---

42. 다음 〈그림〉은 A기업의 2024년과 2025년 자산총액의 항목별 구성비를 나타낸 자료이다. 이에 대한 〈보기〉의 설명 중 옳은 것만을 모두 고르면?

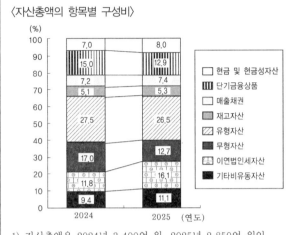

〈자산총액의 항목별 구성비〉

1) 자산총액은 2024년 3,400억 원, 2025년 2,850억 원임.

2) 유동자산 = 현금 및 현금성자산 + 단기금융상품 + 매출채권 + 재고자산

〈보기〉

㉠ 2024년 항목별 금액의 순위가 2025년과 동일한 항목은 4개이다.

㉡ 2024년 유동자산 중 '단기금융상품'의 구성비는 45% 미만이다.

㉢ '현금 및 현금성자산' 금액은 2025년이 2024년보다 크다.

㉣ 2024년 대비 2025년에 '무형자산' 금액은 4.3% 감소하였다.

---

① ㉠, ㉡

② ㉠, ㉢

③ ㉡, ㉢

④ ㉠, ㉡, ㉣

43. 다음은 S씨가 가입한 적금 상품의 내역을 인터넷으로 확인한 결과이다. 빈칸 '세후 수령액'에 들어갈 알맞은 금액은 얼마인가? (소수점은 반올림하여 원 단위로 표시함)

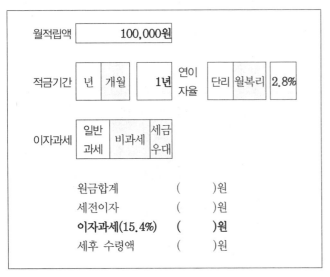

| 월적립액 | 100,000원 | | | | | | |

| 적금기간 | 년 | 개월 | 1년 | 연이자율 | 단리 | 월복리 | 2.8% |

| 이자과세 | 일반과세 | 비과세 | 세금우대 | | | | |

원금합계	( )원
세전이자	( )원
이자과세(15.4%)	**( )원**
세후 수령액	( )원

① 1,214,594원 ② 1,215,397원

③ 1,220,505원 ④ 1,222,779원

44. '국외부문 통화와 국제수지'에 대한 다음 설명을 참고할 때, 〈보기〉와 같은 네 개의 대외거래가 발생하였을 경우에 대한 설명으로 바른 것은?

모든 대외거래를 복식부기의 원리에 따라 체계적으로 기록한 국제수지표상의 경상수지 및 자본수지는 거래의 형태에 따라 직·간접적으로 국외부문 통화에 영향을 미치게 된다. 수출입 등의 경상적인 무역수지 및 서비스 수지 등의 거래는 외국환은행과의 외화 교환과정에서 국외부문 통화에 영향을 미치게 된다. 경상 및 자본수지상의 민간, 정부의 수지가 흑자일 경우에는 민간 및 정부부문의 외화 총수입액이 총지급액을 초과한다는 것을 의미하므로 민간 및 정부부문은 이 초과 수입분을 외국환은행에 원화를 대가로 매각한다. 이 과정에서 외국환은행은 외화자산을 늘리면서 이에 상응한 원화를 공급한다. 즉 외국환은행은 국외순자산을 늘리고 이에 상응한 원화를 비은행부문으로 공급하게 된다. 반대로 적자일 경우 외국환은행은 외화자산을 줄이면서 원화를 환수하게 된다.

〈보기〉
• 상품 A를 100달러에 수출
• 상품 B를 50달러에 수입
• C 기업이 외화단기차입금 20달러를 상환
• D 외국환은행이 뱅크론으로 50달러를 도입

① 경상수지는 120달러 흑자, 자본수지가 100달러 흑자로 나타나 총 대외수지는 220달러 흑자가 된다.

② 경상수지는 50달러 흑자, 자본수지가 70달러 적자로 나타나 총 대외수지는 20달러 적자가 된다.

③ 경상수지는 70달러 흑자, 자본수지가 150달러 적자로 나타나 총 대외수지는 80달러 적자가 된다.

④ 경상수지는 50달러 흑자, 자본수지가 30달러 흑자로 나타나 총 대외수지는 80달러 흑자가 된다.

▌45~46▐ 다음은 K은행이 발급하는 '올바른 Travel카드'에 대한 서비스 안내 사항이다. 다음을 읽고 이어지는 물음에 답하시오.

〈특별 할인 서비스〉
- 중국 비자 발급센터에서 비자 발급 수수료 결제 시 50% 청구 할인
- 연 1회 / 최대 3만 원까지 할인
  * 전월 이용실적 30만 원 이상 시 제공
  * 본 서비스는 카드 사용 등록하신 달에는 제공되지 않으며, 그 다음 달부터 서비스 조건 충족 시 제공됩니다.

〈여행 편의 서비스〉
인천공항 제1여객터미널(1T) 및 제2여객터미널(2T)에 지정된 K BOOKS(케이북스) 매장에서 K카드 올바른 TRAVEL 카드를 제시하시면, 서비스 이용 가능 여부 확인 후 아래 이용권 중 희망하시는 이용권을 제공해 드립니다.

구분	세부내용
인천공항 고속도로 무료 이용	소형차(경차, 승용차, 12인승 승합차)에 한하여 인천공항 고속도로 톨게이트(신공항 톨게이트/북인천 톨게이트)에 무료 이용권 제출 시, 통행료 무료 혜택이 제공됩니다. 단, 소형차에 한하며, 중형/대형 차량의 경우는 적용이 불가합니다.
인천공항 리무진버스 무료 이용 (1만 원 권)	▶ 제1여객터미널 인천공항 1층 입국장 7번 승차장 앞 리무진버스 옥외 통합매표소에서 무료 이용권 제출 시, 리무진버스 승차권으로 교환됩니다. 단, 1만 원 이하 승차에 한하며 1만 원 초과 시 차액은 회원별도 부담입니다. 또한 1만 원 미만 승차권 교환 시 잔액은 환불되지 않습니다.
코레일공항 철도 직통열차 무료 이용	공항철도 인천국제공항역 직통열차 안내데스크에서 무료 이용권 제출 시 직통열차 승차권으로 교환됩니다.

〈해외이용 안내〉
해외이용금액은 국제브랜드사가 부과하는 수수료(UnionPay 0.6%)를 포함하여 매출표 접수일의 K은행 고시 1회 차 전신환매도율 적용 후, K카드가 부과하는 해외서비스수수료(0.25%)가 포함된 금액이 청구되며, 올바른 Travel카드 이용 시 UnionPay 수수료 0.03%, 당사 해외서비스수수료의

0.1% 할인 혜택이 주어집니다.

※ 해외이용 시 기본 청구금액 $= a + b + c$
해외이용대금(a) : 해외이용금액(미화) × K은행 고시 1회 차 전신환매도율
국제브랜드수수료(b) : 해외이용금액(미화) × (UnionPay 0.6%) × K은행 고시 1회 차 전신환매도율
해외서비스수수료(c) : 해외이용금액(미화) × 0.25% × K은행 고시 1회 차 전신환매도율

* 제3국 통화(KRW 거래포함)는 미국 달러로 환산되어 제공됩니다.
* 해외에서 원화통화로 대금 결제 시, 해외가맹점이 부과하는 DCC수수료(환전수수료)가 포함되므로 현지통화 결제 시 보다 많은 금액이 청구될 수 있음을 주의 바랍니다.

45. 다음 중 위 카드 상품에 대한 안내 사항을 올바르게 이해한 것은 어느 것인가?

① "올 여름 북경 방문 시 올바른 Travel카드 덕분에 비자 수수료 비용을 절반만 지불했으니 겨울 상해 출장 시에도 올바른 Travel카드를 이용해야겠다."

② "제공받은 인천공항 리무진버스 무료 이용권으로 집까지 오는 리무진을 공짜로 이용할 수 있겠군. 지난번엔 집까지 9,500원의 요금이 나오던데 500원을 돌려받을 수도 있네."

③ "공항 리무진버스 요금이 난 12,000원이고 아들 녀석은 8,000원이니까 함께 이용하게 되면 인천공항 리무진버스 무료 이용권이 1장 있어도 추가로 1만 원을 더 내야하는구나."

④ "K BOOKS에서 책을 두 권 이상 사면 서비스 이용권을 2장 받게 되는군. 어차피 볼 책인데 다양한 혜택을 보면 좋을 테니 기왕이면 3권을 사서 종류별 이용권을 다 받아봐야겠다."

46. M씨는 미국 여행 시 올바른 Travel카드를 이용하여 U$ 500짜리의 물건을 구매하였다. 구매 당일의 K은행 전신환매도 환율이 1U$=1,080원이라면, M씨가 올바른 Travel카드를 이용함으로 인해 얻는 할인 혜택 금액을 원화로 환산하면 얼마인가?

① 1,030원   ② 980원

③ 883원   ④ 702원

〈보기〉
1. 외국으로 U$3,500 송금 / 인터넷 뱅킹 최저 수수료 적용
2. 외국으로 U$600 송금 / 은행 창구
3. 외국에서 U$2,500 입금

① 32,000원   ② 34,000원

③ 36,000원   ④ 38,000원

---

47. 다음은 K은행의 외화송금 수수료에 대한 규정이다. 수수료 규정을 참고할 때, 외국에 있는 친척과 〈보기〉와 같이 3회에 걸쳐 거래를 한 A씨가 지불한 총 수수료 금액은 얼마인가?

외화자금 국내이체 수수료 (당·타발)	국내 간 외화송금	U$5,000 이하 : 5,000원 U$10,000 이하 : 7,000원 U$10,000 초과 : 10,000원
	실시간 국내송금	U$10,000 이하 : 5,000원 U$10,000 초과 : 10,000원
	인터넷 뱅킹 : 5,000원 실시간 이체 : 타발 수수료는 없음	
해외로 외화송금	송금 수수료	U$500 이하 : 5,000원 U$2,000 이하 : 10,000원 U$5,000 이하 : 15,000원 U$20,000 이하 : 20,000원 U$20,000 초과 : 25,000원 * 인터넷 뱅킹 이용 시 건당 3,000~5,000원
		해외 및 중계은행 수수료를 신청인이 부담하는 경우 국외 현지 및 중계은행의 통화별 수수료를 추가로 징구
	전신료	8,000원 인터넷 뱅킹 및 자동이체 5,000원
	조건변경 전신료	8,000원
해외/타행에서 받은 송금	건당 10,000원	

---

48. K은행의 대출심사부에서는 가계대출 상품의 상품 설명서 내용 중 연체이자에 대한 다음과 같은 사항을 고객에게 안내하려고 한다. 다음을 참고할 때, 주택담보대출(원금 1억2천만 원, 약정이자율 연 5%)의 월납이자(50만 원)를 미납하여 연체가 발생하고, 연체 발생 후 3개월 시점에 납부할 경우의 연체이자는 얼마인가?

가. 연체이자율은 [대출이자율+연체기간별 연체가산이자율]로 적용합니다.
    ※ 연체가산이자율은 연 3%로 적용합니다.
나. 연체이자율은 최고 15%로 합니다.
다. 상품에 따라 연체이자율이 일부 달라지는 경우가 있으므로 세부적인 사항은 대출거래 약정서 등을 참고하시기 바랍니다.
라. 연체이자(지연배상금)를 내셔야 하는 경우
    ※「이자를 납입하기로 약정한 날」에 납입하지 아니한 때에는 이자를 납입하여야 할 날의 다음날부터 1개월(주택담보대출의 경우 2개월)까지는 내셔야 할 약정이자에 대해 연체이자가 적용되고, 그 후 1개월(주택담보대출의 경우 2개월)이 경과하면 기한이익상실로 인하여 대출원금에 연체이율을 곱한 연체 이자를 내셔야 합니다.

① 798,904원

② 775,304원

③ 750,992원

④ 731,528원

|49~50| 다음은 '글로벌 위안화 회전식 정기예금'에 관한 설명이다. 물음에 답하시오.

1. 개요
   금리회전주기 단위로 이자가 복리 계산되는 위안화 정기예금

2. 상품특징
   해외로 송금 보내실 때 수수료 우대

3. 예금자보호
   이 예금은 예금자보호법에 따라 예금보험공사가 보호하되, 보호 한도는 본 은행에 있는 귀하의 모든 예금보호 대상 금융상품의 원금과 소정의 이자를 합하여 1인당 "최고 5천만 원"이며, 5천만 원을 초과하는 나머지 금액은 보호하지 않습니다.

4. 예치통화
   CNY

5. 가입 대상
   개인 또는 기업 제한 없음

6. 가입 기간
   1년, 2년, 3년

7. 기본금리
   신규 및 회전 시 고시된 CNY 기간별 외화정기예금금리
   ※ 금리회전주기 : 1개월, 2개월, 3개월, 6개월(회전주기 변경 불가)

8. 우대금리
   없음 [특별우대금리 (0.2%) 기간 종료 (~2016.06.30)]

9. 만기 후 이율
   최종 회전기일 약정이율의 3/10

10. 중도해지 이율
    ㉠ 7일미만 : 무이자
    ㉡ 1개월 미만 : 최종 회전기일 약정이율 1/10
    ㉢ 1개월 이상 : 최종 회전기일 약정이율 3/10
    ㉣ 3개월 이상 : 최종 회전기일 약정이율 4/10
    (다만, 회전기일 이후 중도해지 시 최종 회전기일 전일까지는 약정이율 적용)

11. 이자지급방법
    만기일시지급식 (회전주기마다 복리로 이자 계산)

12. 수수료 면제
    ㉠ 당발송금(해외로 송금보내실 때) 수수료 면제
    ㉡ 이 예금의 만기해지일(만기 후 해지 포함)당일에 예금주 명의로 해외로 송금하시는 경우 수수료 면제 (금액 및 횟수 제한 없음)

49. 우성이는 1억 원을 아내와 본인 이름으로 각각 다른 통장에 반절씩 예금하였다. 경기 불황으로 인해 은행이 문을 닫게 되었다면 우성이네가 보장받을 수 있는 최대 금액으로 적절한 것은?

① 1억 원
② 1억 1천만 원
③ 1억 2천만 원
④ 1억 3천만 원

50. 정연이가 해당 예금을 3년이라는 기간으로 가입할 때, 만기 후 적용받을 수 있는 이율로 적절한 것은?

① 최종 회전기일 약정이율의 1/10
② 최종 회전기일 약정이율의 2/10
③ 최종 회전기일 약정이율의 3/10
④ 최종 회전기일 약정이율의 4/10

51. 사원 L은 연봉이 3,300만 원이다. L은 매달 실수령액의 11%를 적금통장에 입금하려고 한다. 매달 세금으로 31만 원이 지출된다고 할 때 L이 매월 납입하는 금액은?

① 215,700원

② 237,300원

③ 268,400원

④ 341,000원

52. 다음은 수미의 소비상황과 각종 신용카드 혜택 정보이다. 수미가 가장 유리한 하나의 신용카드만을 결제수단으로 사용할 때 적절한 소비수단은?

- 뮤지컬, ○○테마파크 및 서점은 모두 B신용카드의 문화 관련업에 해당한다.
- 신용카드 1포인트는 1원이고, 문화상품권 1매는 1만 원으로 가정한다.
- 혜택을 금전으로 환산하여 액수가 많을수록 유리하다.
- 액수가 동일한 경우 할인혜택, 포인트 적립, 문화상품권 지급 순으로 유리하다.
- 혜택의 액수 및 혜택의 종류가 동일한 경우 혜택 부여시기가 **빠를수록** 유리하다(현장할인은 결제 즉시 할인되는 것을 말하며, 청구할인은 카드대금 청구 시 할인 되는 것을 말한다).

〈수미의 소비상황〉

서점에서 여행서적(정가 각 3만 원) 3권과 DVD 1매(정가 1만 원)를 구입(직전 1개월간 A신용카드 사용금액은 15만 원이며, D신용카드는 가입 후 미사용 상태임)

〈각종 신용카드의 혜택〉

A신용카드	○○테마파크 이용 시 본인과 동행 1인의 입장료의 20% 현장 할인(단, 직전 1개월 간 A신용카드 사용금액이 30만 원 이상인 경우에 한함)
B신용카드	문화 관련 가맹업 이용 시 총액의 10% 청구 할인(단, 할인되는 금액은 5만 원을 초과할 수 없음)
C신용카드	이용시마다 사용금액의 10%를 포인트로 즉시 적립. 사용금액이 10만 원을 초과하는 경우에는 사용금액의 20%를 포인트로 즉시 적립
D신용카드	가입 후 2만 원 이상에 상당하는 도서류(DVD 포함) 구매 시 최초 1회에 한하여 1만 원 상당의 문화상품권 증정(단, 문화상품권은 다음달 1일에 일괄 증정)

① A신용카드

② B신용카드

③ C신용카드

④ D신용카드

▌53~54▐ 다음 환율표를 보고 질문에 답하시오.

통화명	매매 기준율	현찰		송금	
		살 때	팔 때	보낼 때	받을 때
미국(USD)	1,116.50	1,136.03	1,096.97	1,127.40	1,105.60
유럽연합(EUR)	1,354.43	1,381.38	1,327.48	1,367.97	1,340.89
일본(JPY100엔)	1,066.63	1,085.29	1,047.97	1,077.08	1,056.18
중국(CNY)	172.81	181.45	164.17	174.53	171.09
러시아(RUB)	153.45	15.78	13.13	14.89	14.61
캐나다(CAD)	874.93	892.16	857.70	883.67	866.19

53. K 대리는 600달러를 송금 받은 후 400유로를 송금하려고 한다. 이때 통장 잔액은? (단, 송금 받기 전 통장 잔액은 고려하지 않는다)

① 112,740원

② 116,172원

③ 127,004원

④ 129,252원

54. J 사원은 러시아로 350,000루블을 송금하려고 한다. 이때 J가 환전해야 하는 원화는?

① 5,523,000원

② 5,211,500원

③ 5,113,500원

④ 4,595,500원

55. 어떤 사람이 가격이 1,000만 원인 자동차를 구매하기 위해 은행에서 상품 A, B, C에 대해 상담을 받았다. 다음 상담 내용을 참고하여 보기에서 옳은 것을 고르시오.(단, 총비용으로 은행에 내야하는 금액과 수리비만을 고려하고, 등록비용 등 기타 비용은 고려하지 않는다)

> 가. A상품
> 고객님이 자동차를 구입하여 소유권을 취득하실 때, 은행이 자동차 판매자에게 즉시 구입금액 1,000만 원을 지불해드립니다. 그리고 그 날부터 매월 1,000만 원의 1%를 이자로 내시고, 1년이 되는 시점에 1,000만 원을 상환하시면 됩니다.
>
> 나. B상품
> 고객님이 원하시는 자동차를 구매하여 고객님께 전달해드리고, 고객님께서는 1년 후에 자동차 가격에 이자를 추가하여 총 1,200만 원을 상환하시면 됩니다. 자동차의 소유권은 고객님께서 1,200만 원을 상환하시는 시점에 고객님께 이전되며, 그 때까지 발생하는 모든 수리비는 저희가 부담합니다.
>
> 다. C상품
> 고객님이 원하시는 자동차를 구매하여 고객님께 임대해드립니다. 1년 동안 매월 90만원의 임대료를 내시면 1년 후에 그 자동차는 고객님의 소유가 되며, 임대기간 중 발생하는 모든 수리비는 저희가 부담합니다.

> 〈보기〉
> ㉠ 사고 여부와 관계없이 자동차 소유권 취득 시까지의 총비용 측면에서 B상품보다 C상품을 선택하는 것이 유리하다.
> ㉡ 최대한 빨리 자동차 소유권을 얻고 싶다면 A상품을 선택하는 것이 다른 두 선택지보다 유리하다.
> ㉢ 자동차 소유권을 얻기까지 은행에 내야 하는 총금액은 A상품이 가장 적다.
> ㉣ 1년 내에 사고가 발생해 50만 원의 수리비가 소요될 것으로 예상한다면 총비용 측면에서 A상품보다 B, C상품을 선택하는 것이 유리하다.

① ㉠㉡

② ㉡㉢

③ ㉠㉡㉢

④ ㉡㉢㉣

56. KB의 ㅇㅇ예금 상품에 관한 설명의 일부이다. 다음 중 내용을 잘못 이해한 것은?

〈KB ㅇㅇ예금〉

가. 상품특징

인터넷뱅킹, KB스타뱅킹, 콜센터를 통해서만 가입 가능한 Digital KB 대표 정기예금으로, 자동 만기관리부터 분할인출까지 가능한 편리한 온라인 전용 정기예금

나. 가입대상

개인 및 개인사업자

다. 계약기간

1개월 이상 36개월 이하(월단위)

라. 가입금액

1백만 원 이상(추가입금 불가)

마. 기본이율(세금공제 전, 2021.09.24 기준)

• 신규(또는 재예치)일 당시 영업점 및 인터넷 홈페이지에 고시한 계약기간별 「기본이율」 적용

계약기간	1개월 이상 3개월 미만	3개월 이상 6개월 미만	6개월 이상 12개월 미만
기본이율	0.50	0.60	0.70
계약기간	12개월 이상 24개월 미만	24개월 이상 36개월 미만	36개월
기본이율	0.70	0.80	0.90

바. 이자지급시기

• 만기일시지급식 : 만기(후) 또는 중도해지 요청 시 이자를 지급

사. 이자계산방법(산출근거)(세전)

• **신규일부터 만기일 전일까지의 기간에 대하여 약정이율로 계산 한 금액(원미만 절사)**

※ 이자계산 산식 : 신규금액×약정이율×약정개월수 /12

아. 중도해지이율(산출근거)(세금공제 전, 2021.09.24 기준)

• 긴급 자금수요 등으로 중도해지할 경우 정기예금 중도해지이자율에 비해 회전식 정기예금이 유리할 수 있음

• 신규가입일 당시 영업점 및 인터넷 홈페이지에 고시한 예치기간별 중도해지이율 적용

예치기간	이율
1개월 미만	0.1
1개월 이상 ~3개월 미만	**기본이율**×50%×경과월수/계약월수 (단, 최저리는 0.1)
3개월 이상 ~6개월 미만	**기본이율**×50%×경과월수/계약월수 (단, 최저리는 0.1)
6개월 이상 ~8개월 미만	**기본이율**×60%×경과월수/계약월수(단, 최저리는 0.2)
8개월 이상 ~10개월 미만	**기본이율**×70%×경과월수/계약월수 (단, 최저리는 0.2)
10개월 이상 ~11개월 미만	**기본이율**×80%×경과월수/계약월수 (단, 최저리는 0.2)
11개월 이상	**기본이율**×90%×경과월수/계약월수 (단, 최저리는 0.2)

- 기본이율 : 신규가입일 당시 영업점에 고시된 계약기간별 이율(이대이율 제외)

- 경과월수 : 입금일 다음날로부터 해지월 입금 해당일까지를 월수로 하고, 1개월 미만은 절상

- 계약월수 : 신규일 다음날로부터 만기월 신규 해당일까지를 월수로 하고, 1개월 미만은 절상

- 이율은 소수점 둘째 자리까지 표시(소수점 셋째 자리에서 절사)

① 가입기간이 16개월인 사람과 20개월인 사람의 이율은 동일하다.

② 가입 시 3백만 원으로 가입할 수 있으며 추가적으로 입금도 할 수 있다.

③ 개인이 2백만 원으로 24개월을 계약하였다면 세전 이자는 32,000원이다.

④ 예치기간이 3개월인 상태에서 중도해지를 한 이율과 5개월인 상태에서 중도해지를 한 이율은 같다.

57. 다음의 ㈎, ㈏는 100만 원을 예금했을 때 기간에 따른 이자에 대한 표이다. 이에 대한 설명으로 옳은 것은? (단, 예금할 때 약정한 이자율은 변하지 않는다)

구분	1년	2년	3년
㈎	50,000원	100,000원	150,000원
㈏	40,000원	81,600원	124,864원

㉠ ㈎는 단순히 원금에 대한 이자만을 계산하는 이자율이 적용되었다.
㉡ ㈎의 경우, 매년 물가가 5% 상승할 경우(원금+이자)의 구매력은 모든 기간에 같다.
㉢ ㈏의 경우, 매년 증가하는 이자액은 기간이 길어질수록 커진다.
㉣ ㈏와 달리 ㈎와 같은 이자율 계산 방법은 현실에서는 볼 수 없다.

① ㉠, ㉢   ② ㉠, ㉣
③ ㉡, ㉣   ④ ㉡, ㉢

┃58~59┃ 다음 KB 주택담보대출 상품 설명을 보고 질문에 답하시오

〈KB 주택담보대출〉
가. 상품특징
• 24/365 언제 어디서나 영업점 방문 없이 가능한 비대면 부동산 담보대출
• 혼합금리와 변동금리, 기간 등 자유롭게 선택 가능

나. 대출대상
• 주택을 담보로 대출을 신청하는 고객
- 주택자금대출 : 주택 취득 예정 또는 소유권이전등기 접수일로부터 3개월 이내
- 생활안전자금대출 : 소유권이전등기 접수일로부터 3개월 초과

구분	KB시세가 있는 경우	KB시세가 없는 경우
주택구입자금	11영업일(대출신청일 포함)~50일 이내	15영업일(대출신청일 포함)~50일 이내
생활안전자금	11영업일(대출신청일 포함)~50일 이내	15영업일(대출신청일 포함)~50일 이내

다. 대출한도
담보조사 가격 범위 내에서 담보평가 및 소득금액, 담보물건지 지역 등에 따른 대출가능금액 이내

라. 대출서류
• 필수준비 서류
※ 대출대상 주택의 전입세대열람내역(동거인 포함)
※ 매매계약서 또는 등기권리증(공동명의인 경우, 공동명의자 등기권리증 포함)
• 필요시 제출 서류(해당되는 경우 제출)
※ 장애인증명서(소유권이전 전 또는 이전 후 3개월 이내 신청 시 해당고객)
※ 배우자의 주민등록등본(세대 분리된 경우)
※ 세대원의 기본증명서(미성년자등 필요시)
※ 전/월세계약서(전세금반환자금 또는 세입자가 있는 경우)
• 간편제출서류(공동인증서로 제출)
※ 주민등록등본
※ 주민등록초본(과거주소이력포함)
※ 재직 및 소득증빙서류
- 발급서류는 최근 1개월 이내 발급분이어야 하며 간편서류 제출이 불가한 경우 해당 서류도 준비하셔야 합니다.

마. 주요 대출 불가사항
• 대출신청인이 미성년자, 외국인, 시민권자, 영주권자, 재외국민인 경우
• 배우자가 아닌 제3자와 공동명의인 경우
• 신용정보집중기관 및 신용정보회사에 정보가 등록된 경우
• 대상 물건의 전입세대열람내역(동거인 포함)상에 매도인, 본인 이외 다른 세대 또는 동거인이 전입되어 있는 경우
• 가압류, 별도등기 등 권리침해가 있는 경우

바. 대출 추가 심사가 필요한 경우
- 주민등록 또는 전입세대 열람 시 무상거주자가 있는 경우
- 배우자와 세대가 분리된 경우
- 해당 물건에 전/월세 계약이 있는 경우
- 세입자 퇴거조건, 직권말소 신청조건 등 조건부 대출인 경우

※ 위와 같은 제약 조건이 있는 경우 추가 서류 제출 및 영업점 방문 요청이 있을 수 있습니다.

58. 다음 중 대출이 불가능한 사항에 해당하지 않는 내용은?

① 대출신청인이 영주권자인 경우
② 가압류와 같이 권리침해 이력이 있는 경우
③ 대상 물건의 전입세대열람내역상에 본인 말고 동거인이 전입되어 있는 경우
④ 신용정보집중기관에 정보가 등록 되어있지 않은 경우

59. 위의 상품설명서를 참고했을 때, 필요한 서류가 아닌 것은?

① 대출대상 주택의 동거인을 포함한 전입세대열람내역
② 해당 물건에 세입자가 있는 경우 월/전세계약서
③ 배우자와 세대가 분리되어 있는 경우 배우자의 기본증명서
④ 공동명의인 경우 공동명의자의 등기권리증

60. 다음에 대한 설명으로 옳지 않은 것은?

〈표1〉 유럽 5대 협동조합은행 당기순이익 및 당기순이익 점유비 추이

(단위 : 억 유로, %)

구분		2021년	2022년	2023년	2024년	2025년
네덜란드 라보뱅크	5대 협동조합은행 당기순이익 점유비	27.2	52.1	62.9	42.3	47.3
	당기순이익 (억 유로)	2,012	2,058	2,627	2,772	2,008
프랑스 크레디아그리꼴 (당기순이익)		2,505	-6,389	-1,470	1,263	1,125
핀란드 OP-Pohjola (당기순이익)		672	470	438	440	338
오스트리아 라이파이젠 (당기순이익)		756	641	728	1,168	571
독일 DZ Bank (당기순이익)		1,467	969	609	1,125	346

〈표2〉 2025년 세계 주요 은행 경영지표 비교

(단위 : 억 달러, %)

구분	자산	BIS비율	대출비중 (자산대비)	부실 채권 비율
라보뱅크 (27위)	9,298	19.8	74.3	2.9
크레디아그리꼴 (13위)	23,536	16.3	48.4	3.4
세계 10대 은행 평균	23,329	14.6	47.9	2.5
국내 5대 은행 평균	284	13.6	58.9	2.3

※ BIS비율 … BIS(Bank for International Settlement ; 국제결제은행)가 정한 은행의 위험자산(부실채권) 대비 자기자본비율로 이 비율이 높을수록 은행의 위기상황 대처능력이 높다고 할 수 있다.

① 글로벌 금융위기(2013년) 이후 라보뱅크는 매년 2,000억 유로 이상의 당기순이익을 보이고 있다.

② 4라보뱅크의 5대 협동조합은행 당기순이익 점유비로 말미암아 라보뱅크는 다른 협동조합은행에 비해 수익구조의 건전성이 우수한 것으로 나타나고 있다.

③ BIS비율 수치를 봤을 때 국내 5대 은행이 세계 10대 은행보다 위기상황 대처능력이 높다.

④ 라보뱅크보다 자산규모에서 2배 이상 큰 프랑스 크레디아 그리꼴의 당기순이익은 급등락을 반복하고 있다.

61. '이것'은 자전거, 승용차, 버스, 택시, 철도, 비행기 등 모든 운송수단(모빌리티)의 서비스화를 의미한다. '이것'이 상용화되면 하나의 통합된 플랫폼에서 모빌리티 검색·예약·결제 서비스가 일괄 제공되고, 차량은 구매하는 대신 공유 또는 구독할 수 있게 된다. '이것'은 무엇인가?

① 마스(MaaS)

② P2P

③ 스마트 공조 시스템

④ 인포테인먼트 응용 서비스

62. 다음 중 증강현실(AR) 기술을 이용 혹은 활용할 수 있는 국내외 사례로 가장 적절하지 않은 것은?

① 스마트폰 카메라로 신용·직불 카드를 비추면 결제 금액 및 거래 내역을 제시해주는 서비스

② 절차를 간소화하고 자동화하기 위해 스마트 계약 등을 활용하여 자회사 간, 국가 간 운영되는 청산결제 시스템을 대체하는 서비스

③ 자동차 대출 앱을 사용하여 관심 있는 자동차를 스캔하면 동일 모델에 대한 가격, 대출한도, 대출금리, 월 상환 금액 등의 정보를 제공하는 서비스

④ 자회사 회원이 관계사 영업점이나 쿠폰 제휴사 매장 근처에서 앱을 실행하면, 스마트폰 화면에 다양한 쿠폰 아이콘이 자동으로 나타나고 이를 터치하면 쿠폰이 지급되는 서비스

63. 최근 코로나 19 확산으로 인해 극장 관객 수가 급감하면서 영화 제작사 및 배급사들이 극장 개봉 대신 VOD, 온라인 개봉 등을 선택하고 있다. '이것'을 기반으로 한 스트리밍 서비스 이용자가 증가한 이유와도 맞물린다. '이것'의 대표적인 플랫폼으로는 '넷플릭스'가 있는데, '이것'은 무엇인가?

① OTT 서비스

② 멀티플렉스

③ VR

④ 콘텐츠 식별 기술

64. 다음 중 전자화폐 및 가상화폐에 대한 설명으로 옳지 않은 것은?

① 전자화폐는 전자적 매체에 화폐의 가치를 저장한 후 물품 및 서비스 구매 시 활용하는 결제 수단이며, 가상화폐는 전자화폐의 일종으로 볼 수 있다.

② 전자화폐는 발행, 사용, 교환 등의 절차에 관하여 법률에서 규정하고 있으나, 가상화폐는 별도로 규정하고 있지 않다.

③ 가상화폐인 비트코인은 분산원장기술로 알려진 블록체인을 이용한다.

④ 가상화폐인 비트코인은 전자화폐와 마찬가지로 이중 지불(Double Spending)문제가 발생하지 않는다.

65. OECD 개인정보보호 8개 원칙 중 다음에서 설명하는 것은?

> 개인정보 침해, 누설, 도용을 방지하기 위한 물리적·조직적·기술적인 안전조치를 확보해야 한다.

① 수집 제한의 원칙

② 이용 제한의 원칙

③ 정보 정확성의 원칙

④ 안전성 확보의 원칙

66. 디지털 서명에 대한 설명으로 옳은 것을 〈보기〉에서 모두 고른 것은?

〈보기〉
㉠ 디지털 서명은 부인방지를 위해 사용할 수 있다.
㉡ 디지털 서명 생성에는 개인키를 사용하고 디지털 서명 검증에는 공개키를 사용한다.
㉢ 해시 함수와 공개키 암호를 사용하여 생성된 디지털 서명은 기밀성, 인증, 무결성을 위해 사용할 수 있다.

① ㉠㉡　　　　　　② ㉡㉢
③ ㉠㉢　　　　　　④ ㉠㉡㉢

67. 사진이나 동영상 등의 디지털 콘텐츠에 저작권자나 판매자 정보를 삽입하여 원본의 출처 정보를 제공하는 기술은?

① 디지털 사이니지
② 디지털 워터마킹
③ 디지털 핑거프린팅
④ 콘텐츠 필터링

68. 사용자 생활환경 안에서 자연스럽게 요구 사항을 인지하여 필요한 서비스를 제공하며 인터페이스를 최소화하는 것은?

① 제로 UI　　　　　② NUX
③ GUI　　　　　　④ SMI

69. 다음 〈보기〉 중 정보보호 및 개인정보보호 관리체계인증(ISMS-P)에 대한 설명으로 적절한 것을 모두 고르면?

〈보기〉
㉠ 정보보호 관리체계 인증만 선택적으로 받을 수 있다.
㉡ 개인정보 제공뿐만 아니라 파기할 때 보호조치도 포함한다.
㉢ 위험 관리 분야의 인증기준은 보호대책 요구사항 영역에서 규정한다.
㉣ 관리체계 수립 및 운영 영역은 Plan, Do, Check, Act의 사이클에 따라 지속적이고 반복적으로 실행되는지 평가한다.

① ㉠㉡　　　　　　② ㉡㉣
③ ㉢㉣　　　　　　④ ㉠㉡㉣

70. 다중 작업이란 의미로, 여러 개의 프로그램을 열어두고 다양한 작업을 동시에 진행하는 것으로 예를 들면 MP3 음악을 들으면서 워드프로세서 작업을 하다가 인터넷에서 파일을 다운로드하는 것 등의 작업을 무엇이라고 하는가?

① 네트워크 컴퓨팅
② 멀티태스킹
③ 그리드 컴퓨팅
④ 펌웨어

71. 경기불황과 1인 가구가 증가하면서 공유경제가 확산되고 있다. 공유경제 디지털 플랫폼으로 적절하지 않은 것은?

① 에어비앤비
② 현대셀렉션
③ 위워크
④ 우버

72. 첨단 기기에 익숙해진 현대인의 뇌에서 회백질 크기가 감소하여 현실에 무감각해지는 현상을 의미하는 용어는?

① 팝콘 브레인
② 디지털 치매
③ 필터 버블
④ 소셜 큐레이션

73. 다음 보기에서 설명하는 효과와 관련이 높은 것은?

> • 탄소배출량을 저감시키는 효과로 녹색경영이 가능하다.
> • 시간과 장소에 구애받지 않는 유연한 업무환경을 제공한다.
> • 클라우드 컴퓨팅 기술, 화상회의 등의 기술로 원격업무가 가능하다.
> • 다양한 기기로 근무가 가능하다.
> • 결제 프로세서를 간략하게 하여 시간을 단축한다.

① 긱 워커(Gig Worker)
② 공유 오피스
③ 온디맨드(On Demand)
④ 스마트 워크(Smart Work)

74. 차량사물통신인 V2X의 통신으로 적절하지 않은 것은?

① V2V(Vehicle to Vehicle)
② V2I(Vehicle to Infrastructure)
③ V2R(Vehicle to Road)
④ V2P(Vehicle to Pedestrian)

75. 일론 머스크는 뇌에 칩을 이식한 거트루드(Ger trude)를 공개하였다. 거투르드의 뇌에서 보낸 신호를 컴퓨터로 전송하여 모니터에서 볼 수 있는 것을 가능하게 만들 때 사용된 기술은?

① ANN(Artificial Neural Network)
② 딥러닝(Deep Learning)
③ VR(Virtual Reality)
④ BCI(Brain Computer Interface)

76. 다음 중 웨어러블 기기에 해당하지 않는 것은?

① 스마트 의류
② 무선 이어폰
③ 로봇 청소기
④ 스마트 패치

77. 종이 없는 사무실 실현을 위한 수단 중에 하나로 다양한 문서의 작성부터 폐기까지의 전 과정을 통합적으로 관리하기 위한 시스템을 의미하는 것은?

① LMS　② EDMS
③ eQMS　④ EDI

78. 개인화된 데이터를 의미하는 것으로 다량의 데이터를 통해 '나'의 존재를 정량화하거나 입체화하여 분석하는 것으로 개인의 특성을 파악하여 디지털 자아의 탄생을 표현하는 데이터를 의미하는 것은?

① 빅데이터
② 다크 데이터
③ 패스트 데이터
④ 스몰 데이터

79. 코로나 시기에 카카오 브런치 어플 사용자가 증가하면서 게시글의 작성자가 증가하였다. 멜론과 같은 음악 스트리밍 어플에서도 인기 차트 중심보다 자신의 취향별 플레이 리스트를 듣는 이용자가 증가하는 추세이다. 인터넷에서 콘텐츠 생산에 영향을 미치는 이들을 일컫는 용어는?

① 유비노마드
② 리뷰슈머
③ 트라이슈머
④ 디지털 프로슈머

80. 블록체인 기술을 활용하여 만드는 디지털 신분인 DID(Decentralized Identifiers)에 대한 설명으로 적절하지 않은 것은?

① 모바일 신분증에 활용될 수 있다.
② 개인정보를 중앙기관에서 저장하여 관리한다.
③ 공동인증서 없이 휴대폰 인증만으로 전자상거래를 할 수 있다.
④ 발급자, 소유자, 검증자, 저장소가 필요하다.

03 상식

81. ELS, ELD, ELF 비교로 옳지 않은 것은?

① ELS의 발행기관은 증권사이다.
② ELD는 정기예금 형태이다.
③ ELF는 펀드 상품으로 원금이 보장되지 않는다.
④ 주가지수연동예금은 이자를 파생상품으로 운용한다.

82. 다음 중 지방세를 부과하는 항목에 해당되지 않는 것은?

① 주류
② 담배
③ 자동차
④ 주택

83. 자동차 생산량과 가격을 나타낸 표이다. 2025년 실질 GDP와 GDP 디플레이터로 옳은 것은 무엇인가? (단, 기준은 2024년이며 자동차만 생산한다.)

연	가격	생산량
2024	25	120
2025	40	135

	실질 GDP	GDP 디플레이터
①	4,800	150
②	5,620	150
③	5,400	160
④	3,375	160

84. 인플레이션이 4% 상승할 것으로 예상했으나 실제로는 6%로 상승한 경우, 예상하지 못한 인플레이션으로 이득을 얻는 경제주체는?

① 국채에 투자한 국민연금
② 2년간의 임금계약이 만료되지 않은 노동조합 소속의 근로자
③ 채권자
④ 정부

85. 다음 중 성격이 다른 유형 하나는 무엇인가?

① 소비자의 구매량에 따라 가격을 다르게 부과한다.
② 전기요금은 소비자 사용량에 따라 상이하다.
③ 구매량이 높아질수록 소비자들은 단일 가격을 책정하는 경우보다 이윤을 얻을 수 있다.
④ 기업이 소비자의 소비패턴을 파악하여 유보가격을 매길 수 있다.

86. 디플레이션의 영향을 순서대로 나열한 것은 무엇인가?

> ㉠ 소비위축
> ㉡ 상품가격 하락
> ㉢ 채무자의 채무부담
> ㉣ 경기침체 가속
> ㉤ 생산 및 고용 감소

① ㉠ - ㉡ - ㉤ - ㉣ - ㉢
② ㉠ - ㉢ - ㉡ - ㉣ - ㉤
③ ㉢ - ㉡ - ㉠ - ㉣ - ㉤
④ ㉢ - ㉤ - ㉣ - ㉠ - ㉡

87. 한국은행이 콜금리 목표를 인하하겠다고 결정하였을 때 다음 중 추론으로 가장 적절한 것을 고르면?

> ㉠ 부동산에 대한 수요 증가
> ㉡ 원화환율의 상승으로 인한 경상수지의 개선효과
> ㉢ 케인즈 학파의 견해에 따를 경우 큰 폭으로 투자수요 증가
> ㉣ 주식보다 채권에 대한 투자매력 증가

① ㉠, ㉡
② ㉠, ㉢
③ ㉠, ㉡, ㉢
④ ㉠, ㉢, ㉣

88. 물가지수에 대한 설명으로 옳지 않은 것은?

① 신축주택가격은 소비자물가지수에 포함된다.
② 수입품은 소비자물가지수에 포함된다.
③ 파세가격지수는 GDP디플레이터와 성질이 같다.
④ 소비자물가지수는 라스파이레스 방식으로 작성한다.

89. 이탈리아 통계학자가 제시한 법칙에서 나온 것으로, 소득분배의 불평등을 나타내는 수치는 무엇인가?

① 지니계수
② 엥겔지수
③ 위대한 개츠비 곡선
④ 로렌츠곡선

90. 채무자가 공사채나 은행 융자, 외채 등의 원리금 상환 만기일에 지불 채무를 이행할 수 없는 상태는?

① 디폴트

② 환형유치

③ 엠바고

④ 워크아웃

91. 호경기 때 소비재 수요증가와 더불어 상품의 가격이 노동자의 화폐임금보다 급격히 상승하게 되어, 노동자의 임금이 상대적으로 저렴해지는 것과 관련성이 높은 효과는?

① 전시 효과

② 리카도 효과

③ 톱니 효과

④ 베블런 효과

92. 다음 ( ) 안에 들어갈 알맞은 말은?

( )은/는 원래 프랑스에서 비롯된 제도이다. 독일은 제1차 세계대전 이후 엄청난 전쟁배상금 지급을 감당할 수 없어 ( )을/를 선언했고 미국도 대공황 기간 중인 1931년 후버 대통령이 전쟁채무의 배상에 대하여 1년의 지불유예를 한 적이 있는데 이를 후버 ( )라/이라 불렀다고 한다. 이외에도 페루, 브라질, 멕시코, 아르헨티나, 러시아 등도 ( )을/를 선언한 바가 있다.

① 모블로그

② 모라토리엄 신드롬

③ 서브프라임 모기지론

④ 모라토리엄

93. 다음 ( ) 안에 들어갈 알맞은 말은?

니콜라스 탈레브는 그의 책에서 ( )을/를 '과거의 경험으로 확인할 수 없는 기대 영역 바깥쪽의 관측 값으로, 극단적으로 예외적이고 알려지지 않아 발생가능성에 대한 예측이 거의 불가능하지만 일단 발생하면 엄청난 충격과 파장을 가져오고, 발생 후에야 적절한 설명을 시도하여 설명과 예견이 가능해지는 사건'이라고 정의했다. 이것의 예로 20세기 초에 미국에서 일어난 경제대공황이나 9·11 테러, 구글(Google)의 성공 같은 사건을 들 수 있다. 최근 전 세계를 강타한 미국 발 세계금융위기도 포함된다.

① 블랙 스완

② 그레이 스완

③ 어닝 쇼크

④ 더블 딥

94. 다음 중 구매력평가설에 관한 설명으로 옳지 않은 것은?

① 구매력평가설(Purchasing Power Parity theory)은 환율이 양국 통화의 구매력에 의하여 결정된다는 이론이다.

② 구매력평가설은 균형환율수준 혹은 변화율은 각국의 물가수준을 반영하여야 한다는 이론이다.

③ 절대적 구매력평가설은 일물일가의 법칙(law of one price)을 국제시장에 적용한 이론이다.

④ 무역거래에 있어서 관세부과나 운송비로 인해 구매력평가설의 기본가정인 일물일가의 법칙이 현실적으로 성립하기 쉽다.

95. 지니계수(Gini Coefficient)를 증가시켜 소득분배를 불균등하게 하는 요인은?

① 금리인상

② 무료급식제도

③ 상속세

④ 의무교육제도

96. 다음 중 주식과 사채(社債)의 차이점으로 적절하지 않은 것은?

① 주식은 채무가 아니나 사채는 회사 채무이다.

② 사채권자는 주주총회에서의 의결권이 없으며 경영에 참가할 수 없다.

③ 회사는 사채에 대해 일정 기간 동안의 이자를 지불하고 만기일에 사채의 시가(時價)를 상환해야 한다.

④ 회사가 해산되었을 경우 사채가 완불되지 않으면 주주는 잔여재산분배를 받을 수 없다.

97. 다음 (   ) 안에 들어갈 알맞은 말은?

(   )은/는 사회 공헌에 노력하는 기업들을 거래소에서 심사·선정함으로써, 투자자들에게는 장기적으로 지속 가능한 기업을 쉽게 선별할 수 있도록 하고, 자산 운용사들에게는 펀드의 포트폴리오 구성을 위한 추가적인 기준을 제시한다. 이미 세계 많은 나라에서는 (   )이/가 사용되고 있는데, 미국에서의 한 조사 결과에 따르면 1993년에서 2006년 까지 (   )의 수익률이 평균 시장지수(모건 스탠리 지수)의 수익률을 크게 앞질렀다고 한다.

① 엥겔지수

② 거래량지수

③ SRI지수

④ 슈바베지수

98. 다음 설명이 뜻하는 용어는?

대규모의 자금이 필요한 석유, 탄광, 조선, 발전소, 고속도로 건설 등의 사업에 흔히 사용되는 방식으로 선진국에서는 보편화된 금융기법이다. 은행 등 금융기관이 사회간접자본 등 특정사업의 사업성과 장래의 현금흐름을 보고 자금을 지원한다.

① 프로젝트 파이낸싱

② 액면병합

③ 파생금융상품

④ 온디맨드

99. 다음 중 소득이 떨어져도 소비수준이 변하지 않는 현상은?

① 도플러 효과

② 잠재가격

③ 의존 효과

④ 관성 효과

100. 다음 빈칸에 들어갈 개념으로 적절한 것은?

_____은/는 중앙은행이 물가상승률 목표를 명시적으로 제시하고 정책금리 조정 등을 통해 이를 직접 달성하려고 하는 통화정책 운영방식이다. 이 방식은 경제의 지속적 성장을 위해서는 임금, 가격 등의 결정에 큰 영향을 미치는 장래 예상물가의 안정이 무엇보다 중요하다는 인식을 바탕으로 중앙은행이 물가목표를 사전에 제시하고 달성해 나감으로써 일반 국민들의 기대인플레이션이 동 목표 수준으로 수렴하도록 하는 데 주안점을 두고 있다.

① 공개시장조작정책

② 물가안정목표제

③ 지급준비율정책

④ 대출한도제

국민은행 신입행원 채용대비 모의고사

성명
성

수험번호

호	번	험	수
⓪ ① ② ③ ④ ⑤ ⑥ ⑦ ⑧ ⑨	⓪ ① ② ③ ④ ⑤ ⑥ ⑦ ⑧ ⑨	⓪ ① ② ③ ④ ⑤ ⑥ ⑦ ⑧ ⑨	⓪ ① ② ③ ④ ⑤ ⑥ ⑦ ⑧ ⑨

문항	1	2	3	4		문항	1	2	3	4		문항	1	2	3	4		문항	1	2	3	4
1	①	②	③	④		26	①	②	③	④		51	①	②	③	④		76	①	②	③	④
2	①	②	③	④		27	①	②	③	④		52	①	②	③	④		77	①	②	③	④
3	①	②	③	④		28	①	②	③	④		53	①	②	③	④		78	①	②	③	④
4	①	②	③	④		29	①	②	③	④		54	①	②	③	④		79	①	②	③	④
5	①	②	③	④		30	①	②	③	④		55	①	②	③	④		80	①	②	③	④
6	①	②	③	④		31	①	②	③	④		56	①	②	③	④		81	①	②	③	④
7	①	②	③	④		32	①	②	③	④		57	①	②	③	④		82	①	②	③	④
8	①	②	③	④		33	①	②	③	④		58	①	②	③	④		83	①	②	③	④
9	①	②	③	④		34	①	②	③	④		59	①	②	③	④		84	①	②	③	④
10	①	②	③	④		35	①	②	③	④		60	①	②	③	④		85	①	②	③	④
11	①	②	③	④		36	①	②	③	④		61	①	②	③	④		86	①	②	③	④
12	①	②	③	④		37	①	②	③	④		62	①	②	③	④		87	①	②	③	④
13	①	②	③	④		38	①	②	③	④		63	①	②	③	④		88	①	②	③	④
14	①	②	③	④		39	①	②	③	④		64	①	②	③	④		89	①	②	③	④
15	①	②	③	④		40	①	②	③	④		65	①	②	③	④		90	①	②	③	④
16	①	②	③	④		41	①	②	③	④		66	①	②	③	④		91	①	②	③	④
17	①	②	③	④		42	①	②	③	④		67	①	②	③	④		92	①	②	③	④
18	①	②	③	④		43	①	②	③	④		68	①	②	③	④		93	①	②	③	④
19	①	②	③	④		44	①	②	③	④		69	①	②	③	④		94	①	②	③	④
20	①	②	③	④		45	①	②	③	④		70	①	②	③	④		95	①	②	③	④
21	①	②	③	④		46	①	②	③	④		71	①	②	③	④		96	①	②	③	④
22	①	②	③	④		47	①	②	③	④		72	①	②	③	④		97	①	②	③	④
23	①	②	③	④		48	①	②	③	④		73	①	②	③	④		98	①	②	③	④
24	①	②	③	④		49	①	②	③	④		74	①	②	③	④		99	①	②	③	④
25	①	②	③	④		50	①	②	③	④		75	①	②	③	④		100	①	②	③	④

국민은행
신입행원 채용대비

제 1 회

- 정답 및 해설 -

(주)서원각

1	2	3	4	5	6	7	8	9	10	11	12	13	14	15	16	17	18	19	20
②	③	④	②	④	④	④	④	②	③	③	②	③	②	④	③	①	④	②	④
21	22	23	24	25	26	27	28	29	30	31	32	33	34	35	36	37	38	39	40
④	④	②	③	④	④	④	①	②	③	②	④	②	④	④	③	④	③	①	②
41	42	43	44	45	46	47	48	49	50	51	52	53	54	55	56	57	58	59	60
④	④	③	①	③	③	③	①	④	②	①	②	④	②	①	②	④	①	③	②
61	62	63	64	65	66	67	68	69	70	71	72	73	74	75	76	77	78	79	80
③	②	②	④	④	①	④	①	②	③	④	④	④	④	②	④	④	①	③	④
81	82	83	84	85	86	87	88	89	90	91	92	93	94	95	96	97	98	99	100
④	④	③	①	④	③	③	③	③	④	④	③	④	②	①	④	④	①	③	③

01 직업기초능력

1 ②

마지막 문단에서 '데카르트가 뉴턴과 마찬가지로 공간을 정신과 독립된 객관적 실재로 보았던 반면, 라이프니츠는 공간을 정신과 독립된 실재라고 보지 않았다.'라고 하였으므로 ②가 적절하다.

2 ③

정부에서는 통일벼 재배를 적극 권장하며, 비싼 가격으로 농민들에게 쌀을 사들이고 저렴한 가격으로 이를 보급하는 이중곡가제를 실시하였다.

① 본격적으로 보급된 시기는 1972년이며, 재배면적이 확대된 시기는 1976년이다.

② 주어진 글에 언급되지 않은 내용이다.

④ 비탈립성은 낟알이 떨어지지 않는 특성을 말하며, 통일벼는 낟알이 쉽게 떨어져나가는 특성이 있어 개선이 요구되었다.

3 ④

필자는 주어진 글을 통해 복제나 다른 방법으로 신기술의 생명이 점점 짧아지고 있으며, 기업 간 기술 격차의 해소는 시간의 문제일 뿐 곧 평준화될 것이라는 점을 강조하며, 그러한 현상에 대한 대안적인 차별화 전략으로 인문학의 중요성을 이야기하고 있는 것이다.

4 ②

(나) : 화제 제시

(라) : '이슬람'의 개념 및 무슬림의 분포 (문두에 '우선'을 통해 세 개념 중 가장 먼저 설명하는 개점이라는 것을 알 수 있다.)

(가) : '중동'이란 단어의 유래 및 성격

(마) : '중동지역'의 지리적 정의

(다) : '아랍'의 개념 및 아랍연맹 회원국

5 ④
① 교통 재해는 자연 재해의 종류에 속하지 않는다.
② 생물 재해는 자연 재해이며, 지변 재해와 중복되지도 않는다.
③ 글의 주제가 '자연 재해로 인한 재난과 나눔'이므로 '자연 재해를 예방하기 위한 실천 방안'보다는 '자연 재해 피해자에 대한 구호 방안'이 오는 것이 적절하다.

6 ④
새터민의 심리적 부적응과 생활상의 문제를 해결하기 위해 사회복지사를 배정하는 것은 '사회 통합을 위한 언어 정책 마련'이라는 주제에 맞지 않는 내용이다.

7 ④
㉣은 '~ 정성을 쏟아야 하는 것이다'로 고치는 것이 보다 적절하다.

8 ④
자연 과학의 경험적 방법에는 세 가지 차원이 있다고 전제하고, 가장 초보적인 차원(일상경험) → 이보다 발달된 차원(관찰) → 가장 발달된 차원(실험)으로 설명이 전개되고 있다.

9 ②
(나)에서는 정상적인 공권력으로서 투자자의 역할을 하던 권세가와 상인들로부터 물품을 갈취하는 폭압적 권위자의 모습이 모두 그려지고 있으므로 그들의 이중적인 모습을 엿볼 수 있는 단락이 된다.
① 고려시대 시장의 상황을 묘사한 단락은 (가), (나), (다)이다.
③ 권세가들의 폭압과 정도의 차이는 있으나, 상인들에게 있어서는 불교사찰 역시 그들과 크게 다르지 않은 모습의 경우도 존재했음을 설명하는 단락이다.
④ (라)에서는 고려 상인들이 사료에 잘 등장하지 않는 이유를 설명하고 있어 앞선 단락들과 다른 내용을 언급한 것으로 볼 수 있으나, (다)는 (가), (나)와 함께 고려시대 시장과 상인들의 모습을 설명하는 단락이다.

10 ③
불교 사찰의 순수하지 않은 면을 언급하였으나, 그것은 권세가들의 폭압과는 다른 모습이었음을 설명하고 있으므로 고위층보다 더한 비리와 부패의 모습을 보였다고 판단하는 것은 과도하다고 할 수 있다.
① 은병과 포필은 고위층과 하위민들을 위한 별도의 통화라고 설명되어 있다.
② 징벌 대상으로서의 상인들의 모습은 사료에 수록되었다고 설명되어 있다.
④ 외부 시장과의 거래가 꾸준했던 것으로 설명하고 있다.

11 ③
• ㉠의 앞 뒤 문장을 보면 각 개인이 타고난 것에 대한 권리가 당연하다고 생각한다고 언급하고 이것은 우연적이라고 상반된 입장을 취하고 있다. 따라서 ㉠에 들어갈 접속사는 '그러나'가 적절하다.
• ㉡의 앞 뒤 문장을 보면 상속된 재산이라 하더라도 사회적 시스템 속에서 가치를 인정받게 된 것이라 언급하고, 그 재산에 대한 권리는 제한적이거나 없다고 말하고 있다. 앞의 문장을 근거로 뒷 문장에서 결론을 내리는 것으로 보아 ㉡에 들어갈 접속사는 '따라서'가 적절하다.

정답 및 해설

12 ②

최 대리와 윤 사원은 바이어 일행 체류 일정을 수립하는 업무를 담당하게 되었으며, 이것은 적절한 계획 수립을 통하여 일정이나 상황에 맞는 인원을 배치하는 일이 될 것이므로, 모든 일정에 담당자가 동반하여야 한다고 판단할 수는 없다.

① 3사분기 매출 부진 원인 분석 보고서 작성은 오 과장이 담당한다. 따라서 오 과장은 매출과 비용 집행 관련 자료를 회계팀으로부터 입수하여 분석할 것으로 판단할 수 있다.

③ 최 대리와 윤 사원은 바이어 일행의 체류 일정에 대한 업무를 담당하여야 하므로 총무팀에 차량 배차를 의뢰하게 된다.

④ 민 과장과 서 사원은 등반대회 진행을 담당하게 되었으므로 배정된 예산을 수령하기 위하여 회계팀, 회사에서 지원하는 물품을 수령하기 위하여 총무팀의 업무 협조를 의뢰하게 될 것으로 판단할 수 있다.

13 ③

주어진 글에서는 능동문과 피동문의 차이점을 설명하고 있으나, 피동문이 적절하지 않은 문장이라거나 피동문을 사용하지 말아야 한다는 근거를 제시하고 있지는 않다. 단지, 피동문이 오남용되는 사례들이 많이 발견되기도 한다고 언급한 것이며, 오히려 '~은 사실이다.'에 이어지는 말로는 오남용의 구체적인 사례를 제시하는 내용 또는 그와는 상반되는 내용이 이어져 피동문도 올바르게 사용하면 좋은 국어의 활용이 될 수 있다는 의미를 전달하는 것이 더욱 적절하다고 볼 수 있다.

14 ②

ⓒ 참가자는 무작위로 선정한 것이 아니라 시음회의 참여를 원하는 직원을 대상으로 선정하였기 때문에 전체 직원에 대한 대표성이 확보되었다고 보기는 어렵다.

ⓔ 대표성을 확보하기 위해서는 우리나라의 남녀 비율이 아닌 A회사의 남녀 비율을 고려하여 선정하는 것이 더 적절하다.

15 ④

건설비용 추가 발생 우려는 H공단의 위협 요인(T)이며, 인근 지역의 개발 기회를 통해 이러한 비용 부분이 만회(S)될 수 있다는 것이므로 ST전략이다.

① 자사의 우수한 기술력(S)+경쟁 극복(T) → ST전략

② 연락사무소 설치(W)+경쟁업체 동향 파악(T)으로 약점 최소화 → WT전략

③ 현지 근로인력 이용(O)+우수 기술 교육 및 전수(S) → SO전략

16 ③

가장 확실한 조건(B는 204호, F는 203호)을 바탕으로 조건들을 채워나가면 다음과 같다.

a라인	201 H	202 A	203 F	204 B	205 빈 방
복도					
b라인	210 G	209 C	208 빈 방	207 E	206 D

∴ D의 방은 206호이다.

3

17 ①

제시된 네 개의 명제의 대우명제를 정리하면 다음과 같다.
㉠→乙 지역이 1급 상수원이면 甲 지역은 1급 상수원이 아니다.
㉡→乙 지역이 1급 상수원이 아니면 丙 지역도 1급 상수원이 아니다.
㉢→甲 지역이 1급 상수원이 아니면 丁 지역도 1급 상수원이 아니다.
㉣→戊 지역이 1급 상수원이면 丙 지역은 1급 상수원이다.

戊 지역이 1급 상수원임을 기준으로 원래의 명제와 대우명제를 함께 정리하면 '戊 지역→丙 지역→乙 지역→~甲 지역→~丁 지역'의 관계가 성립하게 되고, 이것의 대우인 '丁 지역→甲 지역→~乙 지역→~丙 지역→~戊 지역'도 성립한다. 따라서 甲 지역이 1급 상수원이면 丙 지역은 1급 상수원이 아니므로 ①은 거짓이다.

18 ④

주어진 조건에 의해 가능한 날짜와 연회장을 알아보면 다음과 같다.

우선, 백 대리가 원하는 날은 월, 수, 금요일이며 오후 6시~8시까지 사용을 원한다. 또한 인원수로 보아 A, B, C 연회장만 가능하다. 기 예약된 현황과 연회장 측의 직원들 퇴근 시간과 시작 전후 필요한 1시간씩을 감안하여 예약이 가능한 연회장과 날짜를 표시하면 다음과 같다.

일	월	화	수	목	금	토
			1 A, C	2 B 19시 D 18시	3 A, B	4 A 11시 B 12시
5	6 A	7	8 B, C	9 C 15시	10 A.	11
12	13 A, B	14 A 16시	15 B, C	16	17 A, C	18

따라서 A, B 연회장은 원하는 날짜에 언제든 가능하다는 말은 적절하지 않다.
① 가능한 연회장 중 가장 저렴한 C 연회장은 월요일에 사용이 불가능하다.
② 6일은 가장 비싼 A 연회장만 사용이 가능하다.
③ 인원이 200명을 넘지 않으면 가장 저렴한 C 연회장을 1, 8, 15, 17일에 사용할 수 있다.

정답 및 해설

19 ②

주어진 조건에 따라 범인을 가정하여 진술을 판단하면 다음과 같다.

〈사건 1〉

진술 ＼ 범인	가인	나은	다영
가인	거짓	참	참
나은	참	참	거짓
다영	거짓	거짓	참

〈사건 2〉

진술 ＼ 범인	라희	마준	바은
라희	거짓	참	참
마준	거짓	참	참
바은	거짓	거짓	참

따라서 〈사건 1〉의 범인은 가인, 〈사건 2〉의 범인은 라희이다.

20 ④

㉠ A국 : 야생동물의 서식지 파괴를 최소화하였으므로 '환경의 지속가능성 보장'(목표7)에 해당한다.
㉡ B국 : 메르스 바이러스 감염에 대해 의료진 파견과 재정 지원을 하였으므로 '후천성 면역 결핍증(AIDS), 말라리아 등 질병 퇴치'(목표6)에 해당한다.
㉢ C국 : 국가 간 협력 네트워크에 참여한 것은 '개발을 위한 글로벌 파트너십 조성'(목표8)에 해당한다.

21 ④

④ 예능 프로그램 2회 방송의 총 소요 시간은 1시간 20분으로 1시간짜리 뉴스와의 방송 순서는 총 방송 편성시간에 아무런 영향을 주지 않는다.
① 채널1은 3개의 프로그램이 방송되었는데 뉴스 프로그램을 반드시 포함해야 하므로, 기획물이 방송되었다면 뉴스, 기획물, 시사정치의 3개 프로그램이 방송되었다.
② 기획물, 예능, 영화 이야기에 뉴스를 더한 방송시간은 총 3시간 40분이 된다. 채널2는 시사정치와 지역 홍보물 방송이 없고 나머지 모든 프로그램은 1시간 단위로만 방송하므로 정확히 12시에 프로그램이 끝나고 새로 시작하는 편성 방법은 없다.
③ 9시에 끝난 시사정치 프로그램에 바로 이어진 뉴스가 끝나면 10시가 된다. 기획물의 방송시간은 1시간 30분이므로, 채널3에서 영화 이야기가 방송되었다면 정확히 12시에 기획물이나 영화 이야기 중 하나가 끝나게 된다.

22 ④

④ 채널2에서 영화 이야기 프로그램 편성을 취소하면 3시간 10분의 방송 소요시간만 남게 되므로 정각 12시에 프로그램을 마칠 수 없다.
① 기획물 1시간 30분 + 뉴스 1시간 + 시사정치 2시간 30분 = 5시간으로 정각 12시에 마칠 수 있다.
② 뉴스 1시간 + 기획물 1시간 30분 + 예능 40분 + 영화 이야기 30분 + 지역 홍보물 20분 = 4시간이므로 1시간짜리 다른 프로그램을 추가하면 정각 12시에 마칠 수 있다.
③ 시사정치 2시간 + 뉴스 1시간 + 기획물 1시간 30분 + 영화 이야기 30분 = 5시간으로 정각 12시에 마칠 수 있다.

23 ②

〈보기〉의 각 내용을 살펴보면 다음과 같다.

㈎ 생산 전력량은 순서대로 각각 450, 320, 380천 Mwh 로 H발전소가, 전송받은 전력량은 순서대로 각각 400, 380, 370천 Mwh로 지역A가 가장 많다.

㈏ W발전소에서 지역A로 공급한 전력의 30%가 지역C로 전송된다는 것은 지역A로 전송된 전력량이 140 → 98 천 Mwh, 지역C로 전송된 전력량이 70 → 112천 Mwh 가 된다는 것이므로 이 경우, 전송받은 전력량 순위는 지역A와 지역C가 서로 바뀌게 된다.

㈐ H발전소에서 전송한 전력량을 세 지역 모두 10%씩 줄이면 450 → 405천 Mwh가 되어 발전소별 생산 전력량 순위는 바뀌지 않고 동일하게 된다.

㈑ 발전소별 평균 전송한 전력량은 순서대로 각각 450÷3=150, 320÷3=약 107, 380÷3=약 127천 Mwh이며, 지역별 평균 전송받은 전력량은 순서대로 각각 400÷3=약 133, 380÷3=약 127, 370÷3=약 123 천 Mwh이므로 모든 평균값이 100~150천 Mwh의 범위 내에 있음을 알 수 있다.

24 ③

대은은 김씨도 아니고, 박씨도 아니므로 서씨이다. 대은은 2루수도 아니고, 1루수도 아니므로 3루수이다. 대은은 1루 수보다 나이가 어리고, 박씨 성의 선수보다 나이가 어리므로 18세이다. 선호는 김씨가 아니므로 박씨이고, 나이가 가장 많으므로 24세이다.

	1루수	2루수	3루수
성	김	박	서
이름	정덕	선호	대은
나이	21세	24세	18세

25 ④

두 번째 조건을 부등호로 나타내면, C < A < E
세 번째 조건을 부등호로 나타내면, B < D, B < A
네 번째 조건을 부등호로 나타내면, B < C < D
다섯 번째 조건에 의해 다음과 같이 정리할 수 있다.
∴ B < C < D, A < E

① 주어진 조건만으로는 세 번째로 월급이 많은 사람이 A 인지, D인지 알 수 없다.

② B < C < D, A < E이므로 월급이 가장 많은 E는 월급을 50만 원을 받고, A와 D는 각각 40만 원 또는 30만 원을 받으며, C는 20만 원을, B는 10만 원을 받는다. E와 C의 월급은 30만 원 차이가 난다.

③ B의 월급은 10만 원, E의 월급은 50만 원이므로 합하면 60만 원이다.
C의 월급은 20만 원을 받지만, A는 40만 원을 받는지 30만 원을 받는지 알 수 없으므로 B와 E의 월급의 합은 A와 C의 월급의 합보다 많을 수도 있고, 같을 수도 있다.

26 ④

④ E가 A의 수호천사가 될 수 있기 위해서는 A가 E의 수호천사이고 E는 자기 자신의 수호천사가 되어야 한다. 그러나 A는 E의 수호천사이나, E는 자기 자신의 수호천사가 아니므로 E는 A의 수호천사가 될 수 없다.

① A → B → C → D → B, E이므로 A는 B, C, D, E의 수호천사가 된다.

② A가 B의 수호천사이고 B는 자기 자신의 수호천사이므로 B는 A의 수호천사가 될 수 있다.

③ C는 B의 수호천사이고 B는 C의 수호천사이기 때문에 C는 자기 자신의 수호천사이다.

27 ④

- ㉠ 2024년의 남녀 임금격차가 66.6%로 최고 수준이었으나, OECD 국가 평균의 2배 이상은 아니다.
- ㉡ 우리나라의 남성 근로자의 임금 대비 여성 근로자의 임금 수준은 다음과 같다.

구분	2019	2020	2021	2022	2023	2024	2025
남성대비 여성임금 비율	65.1%	64.8%	65.2%	65.7%	66.2%	66.6%	66.4%

2019년에 비해 2025년에는 1.3% 정도로 소폭 상승하였다.
- ㉢ 남녀 임금격차가 적다는 것은 남녀의 임금격차가 거의 없어 100%가 되어야 한다는 뜻이다. 프랑스는 OECD 국가 중에서 남녀 임금격차가 가장 적다.
- ㉣ OECD 평균이 78%에서 82%로 100%에 가까워졌으므로 남녀 임금격차가 줄어들고 있다고 볼 수 있다.

28 ①

A 도시의 여성 수는 $250,000 \times \dfrac{42}{100} = 105,000$(명)

A 도시의 여성 독신자 수는 $105,000 \times \dfrac{42}{100} = 44,100$(명)

A 도시의 여성 독신자 중 7%에 해당하는 수는

$44,100 \times \dfrac{7}{100} = 3,087$(명)

29 ②

주어진 2개의 자료를 통하여 다음과 같은 상세 자료를 도출할 수 있다.

(단위 : 건, %)

연도 \ 노선		1호선	2호선	3호선	4호선	합
2024	아동	37	159	11	2	209
	범죄율	17.7	76.1	5.3	1.0	
	비아동	187	112	71	37	407
	범죄율	45.9	27.5	17.4	9.1	
	전체	224	271	82	39	616
	전체 범죄율	36.4	44.0	13.3	6.3	
2025	아동	63	166	4	5	238
	범죄율	26.5	69.7	1.7	2.1	
	비아동	189	152	34	56	431
	범죄율	43.9	35.3	7.9	13.0	
	전체	252	318	38	61	669
	전체 범죄율	37.7	47.5	5.7	9.1	

따라서 이를 근거로 〈보기〉의 내용을 살펴보면 다음과 같다.

㈎ 2025년 비아동 상대 범죄 발생건수는 3호선이 71건에서 34건으로 전년보다 감소하였다. (X)

㈏ 2025년의 전년 대비 아동 상대 범죄 발생건수의 증가폭은 238-209=29건이며, 비아동 상대 범죄 발생건수의 증가폭은 431-407=24건이 된다. (O)

㈐ 2025년의 노선별 전체 범죄율이 10% 이하인 노선은 5.7%인 3호선과 9.1%인 4호선으로 2개이다. (X)

㈑ 2호선은 2024년과 2025년에 각각 44.0%와 47.5%의 범죄율로, 두 해 모두 전체 범죄율이 가장 높은 노선이다. (O)

30 ③

③ 두 상품을 따로 경매한다면 A는 戊에게 50,000원에, B는 己에게 70,000원에 낙찰되므로 얻는 수입은 120,000원이다.

① 두 상품을 묶어서 경매한다면 최고가 입찰자는 己이다. 己가 낙찰 받는 금액은 110,000원으로 5% 할인을 해주어도 그 금액이 100,000원이 넘는다. 입찰자는 낙찰가의 총액이 100,000원을 초과할 경우 구매를 포기한다는 조건에 의해 己는 구매를 포기하게 되므로 낙찰자는 丙이 된다.

② 지헌이가 얻을 수 있는 예상 수입은 두 상품을 따로 경매할 경우 120,000원, 두 상품을 묶어서 경매할 경우 95,000원으로 동일하지 않다.

④ 두 상품을 따로 경매한다면 A의 낙찰자는 戊이다.

31 ②

교육연수가 14년인 경우를 계산해 보면
• A사
–남성 $= 1,000 + (180 \times 14) = 3,520$만 원
–여성 $= 1,840 + (120 \times 14) = 3,520$만 원
• B사
–남성 $= 750 + (220 \times 14) = 3,830$만 원
–여성 $= 2,200 + (120 \times 14) = 3,880$만 원

32 ④

ⓒ 스페인은 부정 응답이 더 많았다.

ⓔ 러시아는 미국이 국제사회에서 존경받고 있는가에 대한 긍정 정도가 높게 나타나고 있다.

33 ②

수출량과 수입량 모두 상위 10위에 들어있는 국가는 네덜란드와 중국이다.

34 ④

네덜란드 $544 - 156 = 388$(만 톤)
중국 $1,819 - 27 = 1,792$(만 톤)

35 ④

A~D의 효과성과 효율성을 구하면 다음과 같다.

구분	효과성		효율성	
	산출/목표	효과성 순위	산출/투입	효율성 순위
A	$\dfrac{500}{(가)}$	3	$\dfrac{500}{200+50}=$	2
B	$\dfrac{1,500}{1,000}=1.5$	2	$\dfrac{1,500}{(나)+200}$	1
C	$\dfrac{3,000}{1,500}=2$	1	$\dfrac{3,000}{1,200+(다)}$	3
D	$\dfrac{(라)}{1,000}$	4	$\dfrac{(라)}{300+500}$	4

• A와 D의 효과성 순위가 B보다 낮으므로 $\dfrac{500}{(가)}$, $\dfrac{(라)}{1,000}$의 값은 1.5보다 작고 $\dfrac{500}{(가)} > \dfrac{(라)}{1,000}$가 성립한다.

• 효율성 순위가 1순위인 B는 2순위인 A의 값보다 커야 하므로 $\dfrac{1,500}{(나)+200} > 2$이다.

• C와 D의 효율성 순위가 A보다 낮으므로 $\dfrac{3,000}{1,200+(다)}$, $\dfrac{(라)}{300+500}$의 값은 2보다 작고 $\dfrac{3,000}{1,200+(다)} > \dfrac{(라)}{300+500}$가 성립한다.

따라서 이 조건을 모두 만족하는 값을 찾으면 (가), (나), (다), (라)에 들어갈 수 있는 수치는 ④이다.

36 ③

③ 3등급 판정을 받은 한우의 비율은 2025년이 가장 낮지만, 비율을 통해 한우등급 판정두수를 계산해 보면 2021년의 두수가 $602,016 \times 0.11 =$약 66,222두로, 2025년의 $839,161 \times 0.088 =$약 73,846두보다 더 적음을 알 수 있다.

① 1++ 등급으로 판정된 한우의 수는
2021년 : $602,016 \times 0.097 =$약 58,396두
2022년 : $718,256 \times 0.092 =$약 66,080두

② 1등급 이상이 60%를 넘은 해는 2021, 2022, 2024, 2025년으로 4개년이다.

④ 1++ 등급의 비율이 가장 낮은 2019년에는 3등급의 비율이 가장 높았지만, 반대로 1++ 등급의 비율이 가장 높은 2021년에는 3등급의 비율도 11%로 2025년보다 더 높아 가장 낮지 않았다.

37 ④

D에 들어갈 값은 $37.9 + 4.3 = 42.2$이다.

38 ③

③ 기타(무직 등)의 경우,
(29,323−26,475)÷26,475×100=10.8%로 가장 높은 증가율을 보이는 종사상 지위임을 알 수 있다.

① 임시·일용근로자의 평균 가구당 순자산 보유액을 통하여 이들의 연령대를 파악할 수는 없다.

② 50대는 39,419−37,026=2,393만 원 증가한 반면, 40대는 이보다 큰 34,426−31,246= 3,180만 원이 증가하였다.

④ (34,042−31,572)÷31,572×100=7.8%가 되어 10%를 넘지 않는다.

39 ①

• 지출 내역은 창호 40만 원, 영숙 120만 원, 기오 56만 원이고, 총 216만 원이다.

• 각자가 동일하게 분담해야 하므로 216/4＝54, 각자 54만 원씩 부담해야 한다.

• 준희는 무조건 54만 원을 부담해야 하므로 (A)는 54만 원이다.

• 기오는 이미 56만 원을 부담했으므로 창호에게 2만 원을 받으면 54만 원을 부담한 것이 된다. 즉, (B)는 2만 원이다.

• 창호는 이미 40만 원을 부담했고, 기오에게 2만 원을 더 줬기 때문에 42만 원을 부담했다. 그러므로 54만 원이 되려면 12만 원을 영숙이에게 전달해야 한다. 그러면 영숙이도 총 54만 원을 부담하게 되어 모두가 동일한 금액을 부담하게 된다. 즉, (C)는 12만 원이다.

40 ②

② 전체 인구수는 전년보다 동일하거나 감소하지 않고 매년 꾸준히 증가한 것을 알 수 있다.

① 65세 미만 인구수 역시 매년 꾸준히 증가하였다.

③ 2022년과 2023년에는 전년보다 감소하였다.

④ 2022년 이후부터는 5% 미만 수준을 계속 유지하고 있다.

02 직무심화지식

41 ④

단리는 원금에 대해서만 이자를 계산하는 방법이고, 복리는 발생한 이자와 원금 모두에 대해서 이자를 계산하는 방법이다. 갑이 가입한 상품은 연 4%의 복리 이자가 적용되는 것으로 3년 만기 시 받을 수 있는 금액은 100만원 $\times(1+0/04)^3$으로 1,124,864원이다. 을이 가입한 상품은 연 4%의 단리 이자가 적용되는 것으로 3년 만기 시 받을 수 있는 금액은 1,120,000원이다. 만약 금융 상품의 만기가 5년으로 늘어난다면 갑은 100만원 $\times(1+0/04)^5$로 약 1,216,653원을 받을 수 있고, 을은 1,200,000원을 받을 수 있다. 이 경우가 만기가 3년인 경우보다 갑과 을이 받을 수 있는 원리금의 격차는 더 커진다.

① 갑이 가입한 상품은 복리로 이자가 적용되는 금융 상품이다.

② 을이 가입한 상품은 단리로 이자가 적용되는 금융 상품이다.

③ 정부, 주식회사, 지방자치단체가 발행하는 상품은 채권이다.

42 ④

예금의 단리 지급식은 원금×이율×기간으로 구하므로
6개월 이상의 연이율은 1.6%, 24개월의 연이율은 1.8%

㉠ 원금 2,000만 원의 6개월 이자는

$$2,000 \times 0.016 \times \frac{6}{12} = 16(만\ 원)$$

㉡ 원금 2,000만 원의 24개월 이자는

$$2,000 \times 0.018 \times \frac{24}{12} = 72(만\ 원)$$

$$\therefore 72 - 16 = 56(만\ 원)$$

43 ③

청년층 가입자의 의무가입 기간은 3년으로, 5년 이내 해지 시 실현 이익금의 15.4%를 세금으로 부과한다고 제시되어 있다.

44 ①

750만 원의 수익과 350만 원의 손해
$7,500,000 - 3,500,000 = 4,000,000$(원)
200만 원 초과분 9.9% 분리과세(지방소득세 포함)라고 했으므로 기초 공제금 200만 원을 제하면
2,000,000원의 순수 이익이 남는다.
$2,000,000 \times 0.099 = 198,000$(원)

45 ③

단리이므로 세후이자는 원금×금리×(1−이자소득세)로 계산한다.
㉠ 원금은 2년 만기 100만 원이므로
　$24 \times 1,000,000 = 24,000,000$(원)
㉡ 1년 세후 이자는
　$1,000,000 \times 12 \times 0.05 \times (1 - 0.154) = 507,600$(원)
㉢ 2년 세후 이자는
　$1,000,000 \times 24 \times 0.05 \times (1 - 0.154) = 1,015,200$(원)
㉣ 원금과 1년 이자, 2년 이자를 모두 더하면
　$24,000,000 + 507,600 + 1,015,200 = 25,522,800$(원)

46 ③

주어진 산식을 이용해 각 기업의 금융비용부담률과 이자보상비율을 계산해 보면 다음과 같다.

구분		내용
A기업	영업이익	98 − 90 − 2 = 6천만 원
	금융비용부담률	$1.5 \div 98 \times 100 =$ 약 1.53%
	이자보상비율	$6 \div 1.5 \times 100 = 400\%$
B기업	영업이익	105 − 93 − 3 = 9천만 원
	금융비용부담률	$1 \div 105 \times 100 =$ 약 0.95%
	이자보상비율	$9 \div 1 \times 100 = 900\%$
C기업	영업이익	95 − 82 − 3 = 10천만 원
	금융비용부담률	$2 \div 95 \times 100 =$ 약 2.11%
	이자보상비율	$10 \div 2 \times 100 = 500\%$
D기업	영업이익	112 − 100 − 5 = 7천만 원
	금융비용부담률	$2 \div 112 \times 100 =$ 약 1.79%
	이자보상비율	$7 \div 2 \times 100 = 350\%$

따라서 금융비용부담률이 가장 낮은 기업과 이자보상비율이 가장 높은 기업은 모두 B기업임을 알 수 있으며, B기업이 가장 우수한 건전성을 나타낸다고 할 수 있다.

47 ③

청춘여행 Type의 서비스 조건은 '전월 이용실적 50만 원 이상 시 제공'이고, 청춘놀이 Type의 서비스 조건은 '전월 이용실적 30만 원 이상 시 제공'으로 서로 다르다.
① W(JCB) 브랜드의 연회비는 8,000원이고, MasterCard 브랜드의 연회비는 10,000원이다.
② 청춘 선택 서비스는 카드발급 신청 시 선택하며 발급 후에는 변경이 불가하다.
④ 온라인 쇼핑몰에서 건당 이용금액 2만 원 이상 사용 시 10%의 청구할인이 가능하므로 3만 원짜리 쌀을 구매할 경우 3,000원 할인받을 수 있다.

48 ①

㉠ 에버랜드 자유이용권 : 본인 50%할인, 30,000원

㉡ 온라인 쇼핑몰 10% 청구할인 : 20만원×10%＝20,000원

㉢ 배달앱 10% 청구할인 : 2만5천원×10%＋1만5천원
×10%＝4,000원

따라서 총 할인금액은 54,000원이다.

49 ④

$$\frac{392,222}{1,288,847}\times100 ≒ 30.43\%$$

따라서 30%를 초과한다.

50 ②

3개월 신용카드 월 평균 사용금액이 30만 원인 경우 총 사용금액이 100만 원 이하이므로 우대금리가 적용되지 않아 다른 혜택 사항이 없을 경우 적어도 1.90%의 금리가 적용되지 않게 된다.

① 모든 우대금리 혜택 사항에 적용될 경우, 1.60%의 금리가 적용되므로 이자액은 160만 원이 된다.

③ 연체이자율은 원래의 '채무자 대출금리'를 기준으로 하므로 다른 조건에 변동이 없을 경우, 골드레벨 KB고객 혜택만 있는 고객과 급여이체 혜택만 있는 고객이 서로 동일하지 않다.

④ 골드레벨 KB고객이 급여이체도 K은행을 통하여 하고 있을 경우, 0.20%p와 0.10%p가 우대되므로 1.70%까지 금리 적용이 가능하다.

51 ①

인터넷, 모바일 등 영업점 무방문대출의 경우 대출금액은 최대 1억 원 한도로 규정되어 있으나, '재직기간 1년 이상'이라는 대출대상 조건이 명시되어 있으므로 적절한 응답 내용이 아니다.

② 사립학교 교직원에 해당되며, 한도 금액 2억 5천만 원 이내이며, 급여이체 시 0.1%p의 우대금리 적용으로 최종 1.90%의 금리를 적용받게 된다.

③ 연체이자율은 '채무자 대출금리＋3%'이므로 1.60%＋3%＝4.60%가 된다.

④ 영업점 무방문대출이므로 최대 1억 원까지 대출이 가능한 경우이다. 따라서 대출 수수료는 없거나(5천만 원 이하), 7만 원(1억 원 이하)이 된다.

52 ②

복리를 전제로 자산을 두 배로 늘리는 데 걸리는 시간을 계산하는 방법은 72의 법칙이라고 한다. 72를 수익률로 나눌 경우 원금의 두 배가 되는 기간이 계산된다. 따라서 72의 법칙을 사용하면, 72 ÷ 6 = 12(년)이다.

53 ④

36개월 이상, 48개월 이상, 60개월 이상인 사람의 기본 이율은 1.5%로 동일하다.

① 알 수 없는 내용이다.

② 서비스의 이용기간은 적금만기 후 3개월 이내이다.

③ 해당 적금의 가입대상은 실명인 개인이다.

54 ②

1억 원을 1년 동안 예금하면 이자 소득은 210만 원이 된다. 이자 소득의 15.4%에 해당하는 세금 32만 3,400원을 제하면 실제로 예금주가 받게 되는 이자는 177만 6,600원이다. 즉, 세후 명목이자율은 1.77%를 조금 넘는 수준에 지나지 않는다. 만기가 돌아오는 1년 후에 물가가 1.0% 상승했다고 가정했으므로 세후 실질이자율은 1.77%-1.0%=0.77%가 된다.

55 ①

할인내역을 정리하면
○ A 신용카드
• 교통비 20,000원
• 외식비 2,500원
• 학원수강료 30,000원
• 연회비 15,000원
• 할인합계 37,500원
○ B 신용카드
• 교통비 10,000원
• 온라인 의류구입비 15,000원
• 도서구입비 9,000원
• 할인합계 30,000원
○ C 신용카드
• 교통비 10,000원
• 카페 지출액 5,000원
• 재래시장 식료품 구입비 5,000원
• 영화관람료 4,000원
• 할인합계 24,000원

56 ②

해지 공제 비용이 없어 초기에 해지하더라도 환급률이 높은 상품이다.

57 ④

납입 기간은 2년, 3년, 5년, 7년, 10년, 12년, 15년, 20년납이 가능하다.

58 ①

송금사유별 건당 송금한도

구분	지급증빙서류 미제출송금 외국인/비거주자의 국내 소득 송금	유학생, 해외체재자	해외 이주비
09:00~16:00 (월~금요일)	USD 1만 불 상당액 이하	USD 5만 불 상당액 이하	USD 5만 불 상당액 이하
16:00~익일 09:00 (월~금요일)	USD 5천 불 상당액 이하	USD 5천 불 상당액 이하	불가
토요일 09:00~월요일 09:00	USD 5천 불 상당액 이하	USD 5천 불 상당액 이하	불가

59 ③

5,000,000×0.0029=14,500(원)

60 ②

〈유의사항〉에 "지수상승에 따른 수익률(세전)은 실제 지수 상승률에도 불구하고 연 4.67%를 최대로 한다."고 명시되어있다.

정답 및 해설

61 ③

인터넷 경제 3원칙은 무어의 법칙, 멧칼프의 법칙, 가치사슬 지배법칙이다.

ⓐ 무어의 법칙(Moore's Law) : 마이크로칩의 처리능력은 18개월마다 2배 증가한다.

ⓑ 롱테일법칙(Long Tail Theory) : 80%의 효과는 20%의 노력으로 얻어진다.

ⓒ 가치사슬 지배법칙 : 거래 비용이 적게 드는 쪽으로 변화한다.

ⓓ 가치의 법칙(Law of Value) : 가치는 노동시간에 따라 결정된다.

ⓔ 멧칼프의 법칙(Metcalfe's Law) : 네트워크 가치는 참여자의 수의 제곱이다.

62 ②

① 스파이 앱(SPY) : 사용자들의 통화 내용, 문자메시지, 음성 녹음을 통한 도·감청 기능까지 갖춘 앱을 일컫는 말로, 스파이 애플리케이션의 준말이다.

③ 스머핑(Smurfing) : IP와 인터넷 제어 메시지 프로토콜(ICMP)의 특성을 이용하여 인터넷망을 공격하는 행위이다. 정보교환을 위해 프로토콜로 운용중인 노드를 핑 명령으로 에코 메시지를 보내어 가짜 네트워크 주소인 스머핑 주소를 만든다. 이 주소로 보내진 다량의 메시지로 트래픽이 가득 차서네트워크 사용이 어려워진다.

④ 스푸핑(Spoofing) : 위장된 정보로 시스템에 접근하여 정보를 빼가는 해킹수법이다.

63 ②

① 랜섬웨어(Ransomware) : 사용자 PC를 해킹하여 컴퓨터 내부 문서를 암호화하여 금품을 요구하는 악성코드이다.

③ 스피어 피싱(Spear Phishing) : 특정 기업 직무자를 대상으로 이메일을 보내 정보를 취득하는 사기수법이다.

④ 부트키트(BootKit) : OS에서 활동하는 악성코드이다.

64 ④

① 디지털 쿼터족(Digital Quarter) : 디지털을 기성세대보다 $\frac{1}{4}$ 시간 이내에 빠르게 처리하는 세대를 말한다.

② 디지털 사이니지(Digital Signage) : 디지털 미디어 광고를 말한다.

③ 디지털 디바이드(Digital Divide) : 디지털 사회 계층간의 정보 불균형을 말한다.

65 ④

④ DCEP(Digital Currency Eletronic Payment) : 중국에서 시행하는 디지털 위안화를 의미한다.

① CBDC(Central Bank Digital Currency) : 중앙은행 디지털 화폐(CBDC)이다.

② 비트코인(Bit Coin) : 2009년 나카모토 사토시에 의해 개발된 가상 디지털 화폐이다.

③ E - 크로나(E - Krona) : 스웨덴 중앙은행에서 발행한 세계 최초의 디지털 화폐이다.

66 ①

② 지능형(AI) 정부 : 국민에게 맞는 맞춤형 공공서비스를 구현하는 것으로 모바일 신분증 등을 기반으로 한 올 디지털(All Digital) 민원처리, 국민체감도가 높은 분야 블록체인 기술 적용, 전(全)정부청사(39개 중앙부처) 5세대 이동통신(5G) 국가망 구축 등이 있다.

③ 그린 스마트 스쿨(Green Smart School) : 안전·쾌적한 녹색환경과 온·오프 융합 학습공간 구현을 위해 전국 초등·중등·고등학교 에너지 절감시설 설치 및 디지털 교육환경 조성하는 것이다.

④ 국민안전 사회간접자본 디지털화 : 핵심기반 시설을 디지털화하고 효율적 재난 예방 및 대응시스템 마련하는 것으로 차세대지능형교통시스템(C ITS) 및 전(全)철로 사물인터넷(IoT) 센서 설치, 전국 15개 공항 비대면 생체인식시스템 구축, 지능형CCTV·사물인터넷(IoT) 활용, 수자원 스마트화 등이 있다.

14

67 ④

① 핫스팟(Hotspot) : 무선공유기 주변의 통신 가능한 구역을 의미한다.

② Wi-Fi : 근거리 컴퓨터 네트워크 방식인 고성능 무선통신인 무선랜을 의미한다.

③ 테더링(Tethering) : 휴대전화를 모뎀처럼 사용하는 것으로 노트북과 같은 기기에 휴대폰을 연결하여 인터넷을 연결하여 사용하는 기능을 의미한다.

68 ①

① M 커머스(M Commerce) : 전자상거래의 일종이다. 가정이나 사무실에서 유선으로 인터넷에 연결하고 상품이나 서비스를 사고파는 것과 달리 이동 중에 거래할 수 있는 것을 말한다.

② C 커머스(C Commerce) : 온라인 공간에서 다른 기업과 기술이나 정보를 공유하여 수익을 창출하는 전자상거래 방식을 말한다.

③ U 커머스(U Commerce) : 모든 기기로 빠르게 비즈니스를 수행할 수 있는 전자상거래를 말한다.

④ E 커머스(E Commerce) : 온라인 네트워크를 통해 상품이나 서비스를 사고파는 것을 말한다.

69 ②

② 다크 웹(Dark Web) : 인터넷을 사용하지만, 접속을 위해서는 특정 프로그램을 사용해야 하는 웹을 가리키며 인터넷 지하세계라고 부른다. 일반적인 방법으로 접속자나 서버를 확인할 수 없기 때문에 사이버 상에서 범죄에 활용된다.

① 서피스 웹(Surface Web) : 네이버, 구글 같은 일반적인 검색엔진을 말한다.

③ 딥 웹(Deep Web) : 검색이나 접근이 어렵거나 넷플릭스처럼 유료화에 막힌 곳을 말한다.

④ 웹 TV(Web TV) : TV와 전화를 연결하여 인터넷 사용이 가능한 텔레비전을 말한다.

70 ③

③ 안드로이드(Android) : 휴대폰용 운영체제·미들웨어·응용프로그램을 묶은 소프트웨어 플랫폼으로 구글 사가 안드로이드사를 인수하여 개발하였다.

① 윈도우(Window) : 컴퓨터에서 소프트웨어와 하드웨어를 제어하는 운영체제이다.

② 태블릿(Tablet) : 평면판 위에 펜으로 그림을 그리면 컴퓨터 화면에 커서가 그에 상응하는 이미지를 그려내게 할 수 있도록 한 장치이다.

④ 매킨토시(Macintosh) : 애플에서 개발한 개인용 컴퓨터이다.

71 ④

① 아이폰 법칙(iPhone's Law) : 아이폰 신제품의 첫 주 판매량이 이전에 출시한 제품보다 2배 이상 많은 현상을 말한다.

② 한계효용체감의 법칙(Law of Diminishing Marginal Utility) : 소비량은 증가해도 만족감은 점차 줄어드는 것을 의미한다.

③ 황의 법칙(Hwang's Law) : 삼성전자 황창규 사장이 발표한 것으로 반도체 메모리 용량이 1년에 2배 증가한다는 이론을 말한다.

72 ④

④ 프로젝트 룬(Project Loon) : 인터넷을 이용하지 못하는 오지까지 무료로 인터넷을 보급하기 위한 구글의 프로젝트이다. 지름 15m짜리 풍선에 통신장비를 설치하여 높은 고도에 띄우는 것인데, 이 풍선을 고도 20km 상공에 띄워 바람을 타고 천천히 이동시킨다. 대형 무선 인터넷 공유기 역할을 하기 때문에 머리 위로 풍선이 지나가면 무료 와이파이 구역이 되는 것이다. 대류 이동으로 풍선이 자리를 벗어나면 또 다른 풍선이 대체하여 서비스를 지속한다. 2021년 1월 21일, 케냐와 태풍이 불어 닥쳤던 지역에 인터넷을 공급했으나 지속 가능한 사업을 위한 비용 줄이기에 실패하여 프로젝트는 종료되었으며, 이로 인해 영향을 받을 수 있는 케냐 사용자들을 위해 1천만 달러를 지원하겠다고 밝혔다. 한편, 프로젝트 룬은 구글이 실험하다 포기한 프로젝트가 기록되는 '구글무덤'에도 올랐다.

① 프로젝트 파이(Project Fi) : 구글이 출시한 알뜰폰을 말한다.

② 아트 프로젝트(Art Project) : 주요 미술관 미술작품을 실제로 보는 것과 같은 느낌을 받을 수 있도록 감상하는 서비스이다.

③ 프로젝트 포그혼(Project Fog Horn) : 바닷물에서 에너지를 만드는 구글의 프로젝트이다.

73 ④

빅데이터(Big Data) ⋯ 디지털 환경에서 생성되는 데이터로 그 규모가 방대하고, 생성 주기도 짧고, 형태도 수치 데이터뿐 아니라 문자와 영상 데이터를 포함하는 대규모 데이터를 말한다. 빅데이터를 설명하는 4V는 데이터의 양(Volume), 데이터 생성 속도(Velocity), 형태의 다양성(Variety), 가치(Value)이다.

※ 5V

ㄱ Volume(데이터의 양)

ㄴ Variety(다양성)

ㄷ Velocity(속도)

ㄹ Veracity(정확성)

ㅁ Value(가치)

74 ④

④ FIDO(Fast Identity Online) : 온라인 환경에서 ID, 비밀번호 없이 생체인식 기술을 활용하여 보다 편리하고 안전하게 개인 인증을 수행하는 기술이다.

① CPO(Chief Privacy Officer) : 개인정보보호책임자로 정부의 사생활 보호규정과 법률에 위반되는 정책을 찾아내 수정하며, 해킹 등 사이버범죄로부터 회원정보를 지켜내기 위한 안전장치를 마련하는 등의 업무를 한다.

② GDPR(General Data Protection Regulation) : 유럽연합의 개인정보보호 법을 의미한다.

③ RPA(Robotic Process Automation) : 기업의 재무, 회계, 제조, 구매, 고객 관리 분야 데이터를 수집해 입력하고 비교하는 단순반복 업무를 자동화해서 빠르고 정밀하게 수행하는 자동화 소프트웨어 프로그램을 말한다.

75 ②

P2P(Peer to Peer) ··· 인터넷에서 개인과 개인이 직접 파일을 공유하는 것을 말한다. 모든 참여자가 공급자인 동시에 수요자가 되는 형태이며, 이용자의 저장장치를 공유시켜 주기만 하면 되기 때문에 중앙에서 별도의 저장, 관리가 필요하지 않다.

76 ④

④ CDMA(Code Division Multiple Access) : 코드분할다중접속. 하나의 채널로 한 번에 한 통화밖에 하지 못해 가입자 수용에 한계가 있는 아날로그방식(AMPS)의 문제를 해결하기 위해 개발된 디지털방식 휴대폰의 한 방식으로, 아날로그방식보다 채널수가 10 ∼ 20배 더 많아 가입자 수용능력이 크다.

① TDMA(Time Division Multiple Access) : 시분할다중접속. 분할된 채널을 통해 디지털신호를 보내되 이를 다시 시간적으로 분할하는 기술로, 아날로그방식보다 약 3배쯤 채널수를 늘린 것과 같은 효과를 낸다.

② RPA(Robotic Process Automation) : 기업의 데이터를 수집해 단순반복 업무를 자동화해서 빠르고 정밀하게 수행하는 자동화 소프트웨어 프로그램이다.

③ GSM(Global System for Mobile) : 유럽이 범유럽공동규격으로 개발하여 1992년부터 실용화해 오고 있는 Tdma방식의 시스템이다.

77 ④

④ 과거 거래내역과 패턴을 분석하여 의심거래가 발생하면 사전에 알려주는 금융사기를 방지하는 서비스가 있다. 지연인출제도는 2012년 6월 26일부터 시행되고 있던 제도로 1회에 100만원 이상 금액이 송금·이체되어 입금되면 30분간 인출·이체가 지연되는 것이다.

※ 마이데이터 서비스(Mydata Service) ··· 개인신용정보를 사용하여 통합적인 서비스를 제공받는 것이다. 정보를 활용하여 개별적인 상품 추천이나 조언을 받는 것이다.

78 ①

②③④ 유료 OTT 서비스이다.

※ FAST(Free Ad Supported Streaming TV) ··· 무료로 제공되는 광고 기반의 실시간 OTT 서비스로 광고를 시청하면 무료로 시청이 가능한 동영상 서비스이다.

79 ③

① 멀티캐스트(Multicast) : 네트워크상에서 동일한 데이터를 여러명에게 동시에 전송하는 방식이다. 멀티캐스팅을 지원하는 가상 네트워크로는 엠본(MBone)이 있다.

② 핀치 투 줌(Pinch to Zoom) : 스티브잡스가 적용한 기술 특허로 터치스크린의 화면을 자유롭게 움직이면서 확대 및 축소가 가능한 기술이다.

④ 웨비나(Webinar) : 웹과 세미나의 합성어로 온라인상에서 쌍방향 소통이 가능하도록 도와주는 웹을 기반으로 하는 툴이다.

80 ④

① IPO(Initial Public Offering) : 기업이 주식을 최초로 외부 투자자에게 공개 매도하는 것을 의미한다.

② FDS(Fraud Detection System) : 이상금융거래를 탐지하는 시스템으로 수집된 패턴을 통해 이상 결제를 잡아내는 시스템이다.

③ 레그테크(Regtech) : 규제를 의미하는 Regulation와 Tech nology의 합성으로 기술을 활용하여 금융회사에 통제와 규제를 이해하고 유지하도록 만드는 기술이다.

03 상식

81 ④

④ 총부채원리금상환비율(DSR) : 대출 원리금을 포함하여 기타 다른 대출금과 이자를 모두를 합산하여 원리금 상환액으로 대출 상환능력을 심사하기 위한 것이다.

① 유동비율 : 유동자산의 유동부채에 대한 비율을 의미한다.

② 당좌비율 : (당좌자산÷유동부채)×100으로 구하는 백분율로 단기지급능력을 측정하기 위한 지표에 해당한다.

③ 총부채상환비율(DTI) : '(주택대출 원리금 상환액+기타대출 이자 상환액)÷연간소득'으로 산출하는 것이다. 담보대출을 받을 때 채무자가 벌어들이는 소득으로 상환할 수 있는 능력이 있는지 판단하기 위한 것이다.

82 ④

6 ~ 8% 시 경영개선 권고하고 2 ~ 6% 시 경영개선 요구한다. 2% 미만 시에는 경영개선 명령한다.

① 헤이그 협정을 모체로 설립된 가장 오래된 국제금융 기구 국제결제은행(BIS)에서 결정한다.

② 1992년 말부터 은행들에 BIS 비율을 8% 이상 유지하도록 권고하고 있다.

③ BIS 자기자본비율은 은행 예금자를 보호하기 위한 기준이다.

83 ③

자금세탁 방지제도는 자금의 위험한 출처를 숨겨 적법한 것처럼 위장하는 과정을 말하며, 불법재산의 취득ㆍ처분 사실을 가장하거나 재산을 은닉하는 행위 및 탈세 목적으로 재산의 취득ㆍ처분 사실을 가장하거나 그 재산을 은닉하는 행위를 말한다.

자금세탁 방지제도는 의심거래보고제도, 고액현금거래보고제도, 고객확인제도, 강화된 고객확인제도 절차를 걸쳐 자금세탁의심거래를 가려낸다.

84 ④

요구불예금은 예금주의 요구가 있을 때 언제든지 지급할 수 있는 예금으로 보통예금, 어린이예금, 당좌예금이 있다.
- ㉠ CMA : 고객이 맡긴 예금을 어음이나 채권에 투자하여 그 수익을 고객에게 돌려주는 실적배당 금융상품이다.
- ㉢ 저축성예금 : 돈을 맡긴 후 일정 기간이 지나야 찾을 수 있는 예금이다.

85 ①

설명하고 있는 퇴직연금은 확정급여형으로, 근무 마지막 연도의 임금을 기준으로 지급되므로 임금상승률이 높고 장기근속이 가능한 기업의 근로자에게 유리하다.
- ② 확정기여형 : 회사가 매년 연간 임금총액의 일정 비율을 적립하고, 근로자가 적립금을 운용하는 방식이다.
- ③ 개인형 퇴직연금 : 퇴직한 근로자가 퇴직 시 수령한 퇴직 급여를 운용하거나 재직 중인 근로자가 DB형이나 DC형 이외에 자신의 비용 부담으로 추가로 적립하여 운용하다가 연금 또는 일시금으로 수령할 수 있는 계좌이다.
- ④ IRP : 개인형 퇴직연금

86 ④

채권 표면에 표시한 금리로, 단순히 연간 이자수입만을 나타낸다.
- ① 기준금리 : 한국은행이 다른 금융기관에 대출할 때 적용하는 금리로, 여러 금리 수준을 결정하는 기준이 된다.
- ② 명목금리 : 물가 상승을 고려하지 않은 금리이다.
- ③ 고정금리 : 만기까지 변동이 없는 금리이다.

87 ③

단리법은 원금에 대해 일정한 기간 동안 미리 정해 놓은 이자율만큼 이자를 주는 것이고 복리법은 이자를 원금에 포함시킨 금액에 대해 이자를 주는 것이다.
- ㉠ A : 단리법 적용

    1년 뒤 : $200,000 + 200,000 \times 0.05 = 210,000$

    2년 뒤 : $200,000 + 200,000 \times 0.05 = 210,000$

    2년 치 이자 = 20,000원
- ㉢ B : 복리법 적용

    1년 뒤 : $200,000 + 200,000 \times 0.05 = 210,000$

    2년 뒤 : $210,000 + 210,000 \times 0.05 = 220,500$

    2년 치 이자 = 20,500원

따라서 A와 B의 이자 차이는

$20,500 - 20,000 = 500$(원)

88 ③

그림자 금융은 은행과 유사한 신용 중개기능을 수행하는 비은행 금융기관이 은행과 같은 엄격한 건전성 규제를 받지 않으며 중앙은행의 유동성 지원이나 예금자보호도 받을 수 없어 시스템적 리스크를 초래할 가능성이 높은 기관 및 금융상품이다.
- ③ 신용을 직접 공급하거나 신용 중개를 지원하는 기관 및 활동만을 포함하며, 신용 중개기능이 없는 단순 주식거래, 외환거래는 제외된다.

89 ③

- ③ 프리보드(Free Board)는 유가증권과 코스닥시장에 상장되지 않은 종목을 모아 거래하는 제3시장의 이름이다.

90 ④

㉠는 서킷 브레이커, ㉡는 사이드 카에 대한 설명이다. 서킷 브레이커는 주식 시장 개장 5분 후부터 장이 끝나기 40분 전인 PM 2시 20분까지 발동할 수 있고, 하루에 한 번만 발동할 수 있다. 한 번 발동한 후에는 요건이 충족되어도 다시 발동할 수 없다. 사이드 카는 발동된 뒤 5분이 지나면 자동으로 해제되며, 장 종료 40분 전인 PM 2시 20분 이후에는 발동될 수 없고 발동 횟수도 1일 1회로 제한된다.

• 콘탱고 : 주식 시장에서 선물가격이 현물가격보다 높거나 결제 월에서 멀수록 높아지는 현상이다.
• 프리보드 : 비상장주권의 매매거래를 하기 위해 금융투자협회가 운영하던 장외시장이다.

91 ④

주식 시장의 하락을 곰에 비유한다.

곰이 앞발을 아래로 내려치는 모습처럼 주식 시장이 하락하거나 하락이 예상되는 경우를 베어마켓(Bear Market)이라고 한다. 거래가 부진한 약세시장을 의미하는데, 장기간 베어마켓이 진행되는 가운데 일시적으로 단기간에 급상승이 일어나는 경우를 베어마켓랠리(Bear Market Rally)라고 한다.

92 ③

파생금융상품은 가격의 불확실성을 감소시켜 경제활동을 촉진시키고 위험 회피자와 투기자는 서로 다른 미래 예측 능력과 위험회피수준을 가지고 위험구조를 재조정하여 금융시장의 원활한 운용과 효율성 제고에 기여한다. 선물가격은 장기적으로 미래 현물시장의 수요과 공급에 관한 정보를 반영하고 있기에 현물가격에 대한 정보를 제공하여 미래의 현물가격에 대한 예시기능을 수행한다. 예측능력의 발달로 거래 시장에서 신속한 정보와 가격조정이 일어남으로써 기초 상품시장을 망라한 전 금융시장의 효율성을 제고시키고 이에 따라 경제 전체의 자원배분의 효율성을 증대시킨다.

③ 부실채권은 금융기관의 대출 및 지급보증 중 원리금이나 이자를 제때 받지 못하는 돈을 말한다.

93 ④

매파는 물가 안정을 위해 긴축정책과 금리인상을 주장하는 세력을 의미한다. 경기 과열을 막고, 인플레이션을 억제하자는 입장이다. 인플레이션은 통화량 확대와 꾸준한 물가 상승, 그리고 화폐 가치의 하락을 의미하기 때문에 긴축정책을 통해 금리를 올려 시중의 통화량을 줄이고 지출보다 저축의 비중이 높여 화폐의 가치를 올리자는 것이다.

㉡㉢은 비둘기파의 특징으로 경제 성장을 위해 양적완화와 금리인하를 주장하는 세력을 의미한다.

94 ②

스튜어드십 코드에 대한 설명으로 연기금과 자산 운용사 등 주요 기관투자자들의 의결권 행사를 적극적으로 유도하기 위한 자율지침을 말한다.

① 포트폴리오 : 주식투자에서 다수 종목에 분산투자 함으로써 위험을 회피하고 투자수익을 극대화하는 방법이다.
③ 불완전판매 : 금융기관이 고객에게 상품의 운용방법 및 위험도, 손실 가능성 등 필수사항을 충분히 고지하지 않고 판매하는 것을 말한다.
④ 폰지사기 : 아무런 사업도 하지 않으면서 신규 투자자의 돈으로 기존 투자자에게 원금과 이자를 갚아나가는 금융 다단계 사기수법이다.

95 ①

② 비교우위란 다른 생산자에 비해 같은 상품을 더 적은 기회비용으로 생산할 수 있는 능력을 말한다.
③ 비교우위는 곧 기회비용의 상대적 크기를 나타낸다.
④ 비교우위론은 노동만이 유일한 생산요소이고 노동은 균질적인 것으로 가정한다.

96 ④

최고가격제는 정부가 물가를 안정시키고 소비자를 보호하기 위하여 가격 상한을 설정하고 최고가격 이하에서만 거래하도록 통제하는 제도이다. 최저가격제는 공급과잉과 생산자 간의 과도한 경쟁을 대비, 방지하며 보호하기 위하여 가격 하한을 설정하고 최저가격 이하로는 거래를 못하도록 통제하는 제도이다.
④ 최저가격제는 균형가격 위로 설정한다.

97 ④

소고기와 돼지고기는 소득 증가에 따라 소비량이 변화하였으므로 대체관계에 있다.
열등재란 소득이 늘어날 때 수요가 감소하는 상품을 말한다.

98 ①

독점시장은 불완전경쟁시장의 한 형태로 독점적 경쟁이 이루어지는 시장이다. 다수의 기업이 존재하고 시장진입과 퇴출이 자유롭다는 점에서 경쟁은 필연적이지만, 생산하는 재화가 질적으로 차별화되어 있으므로 저마다 제한된 범위의 시장을 독점한다.
②③은 완전경쟁시장의 특징이고 ④는 과점시장의 특징이다.

99 ③

모든 경제주체가 일정 기간 동안 국경 내에서의 생산이라면 GDP에 포함된다.
가사업무나 봉사활동, 지하경제는 GDP에 해당하지 않는다.

100 ③

환율이란 양국 통화간의 교환비율을 말하는 것으로 특정 국가와 비교한 자국 화폐의 가치를 나타낸다고 볼 수 있다. 원 – 달러 환율의 예측방향을 알면 주가 방향을 파악하는데 매우 유용하며 기본적으로 환율은 외국 화폐의 수요와 공급에 의하여 결정된다.
※ 평가절상과 평가절하
　㉠ 평가절상(환율하락)
　• 수입증가(수출감소)
　• 국내경기 침체가능성
　• 외채부담 감소
　• 국제수지 악화
　㉡ 평가절하(환율상승)
　• 수출증가(수입감소)
　• 인플레이션 발생가능성
　• 외채부담 증가
　• 국제수지 개선

국민은행
신입행원 채용대비

제 2 회

- 정답 및 해설 -

(주)서원각

1	2	3	4	5	6	7	8	9	10	11	12	13	14	15	16	17	18	19	20
④	④	①	①	①	②	①	④	②	①	④	②	③	①	④	④	②	④	②	③

21	22	23	24	25	26	27	28	29	30	31	32	33	34	35	36	37	38	39	40
②	④	①	④	①	①	③	①	④	④	④	④	④	④	③	④	①	①	④	③

41	42	43	44	45	46	47	48	49	50	51	52	53	54	55	56	57	58	59	60
③	③	④	②	②	④	①	②	③	②	②	④	②	①	③	③	②	④	③	①

61	62	63	64	65	66	67	68	69	70	71	72	73	74	75	76	77	78	79	80
④	①	③	③	①	④	②	③	④	③	②	④	④	③	②	④	②	③	③	③

81	82	83	84	85	86	87	88	89	90	91	92	93	94	95	96	97	98	99	100
③	①	③	④	②	②	③	①	④	③	③	④	①	④	④	②	①	④	②	①

01 직업기초능력

1 ④

단어의 결합 원리에 대해 자세하게 설명하고 있다.

2 ④

상대방을 설득해야 할 때는 일방적으로 강요하거나 상대방에게만 손해를 보라는 식으로 하는 '밀어붙이기 식' 대화는 금물이다. ㈐는 불편을 당한 고객을 위해 본인이 직접 처리해주겠다고 제안함으로써 일종의 혜택을 주겠다고 약속했으므로 바람직한 설득의 방법이라고 볼 수 있다.
① 마지막에 덧붙인 말은 고객을 무시하는 것으로 들릴 수 있는 불필요한 말이다.
② 고객보다 팀장의 호출이 더 급하다는 것을 의미하므로 무례한 행동이다.
③ 다양한 사정을 가진 고객의 입장을 생각하지 않고 일방적으로 획일적인 회사의 규정만 내세우는 것은 거절할 때의 적절한 테크닉이라고 할 수 없다.

3 ①

윗글에서 양주는 인간이 자신만을 위한다는 위아주의를 강조하였고, 한비자는 인간을 자신의 이익을 추구하는 이기적 존재로 간주하였다. 이를 바탕으로 ① 인간이 자신의 이익을 중시하는 존재라는 것에 양주와 한비자 모두 동의한다고 추론할 수 있다.

4 ①

양주는 강력한 공권력을 독점한 국가에 의해 개인의 삶이 일종의 수단으로 전락할 수 있다고 보았기 때문이다.

5 ①

㈏ : 개화식물의 광주기성과 단일식물

㈎ : 낮의 길이와 밤의 길이 중 어떤 것의 개화에 영향을 미치는지에 대한 의문

㈐ : 도꼬마리 개화 실험을 통해 단일식물의 개화에 밤의 길이가 중요한 요인이라는 결론을 내림

㈑ : 연구로 발견한 추가적인 내용과 빛을 감지하는 물질인 피토크롬

6 ②

제시 글을 통해 알 수 있는 합리적 기대이론의 의미는, 가계나 기업 등 경제주체들은 활용가능한 모든 정보를 활용해 경제상황의 변화를 합리적으로 예측한다는 것으로, 이에 따르면 공개된 금융, 재정 정책은 합리적 기대이론에 의한 경제주체들의 선제적 반응으로 무력화되고 만다. 보기 ②에서 언급된 내용은 이와 정반대로 움직이는 경제주체의 모습을 설명한 것으로, 경제주체들이 드러난 정보를 무시하고 과거의 실적치만으로 기대를 형성하는 기대오류를 범한다고 보는 견해이다.

7 ①

개요에 따르면 본론에서는 '교통 체증으로 인한 문제, 교통 체증의 원인, 교통 체증의 완화 방안'에 대한 내용을 다루게 된다. ①은 교통 체증의 완화 방안 중 하나이다. 그러나 개요에서 교통 체증 완화 방안의 구체적인 내용으로 '제도 보완, 교통 신호 체계 개선, 운전자의 의식 계도' 등은 구성되어 있지만, '도로 활용'에 대한 내용은 없으므로 ①은 본론에 들어가기에 적절하지 않다.
②는 '본론 3. (2)'에, ③은 '본론 1. (1)'에, ④는 '본론 2. (3)'에, ⑤는 '본론 3. (2)'에 해당하는 내용이다.

8 ④

④ 둘째 문단에서 이제까지의 인류가 화석 연료를 사용하여 지구 온난화 등의 부작용이 발생했다는 내용이 언급되고 셋째 문단에서 때문에 다음 몇 세기는 이러한 부정적 결과를 감당해야 한다는 내용이 이어지므로, 인과관계의 접속부사인 '그래서'가 쓰인 것은 적절하다.

9 ②

㈐는 글의 전제가 되고 ㈎㈜에서 ㈎는 ㈜의 '이러한 의사교환의 방법'에 해당하는 예시가 되고, ㈜는 ㈎의 반론이 된다. ㈑는 ㈜에 자연스럽게 이어지는 부연설명이고 ㈏는 글 전체의 결론이 되므로 ㈐㈎㈜㈑㈏의 순서가 되어야 한다.

10 ①

① 정보가 많으면 많을수록 역선택을 할 가능성은 줄어들게 된다.

11 ④

④ 정보의 비대칭성을 문제시하지 않는 판매자의 태도는 중고차 시장의 붕괴를 초래하는 원인으로 작용할 뿐이지 중고차 시장을 존속시키는 이유가 되지는 않는다.

12 ②

중고차를 어떻게 구입해야 하는지 그 방법을 알려 주는 글이 아니라, 중고차 시장에 존재하는 정보의 비대칭성 때문에 중고차 소비자가 손해를 볼 수 있다는 것을 '레몬 원리'를 통해 설명해주는 글이다.

13 ③

흡습형태변형은 한쪽 면에 있는 세포의 길이(크기)가 반대쪽 면에 있는 세포에 비해 습도에 더 민감하게 변하여, 습도가 낮아져 세포 길이가 짧아지면 그쪽 면을 향해 휘어지는 것을 의미한다고 언급되어 있다. 따라서 등에 땀이 나면 세포 길이가 더 짧은 바깥쪽으로 옷이 휘어지게 되므로 등 쪽 면에 공간이 생기게 되는 원리를 이용한 것임을 알 수 있다.

14 ①

표의 프로그램을 순서대로 각각 A~G라고 했을 때, 다음과 같이 정리할 수 있다.

요일 시간대	월	화	수	목	금
오전	A E	D E G	A D G	D	A E G
오후	C F	B	C F	B C	B F

동일 시간대에 2일 연속 출연하지 않는다고 했으므로, 다음 두 가지 경우가 가능하다.

㉠ 월요일 오전 – 화요일 오후 – 수요일 오전 – 목요일 오후 – 금요일 오전

㉡ 월요일 오후 – 화요일 오전 – 수요일 오후 – 목요일 오전 – 금요일 오후

㉠의 경우 화요일 오후 일정(B)을 기준으로 시작하여, 월요일 오전에는 E(동일 매체에 2일 연속 출연하지 않는다고 했으므로), 수요일 오전에는 D 또는 G, 목요일 오후 C, 금요일 오전에는 G에 출연하게 된다.

㉡의 경우 목요일 오전 D 출연을 기준으로 시작하여 금요일 오후 B, 수요일 오후 C, 화요일 오전 E 또는 G에 출연이 가능하다. 그런데 월요일 오후에 출연할 수 있는 프로그램은 F뿐인데 화요일 오전의 E 또는 G와 동일 매체에 2일 연속 출연하게 되므로 2)의 경우는 불가능하다.

15 ④

- A, B, C, D 구매금액 비교

'갑' 상점	총 243만 원	= (150 + 50 + 50 + 20) × 0.9
'을' 상점	총 239만 원	= 130 + 45 + 60 × 0.8 + 20 × 0.8

'갑' 상점에서 A와 B를 구매하여 C, D의 상품 금액까지 10% 할인을 받는다고 해도 '을' 상점에서 혜택을 받아 A, B, C, D를 구매하는 것이 유리하다.

- C, D, E 구매금액 비교

'을' 상점 (A 구매 가정)	총 74만 원	= 60 × 0.8 + 20 × 0.8 + 10
'병' 상점	총 75만 원	= 50 + 25 + 5

A 금액이 가장 저렴한 '을' 상점에서 C, D제품까지 구매하는 것이 유리하며, E 역시 '을' 상점에서 구매하는 것이 가장 적은 금액이 든다.

B의 경우 '병' 상점에서 40만 원으로 구매하여 A, B, C, D, E를 최소 금액 244만 원으로 구매할 수 있다.

16 ④

시간 $= \dfrac{거리}{속도}$ 공식을 이용하여, 먼저 각 경로에서 걸리는 시간을 구한다.

구간	경로	시간			
		출근 시간대		기타 시간대	
A→B	경로 1	$\dfrac{30}{30}=1.0$	1시간	$\dfrac{30}{45}≒0.67$	약 40분
	경로 2	$\dfrac{30}{60}=0.5$	30분	$\dfrac{30}{90}≒0.33$	약 20분
B→C	경로 3	$\dfrac{40}{40}=1.0$	1시간	$\dfrac{40}{60}≒0.67$	약 40분
	경로 4	$\dfrac{40}{80}=0.5$	30분	$\dfrac{40}{120}≒0.33$	약 20분

④ 경로 2와 3을 이용하는 경우와 경로 1과 경로 4를 이용하는 경우 C지점에 도착하는 시각은 1시간 20분으로 동일하다.
① C지점에 가장 빨리 도착하는 방법은 경로 2와 경로 4를 이용하는 경우이므로, 가장 빨리 도착하는 시각은 1시간이 걸려서 오전 9시가 된다.
② C지점에 가장 늦게 도착하는 방법은 경로 1과 경로 3을 이용하는 경우이므로, 가장 늦게 도착하는 시각은 1시간 40분이 걸려서 오전 9시 40분이 된다.
③ B지점에 가장 빨리 도착하는 방법은 경로 2이므로, 가장 빨리 도착하는 시각은 30분이 걸려서 오전 8시 30분이 된다.

17 ②

② 최단 기간에 업무를 끝내기 위해 필요한 최소 인력은 8명이다.

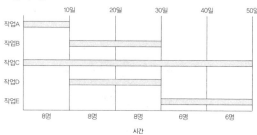

작업장 사용료 : 50일×50만 원=2,500만 원
인건비 : {(8인×30일)+(6인×20일)}×10만 원=3,600만 원

18 ④

네 번째 조건에서 수요일에 9대가 생산되었으므로 목요일에 생산된 공작기계는 8대가 된다.

월요일	화요일	수요일	목요일	금요일	토요일
		9대	8대		

첫 번째 조건에 따라 금요일에 생산된 공작기계 수는 화요일에 생산된 공작기계 수의 2배가 되는데, 두 번째 조건에서 요일별로 생산한 공작기계의 대수가 모두 달랐다고 하였으므로 금요일에 생산된 공작기계의 수는 6대, 4대, 2대의 세 가지 중 하나가 될 수 있다.
그런데 금요일의 생산 대수가 6대일 경우, 세 번째 조건에 따라 목~토요일의 합계 수량이 15대가 되어야 하므로 토요일은 1대를 생산한 것이 된다. 그러나 토요일에 1대를 생산하였다면 다섯 번째 조건인 월요일과 토요일에 생산된 공작기계의 합이 10대를 넘지 않는다. (∵ 하루 최대 생산 대수는 9대이고 요일별로 생산한 공작기계의 대수가 모두 다른 상황에서 수요일에 이미 9대를 생산하였으므로)
금요일에 4대를 생산하였을 경우에도 토요일의 생산 대수가 3대가 되므로 다섯 번째 조건에 따라 월요일은 7대보다 많은 수량을 생산한 것이 되어야 하므로 이 역시 성립할 수 없다. 즉, 세 가지 경우 중 금요일에 2대를 생산한 경우만 성립하며 화요일에는 1대, 토요일에는 5대를 생산한 것이 된다.

월요일	화요일	수요일	목요일	금요일	토요일
	1대	9대	8대	2대	5대

따라서 월요일에 생산 가능한 대수는 6 또는 7이다.

19 ②

㉮ 충전시간 당 통화시간은 A모델 6.8H > D모델 5.9H > B모델 4.8H > C모델 4.0H 순이다. 음악재생시간은 D모델 > A모델 > C모델 > B모델 순으로 그 순위가 다르다. (X)

㉯ 충전시간 당 통화시간이 5시간 이상인 것은 A모델 6.8H과 D모델 5.9H이다. (O)

㉰ 통화 1시간을 감소하여 음악재생 30분의 증가 효과가 있다는 것은 음악재생에 더 많은 배터리가 사용된다는 것을 의미하므로 A모델은 음악재생에, C모델은 통화에 더 많은 배터리가 사용된다. (X)

㉱ B모델은 통화시간 1시간 감소 시 음악재생시간 30분이 증가한다. 현행 12시간에서 10시간으로 통화시간을 2시간 감소시키면 음악재생시간이 1시간 증가하여 15시간이 되므로 C모델과 동일하게 된다. (O)

20 ③

두 개의 제품 모두 무게가 42g 이하여야 하므로 B모델은 제외된다. K씨는 충전시간이 짧고 통화시간이 길어야 한다는 조건만 제시되어 있으므로 나머지 세 모델 중 A모델이 가장 적절하다.

친구에게 선물할 제품은 통화시간이 16시간이어야 하므로 통화시간을 더 늘릴 수 없는 A모델은 제외되어야 한다. 나머지 C모델, D모델은 모두 음악재생시간을 조절하여 통화시간을 16시간으로 늘릴 수 있으며 이때 음악재생시간 감소는 C, D모델이 각각 8시간(통화시간 4시간 증가)과 6시간(통화시간 3시간 증가)이 된다. 따라서 두 모델의 음악재생 가능시간은 15 − 8 = 7시간, 18 − 6 = 12시간이 된다. 그런데 일주일 1회 충전하여 매일 1시간씩의 음악을 들을 수 있으면 된다고 하였으므로 7시간 이상의 음악재생시간이 필요하지는 않으며, 7시간만 충족될 경우 고감도 스피커 제품이 더 낫다고 요청하고 있다. 따라서 D모델보다 C모델이 더 적절하다는 것을 알 수 있다.

21 ②

요리하는 사람은 난폭할 수도 있고 그렇지 않을 수도 있다. 따라서 민희의 어머니가 난폭한지 아닌지는 알 수 없다. 누리의 어머니는 난폭하므로 배려심이 없다. 따라서 B만 옳다.

22 ④

㉠ 70명이 기권하면 기권표가 전체의 3분의 1 이상이 되므로 안건은 부결된다.

㉡ 104명이 반대하면 기권표가 없다고 가정할 경우 106명이 찬성을 한 것이고, 기권표를 제외해도 찬성표가 50%를 넘기 때문에 안건이 반드시 부결된다고 볼 수는 없다.

㉢ 141명이 찬성하면 나머지 69명이 기권 또는 반대를 하더라도 반드시 안건은 가결된다.

㉣ 안건이 가결될 수 있는 최소 찬성표를 구하면 69명이 기권하고 그 나머지에서 찬성이 50%를 넘는 것을 의미하므로 210−69=141명, 여기서 50%를 넘어야 하므로 71명. 그러므로 최소 찬성표는 71표가 된다.

23 ①

금요일에는 제육덮밥이 편성된다. 목요일에는 오므라이스를 편성할 수 없고, 다섯 번째 조건에 의해 나물 비빔밥도 편성할 수 없다. 따라서 목요일에는 돈가스 정식 또는 크림 파스타가 편성되어야 한다. 마지막 조건과 두 번째 조건에 의해 돈가스 정식은 월요일, 목요일에도 편성할 수 없으므로 돈가스 정식은 화요일에 편성된다. 따라서 목요일에는 크림 파스타, 월요일에는 나물 비빔밥이 편성된다.

24 ④

㉠ 주어진 조건을 정리하면 다음과 같다.

회사원	대중교통
A	버스(8), 지하철
B	지하철(2)
C	자가용
D	버스(8), 지하철(2)
E	지하철
F	버스
G	자가용

㉡ 이때, F는 20번 버스를 이용해야 하며, B와 E 중 한 명은 다른 지하철로 환승해야 한다. 따라서 A와 B 모두 그르다.

회사원	대중교통
A	버스(8), 지하철
B	지하철(2), 지하철
C	자가용
D	버스(8), 지하철(2)
E	지하철
F	버스(20)
G	자가용

회사원	대중교통
A	버스(8), 지하철
B	지하철(2)
C	자가용
D	버스(8), 지하철(2)
E	지하철, 지하철
F	버스(20)
G	자가용

25 ①

- **두 번째 조건의 대우 :** B가 참이거나 F가 거짓이면, C는 거짓이고 D도 거짓이다.
  → C도 거짓, D도 거짓
- **세 번째 조건의 대우 :** B가 거짓이고 F가 거짓이면, C는 거짓이고 E는 참이다.
  → B를 모르기 때문에 E에 대해 확신할 수 없다.
- **첫 번째 조건의 대우 :** A가 참이면, B가 참이고 C가 거짓이다.

따라서 A가 참이라는 것을 알면, B가 참이라는 것을 알고, 세 번째 조건의 대우에서 E가 참이라는 것을 알 수 있다.

26 ①

㉠ 갑과 을 모두 경제 문제를 틀린 경우

갑과 을의 답이 갈리는 경우만 생각하면 되므로 2, 4, 6, 7번만 생각하면 된다.

갑은 나머지 문제를 틀리게 되면 80점을 받을 수 없다. 을은 2, 4, 6, 7을 모두 맞췄다면 모두 10점짜리라고 하더라도 최대 점수는 60점이 되므로 갑과 을 모두 경제 문제를 틀린 경우는 있을 수 없다.

㉡ 갑만 경제 문제를 틀렸다면 나머지는 다 맞춰야 한다.

- 2, 4, 6, 7번 중 하나가 경제일 경우 갑은 정답이 되고 을은 3개가 틀리게 된다. 3개를 틀려서 70점을 받으려면 각 배점은 10점짜리이어야 하므로 예술 문제를 맞춘 게 된다.
- 2, 4, 6, 7번 중 하나가 경제가 아닌 경우 을은 4문제를 틀린 게 되므로 70점을 받을 수 없다. 그러므로 갑이 경제 문제를 틀렸다면 갑과 을은 모두 예술 문제를 맞춘 것이 된다.

㉢ 갑이 역사 문제 두 문제를 틀렸다면

- 2, 4, 6, 7번 문항에서 모두 틀린 경우 을은 2, 4, 6, 7번에서 2문제만 틀리고 나머지는 정답이 되므로 을은 두 문제를 틀리고 30점을 잃었으므로 경제 또는 예술에서 1문제, 역사에서 1문제를 틀린 게 된다.
- 2, 4, 6, 7번 문항에서 1문제만 틀린 경우 을은 역사 1문제를 틀리고, 2, 4, 6, 7번에서 3문제를 틀리게 된다. 그러면 70점이 안되므로 불가능하다.
- 2, 4, 6, 7번 문항에서 틀린 게 없는 경우 을은 역사 2문제를 틀리고, 2, 4, 6, 7번에서도 틀리게 되므로 40점이 된다.

27 ③

㉠ 12월 17일에 조기를 먹어야 한다고 했고, 이틀 연속으로 같은 생선을 먹을 수 없으므로 홀수일에 조기를 먹고 짝수일에 갈치나 고등어를 먹으면 되므로 최대로 먹을 수 있는 조기는 16마리이다.

㉡ 매주 화요일에 갈치를 먹을 수 없다고 했으므로 6일 월요일에 갈치를 먹는다고 가정하면 2일, 4일, 6일, 8일, 10일, 12일, 15일, 18일, 20일, 22일, 24일, 26일, 29일, 31일로 먹으면 되므로 14마리이다.

㉢ 6일에 조기를 먹어야 하므로 2일, 4일, 6일, 8일, 10일, 12일, 14일까지 먹으면 17일날 조기를 먹어야 하므로 15일과 16일은 다른 생선을 먹어야 한다. 15일, 16일에 갈치나 고등어를 먹으면 되므로 12월 한달 동안 갈치, 조기, 고등어를 1마리 이상씩 먹게 된다.

28 ①

총 광고효과 = 1회당 광고효과 × 1년 광고횟수

= (1회당 수익 증대 효과 + 1회당 브랜드가치 증대 효과)

$\times \dfrac{3{,}000만\ 원 - 1년\ 계약금}{1회당\ 광고비}$

A : $(100+100) \times \dfrac{3{,}000-1{,}000}{20} = 20{,}000$만 원

B : $(60+100) \times \dfrac{3{,}000-600}{20} = 19{,}200$만 원

C : $(60+110) \times \dfrac{3{,}000-700}{20} = 19{,}550$만 원

D : $(110+110) \times \dfrac{3{,}000-1{,}200}{20} = 19{,}800$만 원

29 ④

㉡ 비흡연 시 폐암 발생량은 $\dfrac{300}{10{,}000} \times 100 = 3(\%)$이다.

㉢ 흡연 여부와 상관없이 폐암 발생률은

$\dfrac{600}{11{,}000} \times 100 ≒ 5.45(\%)$이다.

30 ④

㉠ 설문 조사에 참여한 장노년층과 농어민의 수가 제시되어 있지 않으므로 이용자 수는 알 수 없다.

㉢ 스마트폰 이용 활성화를 위한 대책으로 경제적 지원이 가장 효과적인 취약 계층은 저소득층이다.

31 ④

① 팀 선수 평균 연봉 = $\dfrac{총\ 연봉}{선수\ 인원수}$

A : $\dfrac{15}{5} = 3$

B : $\dfrac{25}{10} = 2.5$

C : $\dfrac{24}{8} = 3$

D : $\dfrac{30}{6} = 5$

E : $\dfrac{24}{6} = 4$

② C팀 2024년 선수 인원수 $\dfrac{8}{1.333} = 6$명, 2025년 선수 인원수 8명

D팀 2024년 선수 인원수 $\dfrac{6}{1.5} = 4$명, 2025년 선수 인원수 6명

C, D팀은 모두 전년대비 2명씩 증가하였다.

③ A팀의 2024년 총 연봉은 $\dfrac{15}{1.5} = 10$억 원, 2024년 선수 인원수는 $\dfrac{5}{1.25} = 4$명

2024년 팀 선수 평균 연봉은 $\dfrac{10}{4} = 2.5$억 원

2025년 팀 선수 평균 연봉은 3억 원

④ 2024년 총 연봉은 A팀이 10억 원, E팀이 16억 원으로 E팀이 더 많다.

32 ④

조건을 잘 보면 병의 가방에 담긴 물품 가격의 합이 44,000원

병의 가방에는 B, D, E가 들어 있고 E의 가격은 16,000원

그럼 B와 D의 가격의 합이(㉠+㉢)

$44,000 - 16,000 = 28,000$원이 되어야 한다.

가방에 담긴 물품 가격의 합이 높은 사람부터 순서대로 나열하면 갑 > 을 > 병 순이므로

을은 A와 C를 가지고 있는데 A는 24,000원, 병 44,000원보다 많아야 하므로

C의 가격(㉢)은 적어도 $44,000 - 24,000 = 20,000$원 이상이 되어야 한다.

①②③은 답이 될 수 없다.

33 ④

① 31
② 29
③ 184
④ 228

34 ④

$\dfrac{226 - 42}{42} \times 100 ≒ 438\%$

35 ③

먼저 표를 완성하여 보면

면접관＼응시자	갑	을	병	정	범위
A	7	8	8	6	2
B	4	6	8	10	(6)
C	5	9	8	8	(4)
D	6	10	9	7	4
E	9	7	6	5	4
중앙값	(6)	(8)	8	(7)	–
교정점수	(6)	8	(8)	7	–

㉠ 면접관 중 범위가 가장 큰 면접관은 범위가 6인 B가 맞다.

㉢ 응시자 중 중앙값이 가장 작은 응시자는 6인 갑이다.

㉢ 교정점수는 병이 8, 갑이 6이므로 병이 크다.

36 ④

2022년 대설의 피해금액 : 663(억 원)

2016~2025년 강풍 피해금액 합계 : $93 + 140 + 69 + 11 + 70 + 2 + 267 + 9 = 661$(억 원)

37 ①

② 지역별 인원수가 제시되어 있지 않으므로, 각 지역별 응답자 수는 알 수 없다.

③ 2024년에는 경상도에서, 2025년에는 충청도에서 가장 높은 비율을 보인다.

④ 2024년과 2025년 모두 '자기 개발을 하고 있다'고 응답한 비율이 가장 높은 지역은 서울시이며, 2025년의 경우 자기개발 비용을 직장이 100% 부담한다고 응답한 사람의 비율이 가장 높은 지역은 경상도이다.

정답 및 해설

38 ①

① 1, 2월 증가하다 3월부터 5월까지는 하향세, 6월부터 다시 증가했다. 그러므로 지속적으로 증가하고 있다는 설명은 옳지 않다.

39 ④

④ 1인당 GDP 1,500달러 미만(1996년 기준)의 나라 중 민주화가 양호한 나라가 16개국 중 5개국인 것으로 보아, 저소득 국가라 해서 민주화 정도가 더 낮은 것은 아니다.

40 ③

A기업
신입사원 : $1,200 + 1,600 = 2,800$
경력사원 : $1,200 + 1,600 = 2,800$
B기업
신입사원 : $560 + 420 = 980$
경력사원 : $1,640 + 1,480 = 3,120$
D기업
신입사원 : $2,300 + 2,800 = 5,100$
경력사원 : $1,200 + 1,500 = 2,700$
E기업
신입사원 : $340 + 240 = 580$
경력사원 : $460 + 260 = 720$

02 직무심화지식

41 ③

회계적 이익률은 $\dfrac{\text{연평균 순이익}}{\text{초기투자액}}$ 이므로, 연평균 순이익

$= \dfrac{200,000 + 300,000 + 400,000}{3} = 300,000$

이익률$= \dfrac{300,000}{2,240,000} = 13.392 \cdots ≒ 13.4\%$

42 ③

수도권 중 과밀억제권역에 해당하므로 우선변제를 받을 보증금 중 일정액의 범위는 2,000만 원이다. 그런데 라.처럼 하나의 주택에 임차인이 2명 이상이고 그 보증금 중 일정액을 모두 합한 금액(甲 2,000만 원 + 乙 2,000만 원 + 丙 1,000만 원 = 5,000만 원)이 주택가액인 8,000만 원의 2분의 1을 초과하므로 그 각 보증금 중 일정액을 모두 합한 금액에 대한 각 임차인의 보증금 중 일정액의 비율(2 : 2 : 1)로 그 주택가액의 2분의 1에 해당하는 금액(4,000만 원)을 분할한 금액을 각 임차인의 보증금 중 일정액으로 봐야 한다.
따라서 우선변제를 받을 보증금 중 일정액은 甲 1,600만 원, 乙 1,600만 원, 丙 800만 원으로 乙과 丙이 담보물권자보다 우선하여 변제받을 수 있는 금액의 합은 1,600 + 800 = 2,400만 원이다.

43 ④

자동이체일이 말일이면서 휴일인 경우 다음 달 첫 영업일에 자동이체 처리된다.

① 만 18세 이상의 개인이라면 가입대상이다. 단, 개인사업자는 제외한다.

② 초입금 및 매회 입금 1만 원 이상, 분기별 3백만 원이내로 제한한다.

③ 급여이체일을 전산등록 한 후 해당 일에 급여이체 실적이 있어도 공휴일 및 토요일에 이체할 시 실적으로 불인정된다.

44 ②

갑과 병, 모두 0.2%p로 우대금리율이 같다.

조건내용		우대금리
㉠	당행 입출식통장으로 3개월 이상 급여이체실적	0.3%p
㉡	당행 신용/체크카드의 결제실적이 100만 원 이상인 경우	0.2%p
㉢	당행 주택청약종합저축(청약저축, 청년우대형 포함) 또는 적립식 펀드 중 한 개 이상 신규가입 시	0.2%p

갑 : ㉡에만 해당하여 적용되는 우대금리는 0.2%p이다.

을 : ㉡, ㉢에 해당하여 적용되는 우대금리는 0.2%p+0.2%p=0.4%p이다.

병 : ㉢에만 해당하여 우대금리는 0.2%p이다.

정 : ㉠에만 해당하여 우대금리는 0.3%p이다.

45 ②

단리 이율 계산 방식은 원금에만 이자가 붙는 방식으로 원금은 변동이 없으므로 매년 이자액이 동일하다. 반면, 복리 이율 방식은 '원금+이자'에 이자가 붙는 방식으로 매년 이자가 붙어야 할 금액이 불어나 갈수록 원리금이 커지게된다. 작년에 가입한 상품의 만기 시, 원리금은 $3,000,000+(3,000,000 \times 0.023 \times 3)=3,000,000+207,000=3,207,000$원이 된다.

따라서 올 해 추가로 가입하는 적금 상품의 만기 시 원리금이 2,093,000원 이상이어야 한다. 이것은 곧 다음과 같은 공식이 성립하게 됨을 알 수 있다.

추가 적금 상품의 이자율을 A%, 이를 100으로 나눈 값을 x라 하면, $2,000,000 \times (1+x)^2 \geqq 2,093,000$이 된다.

주어진 보기의 값을 대입해 보면, 이자율이 2.3%일 때 x가 0.023이 되어 $2,000,000 \times 1.023 \times 1.023 = 2,093,058$이 된다.

따라서 올 해 추가로 가입하는 적금 상품의 이자율(연리)은 적어도 2.3%가 되어야 만기 시 두 상품의 원리금 합계가 530만 원 이상이 될 수 있다.

46 ④

① 만 18세 이상 개인(개인 사업제 제외)이면 가입할 수 있다.

② 가입금액은 초입금 및 매회 입금 1만 원 이상 원 단위, 1인당 분기별 3백만 원 이내이며, 계약기간 3/4 경과후 적립할 수 있는 금액은 이전 적립누계액의 1/2 이내이다.

③ 가입기간 동안 1회 이상 당행에 건별 50만 원 이상 급여를 이체한 고객에 해당해야 한다.

47 ①

우대금리는 가입 월부터 만기일 전월 말까지 조건 충족 시 적용되는 것으로 발급된 적금 통장에는 기본 금리가 기록된다. 가입기간 36개월에 해당하는 기본금리는 1.5%이다.

48 ②

① 인터넷뱅킹으로도 가입 가능하다.
③ 회차별 1인 1계좌까지 가입 가능하다.
④ 제 155차의 계약기간은 1년의 경우 2026년 8월 1일까지이다.

49 ③

1년 이자 포함 금액을 계산하면
$500 \times (1 + 0.08) = 540$
복리를 적용하여 2년 이자 포함 금액을 계산하면
$540 \times (1 + 0.08) = 583.2$
583만 원이 된다.

50 ②

성진이의 정보를 정리해보면,
• 가입 대상 : 개인
• 가입 기간 : 12개월
• 가입 금액 : 30만 원 이하
따라서 성진이에게 맞는 상품은 '위비꾹적금'이다.

51 ②

상품별로 조건에 맞는 사람을 정리하면 다음과 같다.

상품명	조건에 맞는 사람
위비 꿀마켓 예금	유진
위비꾹적금	은성, 성주
위비 꿀마켓 적금	–
iTouch우리예금	지환

52 ④

2025년 자산 대비 대출 비중은 신용협동조합이 상업은행보다 8.2%p 높다.

53 ②

이 적금 가입 후 아래와 같이 재테크(짠테크) 적립플랜 횟수를 충족한 경우 연 1.0%p
• 52주 짠플랜 자동이체 횟수 총 50회 이상
• 매일매일 캘린더플랜 자동이체 횟수 총 200회 이상
• 1DAY 절약플랜 이체 횟수 총 200회 이상

54 ①

인성이는 2025년에 가입하여 1년이 안된 상황에서 중도해지하는 상황이다.
따라서 중도해지 이율은 신규일 당시 고시한 일반 정기적금 중도해지 이자율을 적용한다.

정답 및 해설

55 ③

차등금리결정방식은 각각의 투자자가 제시한 금리를 순차적으로 나열한 후 일정한 간격으로 그룹화하는 방식이다. 〈보기〉의 경우 발행 예정액이 700억 원이므로 ⓕ를 제외한 나머지 투자자들이 낙찰자로 결정되며, 그룹화 간격이 0.03%p이므로 [ⓐ와 ⓑ], [ⓒ], [ⓓ와 ⓔ]로 그룹화 된다. 이때 기준이 되는 금리는 최종 낙찰자인 ⓔ가 제시한 2.06%이며, 그룹별 금리는 각 구간의 최고 금리 2.06%, 2.03%, 2.00%으로 결정된다.

56 ③

ⓐ 둘째 주 미국에 수출할 경우 이익
$5,000 \times 90 \times 963.14 = 433,413,000(원)$
$x = 433,413,000$

ⓑ 넷째 주 유럽에 수출할 경우 최소 수출해야 하는 덮개의 개수
$5000 \times y \times 1113.54 > 433,413,000 = y > \dfrac{433,413,000}{5,567,700}$
$= y > 77.84$
$\therefore y = 78$

ⓒ $x + y = 433,413,000 + 78 = 433,413,078$

57 ②

ⓐ **지출 금액**: $7,800 \times 200 \times 118.16 = 184,329,600(원)$
ⓑ **소득 금액**: $6,400 \times 2000 \times 8.54 = 109,312,000(원)$
$\therefore ㉠ - ㉡ = 75,017,600(원)$

58 ④

$\dfrac{9.12 - 8.30}{8.30} = \dfrac{0.82}{8.30} \times 100$
$\therefore 9.87(\%)$

59 ③

㉮ 2024년은 $75 \div 91.8 \times 100 =$ 약 81.7%이며, 2025년은 $75.7 \div 91.9 \times 100 =$ 약 82.4%로 2025년에 비중이 더 증가하였다. (×)

㉯ 은행예금은 75%의 비중에서 75.7%의 비중으로 증가하여 가장 많은 변동이 있는 운용 방법이 된다. (○)

㉰ 노후 대책, 안정성, 은행예금은 각 자료에서 가장 비중이 높은 항목이나, 〈보기〉에서 언급한 바와 같은 상호 연관성을 찾을 수 있는 근거는 제시되어 있지 않다. (×)

㉱ 두 비교시기 모두 현금화 가능성보다 접근성을 더 많이 고려하고 있다. (○)

60 ①

금융기관 A는 농협, 금융기관 B는 수협이다.

61 ④

① HEIF(High Efficiency Image File Format) : MPEG 그룹이 2015년 개발한 것으로 고효율 이미지 파일 형식으로 기존 JPEG보다 저장용량이 적지만 JPEG와 같은 품질의 이미지를 표현할 수 있다.

② 스팀잇(Steemit) : 2016년 4월 시작된 블록체인 미디어 플랫폼으로 사용자가 올린 컨텐츠를 좋아요와 같은 기능을 하는 업보트(Upvote)로 평가한다. 업보트를 많이 받을수록 콘텐츠 제작자는 가상화폐로 보상을 받는다.

③ V2X : Vehicle to Everything의 약자이다. 차량과 사물간의 원활한 대화를 가능하도록 만드는 기술이다.

62 ①

② CCL(Creative Common License) : 저작물 이용을 허락하는 것으로 오픈 라이선스를 말한다.

③ 카피레프트(Copyleft) : 지적재산권을 다른 사람들이 무료로 사용하도록 허용한 것이다.

④ FDS(Fraud Detection System) : 전자금융거래 사용되는 정보를 분석하여 이상거래를 탐지하여 차단하는 시스템이다.

63 ③

온라인에서 개인정보보호와 관련된 규제 및 감독의 주체는 모두 개인정보보호위원회에서 한다.

64 ③

① CDN(Content Delivery Network) : 용량이 큰 콘텐츠를 인터넷망에서 빠르고 안정적이게 전달해주는 것으로 콘텐츠 전송망을 의미한다.

② FNS(Family Network Service) : 가족 중심으로 폐쇄적인 SNS 서비스이다. 외부인이 접근하지 못하고 가족만 들어올 수 있어 배타성이 강하다. 미국의 패밀리 리프(Family Leaf)와 패밀리월(Family Wall)이 이에 속한다.

④ M2M(Machine to Machine) : 기계 사이에서 이뤄지는 통신으로 주변에 존재하는 기기들의 센서로 모은 정보로 통신하면서 주변 환경을 조절하는 기술이다. IP-USN, 스마트 그리드 등 기술을 가전기기, 헬스케어 기기 등과 접목한 기기이다.

65 ①

① 클릭티비즘(Clicktivism) : 클릭(Click)과 행동주의(Activism)의 합성어로 소극적으로 참여하는 행동이다. 정치·사회적으로 지지를 하기 위한 행동으로 청원이나 서명 등과 같이 적은 시간과 관여만을 요구하는 활동을 하는 것이다. 클릭 한 번의 행동으로 사회문제 해결에 참여했다는 변명만 늘어놓는다고 부정적으로 인식하기도 하나 정말 필요한 서비스를 일반인들의 참여로 개선할 수 있다는 장점도 있다.

② 슬랙티비즘(Slacktivism) : 게으른 사람을 의미하는 슬래커(Slacker)와 행동주의(Activism)의 합성어로 소심하고 게으른 저항을 하는 사람을 말한다. 온라인에서는 치열하게 논의해도 정치·사회 운동에 참여하지 않는 누리꾼을 의미한다.

③ 할리우디즘(Hollywoodism) : 할리우드 영화에 나타난 반이란적 특성이 나타나는 영화를 말한다.

④ 핵티비즘(Hacktivism) : 해킹(Hacking)과 행동주의(Activism)가 합쳐진 용어로 디지털 시대의 온라인 행동주의이다. 정보 탈취, 웹사이트 무력화 등의 활동을 하고 어나니머스(Anonymous) 조직이 있다.

66 ④

① 5G(5th Generation Mobile Telecommunication) : 5세대 이동통신으로 최대속도가 20Gbps인 이동통신기술이다.

② 데이터마이닝(Data Mining) : 다양한 데이터 가운데 유용한 정보를 추출하여 선택에 이용하는 과정이다.

③ OLAP(Online Analytical Processing) : 사용자가 대용량 데이터를 편리하게 추출·분석하도록 도와주는 비즈니스 인텔리전스(Business Intelligence) 기술이다.

67 ②

② 어뷰징(Abusing) : '오용, 남용, 폐해'라는 의미로 클릭수를 조작하는 것이다. 검색으로 클릭수를 늘려 중복적으로 내용을 보여주어 인기 탭에 콘텐츠를 올리기 위한 행위이다. 언론사에서 동일한 제목의 기사를 끊임없이 보내어 의도적으로 클릭수를 늘리는 것이다.

① 파밍(Pharming) : 인터넷 사기수법 중에 하나이다. 웹사이트를 금융기관이나 공공기관 사이트의 도메인을 탈취하여 사용자가 속게 만드는 것이다.

③ 바이럴마케팅(Viral Marketing) : 마케팅기법 중에 하나로 소비자가 직접 기업이나 상품을 홍보하는 형태의 입소문 마케팅을 하는 것을 말한다.

④ 그레셤의 법칙(Gresham's Law) : 악화(惡貨)는 양화(良貨)를 구축한다는 의미로 소재가 좋지 않은 화폐라 좋은 화폐를 몰아낸다는 의미이다.

68 ③

③ 디지털헬스 패스(Digital Health Pass) : KT와 대한요양병원협회와 업무협약을 체결하여 진행하는 출입 인증서비스로 안전하게 병원, 다중이용시설 등에 출입을 관리하기 위한 플랫폼이다.

① 그린패스(Green Pass) : 이스라엘의 백신여권이다.

② 엑셀시어 패스(Excelsior Pass) : 미국 뉴욕의 백신여권이다.

④ 국제여행 건강증명서(國際旅行 健康證明書) : 중국의 백신여권이다.

※ 백신여권(Vaccine Passport) … 코로나19의 방역 우수지역 간에 자유로운 여행을 허용하는 협약인 트래블버블이 체결되면 자가격리 조치가 면제된다. 트래블 버블을 도입하면서 예방접종 전자증명서인 백신여권을 도입하고 있다. 백신여권에서는 백신 종류, 접종일자 등의 의료정보를 확인할 수 있다.

69 ④

④ 블랙박스 테스트(Blackbox Test) : 비교검사(Comparison Testing)에 해당한다. 입력조건의 중간값에서 보다 경계값에서 에러가 발생될 확률이 높다는 점을 이용하여 이를 실행하는 테스트인 경계값 분석(Boundary Value Analysis), 입력데이터 간의 관계가 출력에 영향을 미치는 상황을 체계적으로 분석하여 효용성 높은 시험사례를 발견하고자 원인-결과 그래프 기법을 제안하는 원인효과그래픽기법(Cause Effect Graphing Testing) 등이 있다.

① 튜링 테스트(Turing Test) : 컴퓨터가 인공지능을 갖추고 있는지 판별하는 실험으로 인간과의 의사소통을 통해 확인하는 시험법이다. 2014년 6월 영국 레딩대학에서 슈퍼컴퓨터 '유진 구스타만'이 튜링 테스트에 통과하였다고 밝혔다.

② 알파 테스트(Alpha Test) : 프로그램을 개발한 연구원이 진행하는 성능 테스트이다.

③ 베타 테스트(Beta Test) : 하드웨어나 소프트웨어를 공식적으로 발표하기 전에 오류가 있는지를 발견하기 위해 미리 정해진 사용자 계층들이 써 보도록 하는 테스트이다.

70 ③

MAANG은 미국 IT 산업을 선도하는 5개 기업 Microsoft, Amazon, Apple, Google, Netflix의 앞 글자를 딴 용어이다.

71 ②

① 암호화폐의 종류이다.

③ 가격변동성이 적게 유지되도록 설계된 화폐이다

④ 라이트코인(Litecoin) : 비트코인과 같은 형식으로 간편하게 채굴할 수 있는 장점이 있다.

※ NYSE(New York Stock Exchange) … 상장사들의 처음 진행하는 거래를 기념하기 위해서 퍼스트 트레이드 NFT를 발행하였다. 대체 불가능한 토큰(Non Fungible Token)으로 디지털 자산에 고유 인식값을 부여하여 교환이 불가능하다. NYSE가 발행한 NFT인 10초 가량의 동영상 안에는 각 회사의 로고, 상장가격, 거래코드 등이 들어있다.

72 ④

① 빅데이터(Big Data) : 디지털 환경에서 생성되는 데이터로 그 규모가 방대하고, 생성 주기도 짧고, 형태도 수치 데이터뿐 아니라 문자와 영상 데이터를 포함하는 대규모 데이터를 말한다. 과거에 비해 데이터의 양이 폭증했으며 데이터의 종류도 다양해져 사람들의 행동은 물론 위치정보와 SNS를 통한 생각과 의견까지 분석하고 예측할 수 있다.

② 딥러닝(Deep Learning) : 다층구조 형태의 신경망을 기반으로 하는 머신 러닝의 한 분야로, 다량의 데이터로부터 높은 수준의 추상화 모델을 구축하고자 하는 기법이다.

③ 사물인터넷(Internet of Things) : 인터넷을 기반으로 모든 사물을 연결하여 사람과 사물, 사물과 사물 간의 정보를 상호 소통하는 지능형 기술 및 서비스를 말한다. 영어 머리글자를 따서 '아이오티(IoT)'라 약칭하기도 한다. 사물인터넷은 기존의 유선통신을 기반으로 한 인터넷이나 모바일 인터넷보다 진화된 단계로 인터넷에 연결된 기기가 사람의 개입없이 상호 간에 알아서 정보를 주고 받아 처리한다. 사물이 인간에 의존하지 않고 통신을 주고받는다는 점에서 기존의 유비쿼터스나 M2M(Machine to Machine : 사물지능통신)과 비슷하기도 하지만, 통신장비와 사람과의 통신을 주목적으로 하는 M2M의 개념을 인터넷으로 확장하여 사물은 물론이고 현실과 가상세계의 모든 정보와 상호작용하는 개념으로 진화한 단계라고 할 수 있다.

※ 클라우드 컴퓨팅(Cloud Computing)

㉠ 클라우드(Cloud)로 표현되는 인터넷상의 서버에서 데이터 저장과 처리, 네트워크, 콘텐츠 사용 등 IT 관련 서비스를 한번에 제공하는 혁신적인 컴퓨팅 기술이다.

㉡ 클라우드 컴퓨팅의 예

• IaaS(Infrastructure as a Service) : 서비스로써의 인프라라는 뜻으로, AWS에서 제공하는 EC2가 대표적인 예이다. 이는 단순히 서버 등의 자원을 제공해 주면서 사용자가 디바이스 제약 없이 데이터에 접근할 수 있도록 해준다.

• PaaS(Platform as a Service) : 서비스로써의 플랫폼이라는 뜻으로, 사용자(개발자)가 소프트웨어 개발을 할 수 있는 환경을 제공해 준다. 구글의 APP 엔진, Heroku 등이 대표적인 예다.

• SaaS(Software as a Service) : 서비스로써의 소프트웨어라는 뜻으로, 네이버에서 제공하는 N드라이브, drop box, google docs 등과 같은 것을 말한다.

73 ④

㉠에 들어갈 용어는 '디지털 서비스세(DST Digital Service Tax)' 즉, '디지털세'이다. 디지털세는 영업이익이 아니라 '매출'을 기준으로 국가별로 보통 2 ~ 3% 부과되는 세금을 말한다(2020년 7월부터 인도네시아는 넷플릭스에 10%의 디지털세를 부과한다고 발표했다). 프랑스는 OECD에서 합의안이 도출(2020년 말 예정)되기 전, 한시적 운영으로서 2019년 최초로 디지털세를 도입했다.

※ BEPS(Base Erosion and Profit Shifting) … 다국적 기업이 각국의 조세제도 차이점 혹은 허점을 악용하여 조세부담을 줄이는 국제적 조세회피 행위이다. OECD는 이에 대응하기 위한 「BEPS 프로젝트」에서 15개 세부 과제 중 가장 우선순위로 '디지털세'를 선정한 바 있다.

74 ③

빅데이터(Big Data) … 빅데이터가 다양한 가치를 만들어내기 시작하면서 사람들은 빅데이터를 '원유'에 비유하기 시작했다. 기름이 없으면 기기가 돌아가지 않듯, 빅데이터 없이 정보시대를 보낼 수 없다는 의미에서다. 미국의 시장조사기관 가트너는 "데이터는 미래 경쟁력을 좌우하는 21세기 원유"라며 "기업들은 다가오는 데이터 경제시대를 이해하고 이에 대비해야 한다."라고 강조했다. 21세기 기업에게가장 중요한 자산은 '데이터'이며 이를 관리하고 여기서 가치를 이끌어내지 못하면 경쟁에서 살아남을 수 없다는 뜻이다. 빅데이터는 '빅(Big)+데이터(Data)'식의 단순 합성어가 아니다. 빅데이터를 '어마어마하게 많은 데이터'라는 식으로 받아들이면 본질적인 의미와 가치를 놓치게 된다. 기존의 기업 환경에서 사용되는 '정형화된 데이터'는 물론 메타정보와 센서 데이터, 공정 제어 데이터 등 미처 활용하지 못하고 있는 '반정형화된 데이터', 여기에 사진, 이미지처럼 지금까지 기업에서 활용하기 어려웠던 멀티미디어 데이터인 '비정형 데이터'를 모두 포함하는 것이 빅데이터이다.

75 ②

애자일(Agile) … 문서작업 및 설계에 집중하던 개발 방식에서 벗어나 좀 더 프로그래밍에 집중하는 개발방법론이다. 애자일(Agile)이란 단어는 '날렵한', '민첩한'이란 뜻을 가진 형용사이다. 애자일 개발방식도 그 본래 의미를 따른다. 정해진 계획만 따르기보다, 개발 주기 혹은 소프트웨어 개발 환경에 따라 유연하게 대처하는 방식을 의미한다.

76 ④

데이터사이언티스트(Data Scientist) … 데이터의 다각적 분석을 통해 조직의 전략 방향을 제시하는 기획자이자 전략가. 한 마디로 '데이터를 잘 다루는 사람'을 말한다. 데이터 사이언티스트는 데이터 엔지니어링과 수학, 통계학, 고급 컴퓨팅 등 다방면에 걸쳐 복합적이고 고도화된 지식과 능력을 갖춰야 한다. 빅데이터 활용이 늘어나며 이제 '빅'보다 '데이터'에 집중해야 한다는 주장이 설득력을 얻고 있다. 더는 데이터 규모에 매달리지 말고 데이터 자체의 가치와 활용을 생각하자는 것이다. 양보다 질에초점이 맞춰지면서 데이터 정제·분석 기술과 이를 다루는 사람의 역할이 더욱 강조되고 있다. 특히 데이터에서 새로운 가치를 만들어내는 것은 결국 '사람'이라는 인식이 확대되면서 데이터 사이언티스트에 대한 관심이 높아지고 있다.

77 ②

㉠에 해당하는 용어는 '엣지컴퓨팅'이다. 엣지컴퓨팅은 네트워크가 없어도 기기 자체에서 컴퓨팅을 구현할 수 있는 기술이다. 따라서 네트워크에 대한 의존도를 크게 낮출 수 있는 기술로 평가된다.

78 ③

시장의 수요와 공급에 따라 교환가치가 달라지는 것은 민간 발행 암호화폐의 특징이다. 중앙은행 디지털화폐는 액면가가 고정되어 있으며, 법정화폐 단위로서 법정통화와 일대일로 교환이 보장된다.

79 ①

블록체인(Block Chain) … 블록에 데이터를 담아 체인 형태로 연결하여 동시에 수많은 컴퓨터에 복제하여 저장하는 분산형 저장기술을 말하며, 공공 거래 장부라고도 불린다. 참여자들은 원장을 공유함으로써 모든 정보에 접근이 가능하며, 합의 과정을 통해 신뢰성이 보장된다.

80 ③

동영상 스트리밍은 4G의 특징이다. 5G 기술의 특징으로는 VR(가상 현실), AR(증강 현실), 자율주행, IoT(사물인터넷), 홀로그램 등이 있다.

03 상식

81 ③

- 고용률(%) = $\dfrac{\text{취업자 수}}{\text{15세 이상의 인구}} \times 100$
- 실업률(%) = $\dfrac{\text{실업자 수}}{\text{경제활동 인구}} \times 100$
  $= \dfrac{\text{실업자 수}}{\text{취업자 수 + 실업자 수}} \times 100$
- 경제활동 참가율(%)
  $= \dfrac{\text{경제활동 인구}}{\text{15세 이상의 인구}} \times 100$
  $= \dfrac{\text{경제활동 인구}}{\text{경제활동 인구 + 비경제활동 인구}} \times 100$

③ ⓒ의 경우 취업자인 상태에서 비경제활동 인구가 되었으므로 실업률은 증가하고 고용률은 하락한다.

82 ①

비자발적 실업은 일할 능력과 의사가 있지만 어떠한 환경적인 조건에 의해 일자리를 얻지 못한 상태를 의미하며 크게 경기적 실업, 계절적 실업, 기술적 실업, 구조적 실업으로 구분된다.
① 마찰적 실업은 기존의 직장보다 더 나은 직장을 찾기 위해 실업상태에 있는 것으로 자발적 실업에 해당된다.

83 ③

금리가 상승하게 되면 대체로 해당 국가의 통화가치가 상승하게 되는 즉, 환율이 하락하게 되는 경향이 있다. 또한 국제시장에서는 높음 금리를 찾아 달러 등의 해외자금이 유입되는데, 이때 유입되는 달러가 많아지게 되면 해당 국가의 통화가치는 상승(환율 하락)하게 된다. 그러므로 환율이 하락하게 되면 수출에는 불리하며 수입에는 유리하게 된다.

84 ④

④ 정부조직의 비대함에 따른 예산낭비는 시장실패가 아닌 정부실패에 해당한다.

85 ②

최종대부자(Lender of Last Resort) … 금융위기가 발생하여 개별 금융기관 또는 전체 금융시장에 돈 부족 사태가 나타날 때 위기 극복을 위하여 돈을 공급해 줄 수 있는 마지막 보루를 뜻한다. 이는 현실적으로 화폐의 독점적 발행권과 무제한 공급능력을 가지고 있는 중앙은행만이 할 수 있다.

86 ②

프리워크아웃제도는 이자율을 조정해주는 제도로 신용회복위원회에서 지원한다.

① **개인워크아웃제도** : 과중채무자를 대상으로 채무감면, 분할상환, 변제기 유예 등 채무조정을 지원하는 제도이다.

③ **개인회생** : 재정적 어려움으로 파탄에 직면하고 있는 개인채무자를 장래 또는 지속적으로 수입을 얻을 가능성이 있는지 등 이해관계인의 법률관계를 조정함으로써 채무자의 효율적 회생과 채권자의 이익을 도모하기 위하여 마련된 제도이다.

④ **개인파산** : 모든 채권자가 평등하게 채권을 변제 받도록 보장함과 동시에, 면책 절차를 통하여 채무자에게 남아있는 채무에 대한 변제 책임을 면제받아 경제적으로 재기·갱생할 수 있는 기회를 부여하는 제도이다.

87 ③

리디노미네이션은 화폐 단위를 하향 조정하는 것으로 화폐의 가치 변동 없이 모든 은행권 및 지폐의 액면을 동일한 비율의 낮은 숫자로 조정하거나, 이와 함께 새로운 통화 단위로 화폐의 호칭을 변경하는 것이다.

화폐 단위 변경 결정 및 법 개정 → 화폐 도안 결정 → 화폐 발행 → 화폐 교환 → 신·구화폐 병행 사용 → 화폐 단위 완전 변경

88 ①

단리식 이자 계산법을 적용하여 만기지급금을 구한다.

• 단리식 이자

$$= 매월\ 납입금 \times \frac{운용개월수 \times (운용개월수+1)}{2}$$
$$\times \frac{연\ 이율(\%)}{12}$$

• 이자소득세 = 이자 × 세율

• 원리금(2년 만기)

$$= 원금 + 단리식\ 이자$$
$$= 1,000,000 \times 24 + 1,000,000 \times \frac{24 \times 25}{2} \times \frac{0.06}{12}$$
$$= 24,000,000 + 1,500,000$$
$$= 25,500,000원$$

• 이자소득세 = 1,500,000 × 0.135 = 202,500(단, 만기 시 한 번만 적용)

$$\therefore\ 세후\ 원리금 = 24,000,000 + (1,500,000 - 202,500)$$
$$= 25,297,500원$$

89 ④

진성어음에 대한 설명으로, 진성어음은 기업 간 상거래를 하고 대금결제를 위해 발행되는 어음이다.

① 기업어음 : 기업이 만기 1년 미만의 단기자금 조달을 위해 발행하는 융통어음이다.

② 융통어음 : 기업이 상거래를 수반하지 않고 단기운전자금 확보를 목적으로 발행하는 어음이다. 만기에 돈을 갚으면 되고 연장이 되기도 한다.

③ 백지어음 : 서명 외에 어음의 요건 전부 혹은 일부를 기재하지 않은 미완성어음이다.

90 ③

③ 만기일의 주가가 행사가격과 동일할 경우 손실도 이익도 발생하지 않게 된다.

91 ③

예금자보호법은 뱅크런 사태를 막고자 예금보험공사가 해당 금융기관을 대신하여 예금자에게 원리금의 전부 또는 일부를 지급하는 제도이다. 1,000 ~ 5,000만 원까지 보호된다.

은행의 예금은 보호되나 투자는 보호되지 않는다. 은행의 주택청약종합저축은 국민주택기금조성 재원으로 정부가 대신 관리하며, 은행의 후순위채권 및 양도성예금증서, 보험회사의 보증보험계약은 보호되지 않는다.

92 ④

액면병합에 대한 설명으로 낮아진 주가를 끌어올리기 위해 사용한다.

① 액면분할에 대한 설명으로 한 장의 증권을 여러 개의 소액증권으로 분할한다.

② 유상감자에 대한 설명으로 회사규모에 비해 자본금이 지나치게 많다고 판단될 경우 자본금 규모를 적정화하여 기업의 가치를 높이기 위해 사용된다.

③ 무상증자에 대한 설명으로 자본의 구성과 발행주식수만 변경하는 형식적인 증자이다.

93 ①

② 가장 넓은 범위를 가진 것은 Lf이다.

③ M1이 증가하면 M2도 증가한다.

④ 개인이 국내 시중은행에 저축하는 외화가 많아질수록 M2가 증가한다.

94 ④

비교우위론이란 Ricardo에 의해 주장된 이론으로 각 국가 간 상대적으로 생산비가 낮은 재화생산에 특화하여 무역할 경우 양국 모두 이익을 얻을 수 있다는 것이다.
상단의 표를 통해 각 국의 비교우위를 재화를 계산해보면
- X재 생산비용 : 한국은 0.5(X재 생산비용/Y재 생산비용), 중국은 1.6으로 한국이 우위 선점
- Y재 생산비용 : 한국은 2(Y재 생산비용/X재 생산비용), 중국은 0.625로 중국이 우위 선점

95 ④

전환사채(CB)는 인수단이 구성되어 주식을 인수한 후 투자자에게 판매하는 공모와, 특정소수 기관을 대상으로 모집되어 일반투자자는 투자참여 및 발행정보공유에서 배제되는 사모 방식으로 발행된다.
① 사채권자 지위를 유지하는 동시에 주주의 지위도 갖는 것은 신주인수권부사채(BW)이다.
② 자본금 변동은 없는 것은 교환사채(EB)이다.
③ 사채보다 이자가 낮다.

96 ②

로보어드바이저에 대한 설명으로 사람의 개입 여부에 따라 총 4단계로 구분할 수 있다. 1단계 자문·운용인력이 로보어드바이저의 자산배분 결과를 활용해 투자자에게 자문하거나, 2단계 투자자 자산을 운용하는 간접 서비스, 3단계 사람의 개입 없이 로보어드바이저가 직접 자문하거나, 4단계 투자자 자산을 운용하는 직접 서비스로 나뉜다.
② 상품의 중위험·중수익을 지향한다.

97 ①

증권형 크라우드 펀딩은 이윤 창출을 목적으로 비상장 주식이나 채권에 투자하는 형태이다. 투자자는 주식이나 채권 등의 증권으로 보상받는다.
③ 대출형 : 개인과 개인 사이에서 이뤄지는 P2P 금융으로, 소액대출을 통해 개인 혹은 개인사업자가 자금을 지원받고 만기에 원금과 이자를 다시 상환해 주는 방식이다.
④ 기부형 : 어떠한 보상이나 대가 없이 기부 목적으로 지원하는 방식이다.

98 ④

비교 우위란 다른 나라에 비해 더 작은 기회비용으로 재화를 생산할 수 있는 능력을 뜻한다. 한 나라에서 어떤 재화를 생산하기 위해 포기하는 재화의 양이 다른 나라보다 적다면 비교 우위가 있는 것이다.
① 토마토는 B가, 의류는 A가 비교 우위를 지닌다.
② 두 제품에 대해 비교 우위를 지니는 것은 불가능하다.
③ A와 B는 서로 기회비용을 지불하게 된다.

99 ②

해당 재화의 가격 이외 요인으로도 공급변화가 일어난다.
② 소비자의 소득은 수요변화 요인이다.

100 ①

금융시장

㉠ **단기금융시장(화폐시장)** : 단기자금의 수요자와 공급자 사이의 수급불균형을 조절하기 위해 통상 만기 1년 미만의 금융자산이 거래되는 시장으로 콜시장, CD시장, CP시장, RP시장 등이 있다.

㉡ **장기금융시장(자본시장)** : 기업의 시설자금 또는 장기운전자금 조달을 위해 발행되는 채권 및 주식이 거래되는 시장으로 채권시장, 주식시장 등이 있다.

국민은행
신입행원 채용대비

제 3 회

- 정답 및 해설 -

(주)서원각

1	2	3	4	5	6	7	8	9	10	11	12	13	14	15	16	17	18	19	20
③	②	④	②	③	①	①	①	③	①	③	②	③	③	④	④	②	②	②	④
21	22	23	24	25	26	27	28	29	30	31	32	33	34	35	36	37	38	39	40
④	③	①	④	②	④	③	④	②	③	④	①	③	③	③	②	③	③	①	④
41	42	43	44	45	46	47	48	49	50	51	52	53	54	55	56	57	58	59	60
②	①	②	④	③	④	③	①	①	③	③	②	②	②	①	②	①	④	④	③
61	62	63	64	65	66	67	68	69	70	71	72	73	74	75	76	77	78	79	80
①	②	①	④	④	②	①	④	②	②	①	④	④	③	④	③	②	④	④	②
81	82	83	84	85	86	87	88	89	90	91	92	93	94	95	96	97	98	99	100
④	③	④	④	④	①	①	①	①	①	②	④	①	④	①	③	③	①	④	②

01 직업기초능력

1 ③

일정량의 제품 생산을 투입되는 자본과 노동의 함수로 설명하는 것은 경제를 기계로 인식하는 고전학파 경제학자들의 주장이며, 이것은 주어진 글에서 제시한 포철의 종합제철소 건설의 예처럼 기업가의 위험부담 의지나 위기를 기회로 만드는 창의적 역할 등 기업 활동 결과의 변수로 작용하는 기업가 정신을 고려하지 않은 것이었다.

① 애덤 스미스는 '자기 이득'을 그 원리로 찾아내었다고 설명하고 있다.
② 고전학파 경제학자들은 애덤 스미스의 이론을 따랐으며, '경제를 기계로 파악한 애덤 스미스의 후학'이라는 언급을 통해 알 수 있는 내용이다.
④ 자본 및 노동 투입량 외에 '인적 요인'이 있어야 한다.

2 ②

① 파레토 최적에 관한 개념을 '~이처럼 파레토는 경제적 효용을 따져 최선의 상황을 모색하는 이론을 만들었고~'를 통해 확인할 수 있다.
③ 파레토 이론의 한계는 '~이러한 한계에도 불구하고 파레토 최적은 자유 시장에서 유용한 경제학 개념으로 평가받고 있는~'을 통해 밝히고 있다.
④ 파레토 개선과 관련된 구체적 상황은 '~파레토 최적은 서로에게 유리한 결과를 가져오는 선택의 기회를 보장한다는 점에서 의미가 있지만 한계~' 등에서 확인할 수 있다.

3 ④

한쪽의 이익이 다른 쪽의 피해로 이어지지 않는다는 전제 하에, 모두의 상황이 더 이상 나빠지지 않고 적어도 한 사람의 상황이 나아져 만족도가 커진 상황을, 자원의 배분이 효율적으로 이루어진 상황을 파레토 최적이라 하며, 더 이상은 좋아질 수 없는, 양측에게 가장 이익이 되는 상황이 파레토 최적이며 이해 당사자는 협상을 통해 이러한 파레토 최적의 상황에 도달할 수 있으므로 파레토 최적 이론은 손해가 없으면서 효용을 증가시키는 상황을 설명한 이론이라 할 수 있다.

4 ②

(가) : 자연을 묘사하고 해석하는 데 가장 뛰어난 방법적 도구로서의 수학(화제 제시)

(라) : 자연과학의 일부 영역에서 수학이 내놓은 엄청난 성과

(나) : 수학이 이룩한 성공으로 치른 대가와 그 한계 1 – 자연의 과정 전체를 온전히 담아내지 못함

(다) : 수학의 한계 2 – 수학은 인간이 파악할 수 있는 매우 낮은 수준의 정확도에서만 반복을 예측

(마) : (나), (다)와 같은 한계를 지님에도 수학의 성과를 인정해야 하는 이유

5 ③

의료 서비스 시장에서는 의료 행위를 하기 위한 자격이 필요하고, 환자가 만족할 만한 수준의 병원을 설립하는 데 비용이 많이 들어 의사와 병원의 수가 적어 소비자의 선택의 폭이 좁다고 하였다.

6 ①

㉠ 앞의 내용이 도덕적 평가는 운에 따라 달라져서는 안되고, 스스로가 통제할 수 있는 것에 대해서만 이루어져야 한다고 했으므로 ①의 진술이 적절하다.

7 ①

갑은 2000년대 초 연준의 금리 인하로 국공채에 투자한 퇴직자의 소득이 줄어들어 금융업으로부터 정부로 부가 이동했다고 보고 있다. 그러나 네 번째 문단을 보면 금리 인하가 실시되면서 노년층에서 정부로, 정부에서 금융업으로 부의 대규모 이동이 이루어졌다. 즉 '금융업으로부터 정부로 부가 이동했다고 보는 것'은 제시문과 역행하는 것이다.

② 다섯 번째 문단에는 2000년대 초 연준의 저금리 정책은 고용 증대를 위해 시행되었다. 그리고 저금리로 자본 비용이 낮아지면 노동 절약을 위한 혁신이 강화되어 고용 증대는 이루어지지 않았음을 지적한다.

③ 첫 번째 문단에서는 저금리 정책이 시행되던 2000년대 초는 기술 산업의 거품 붕괴로 인해 경기 침체가 발생한 상황이 나타난다. 세 번째 문단 역시 2000년대 초에 설비 가동률이 낮았음을 언급하고 있다.

④ 세 번째 문단은 2000년대 초의 저금리 정책이 주택 시장의 거품을 초래했다고 설명한다. 또한 네 번째 문단에서는 연준의 금리 인하 이후 주가가 상승했음이 나타난다. 이를 통해 금리 인하 정책이 시행된 후 주택 가격과 주식 가격이 상승했음을 알 수 있다는 정의 주장을 확인할 수 있다.

8 ①

첫째 문단은 과잉 경쟁의 현상과 그 이유에 대한 내용으로 구성되어 있다. '경쟁의 패자는 승자를 축복하지 않는다.'라는 문장은 첫째 문단의 내용과 어울리지 않아 문단의 통일성을 해치므로 이를 첨가하는 것은 적절하지 않다.

9 ③

㈐ 논점 제시 → ㈏㈑ 해결방안을 모색하기 위한 검토의 단계 → ㈎ 해결방안의 제시

10 ①

인슐린의 기능은 혈액으로부터 포도당을 흡수하여 세포로 이동시켜 혈액에서의 포도당의 농도를 낮추는 것인데, 인슐린의 기능이 저하될 경우 이러한 기능을 수행할 수 없기 때문에 혈액에서의 포도당 농도가 높아지게 된다.

11 ③

위세품은 정치, 사회적 관계를 표현하기 위해 사용된 물품이다. 당사자 사이에만 거래되어 일반인이 입수하기 어려운 물건으로 피장자가 착장(着裝)하여 위세를 드러내던 것을 착장형 위세품이라고 한다. 생산도구나 무기 및 마구 등은 일상품이기도 하지만 물자의 장악이나 군사력을 상징하는 부장품이기도 하다. 이것들은 피장자의 신분이나 지위를 상징하는 물건으로 일상품적 위세품이라고 한다.

12 ③

13 ③

주어진 글에서는 하나의 지식이 탄생하여 다른 분야에 연쇄적인 영향을 미치게 되는 것을 뇌과학 분야의 사례를 통해 조명하고 있다. 이러한 모습은 학문이 그만큼 복잡하다거나, 서로 다른 학문들이 어떻게 상호 연관을 맺는지를 규명하는 것이 아니며, 지식이나 학문의 발전은 독립적인 것이 아닌 상호 의존성을 가지고 있다는 점을 강조하는 것이 글의 핵심 내용으로 가장 적절할 것이다.

14 ③

고위직급자와 계약직 직원들에 대한 학습목표 달성을 지원해야 한다는 논의가 되고 있으므로 그에 따른 실천 방안이 있을 것으로 판단할 수 있으나, 교육 시간 자체가 더 증가할 것으로 전망하는 것은 근거가 제시되어 있지 않은 의견이다.

① 22시간 → 35시간으로 약 59% 증가하였다.
② 평균 학습시간을 초과하여 달성하는 등 상시학습문화가 정착되었다고 평가하고 있다.
④ 생애주기에 맞는 직급별 직무역량교육 의무화라는 것은 각 직급과 나이에 보다 적합한 교육이 실시될 것임을 의미한다.

15 ④

금요일 17시에 회의를 개최할 경우 C, D를 포함하여 A, B, F가 회의에 참여할 수 있다.

① 17:00∼19:20 사이에 3명(C, D, F)의 회의가능 시간이 겹치므로 월요일에 회의를 개최할 수 있다.

② 금요일 16시 회의에 참여 가능한 전문가는 A, B, C, F이며 네 명의 회의 장소 선호도는 '가 : 19점', '나 : 28점', '다 : 24점'으로 가장 높은 점수인 '나'가 회의 장소가 된다.

③ 금요일 18시 회의에 참여하는 전문가는 C, D, F이고 회의 장소 선호도를 합산한 결과 '나' 장소가 된다(나 : 22점 > 가 : 16점 > 다 : 15점).

16 ④

C거래처 사원(9시∼10시) − A거래처 과장(10시∼12시) − B거래처 대리(12시∼14시) − F은행(14시∼15시) − G미술관(15시∼16시) − E서점(16∼18시) − D거래처 부장(18시∼)

① E서점까지 들리면 16시가 되는데, 그 이후에 G미술관을 관람할 수 없다.

② A거래처 과장을 만나고 나면 1시간 기다려서 G미술관 관람을 하여야 하며, 관람을 마치면 14시가 되어 B거래처 대리를 18시에 만나게 될 수밖에 없는데 그렇게 되면 D거래처 부장은 만날 수 없다.

③ G미술관 관람을 마치고 나면 11시가 되는데 F은행은 12시에 가야 한다. 1시간 기다려서 F은행 일이 끝나면 13시가 되는데, B거래처 대리 약속은 18시에 가능하다.

17 ②

예산 60억 원을 모두 사용한다고 했을 때, 건축비 15억 원이 소요되는 시설 4개를 지을 수 있는 경우는 (조건 3, 4에 의해) 'A구에 복지회관 2개, B구에 어린이집 2개'인 경우(만족도 126)뿐이다. 3개를 지을 때 최대로 만족도를 얻을 수 있는 경우는 다음과 같다.

지역 −시설종류	건축비	만족도	지역 −시설종류	건축비	만족도
B−복지회관	20억 원	50	B−복지회관	20억 원	50
B−어린이집	15억 원	40	B−복지회관	20억 원	40[조건5]
A−어린이집	20억 원	35	A−어린이집	20억 원	35
	55억 원	125		60억 원	125

따라서 A구에 복지회관 2개, B구에 어린이집 2개를 신축할 경우에 시민 만족도가 가장 높다.

18 ②

A의 말이 참이라면, B와 C는 거짓말이어야 한다.
B의 말이 진실이라면, A, B, C 모두 거짓이므로 B의 말은 모순이다. 따라서 B의 말은 거짓이다. C의 말이 진실이라면, A, B, C 모두 진실이어야 하는데 B가 진실이 될 수 없다. 따라서 모순이다.

19 ②

먼저 아래 표를 항목별로 가중치를 부여하여 계산하면,

구분	1/4 분기	2/4 분기	3/4 분기	4/4 분기
유용성	$8 \times \frac{4}{10} = 3.2$	$8 \times \frac{4}{10} = 3.2$	$10 \times \frac{4}{10} = 4.0$	$8 \times \frac{4}{10} = 3.2$
안전성	$8 \times \frac{4}{10} = 3.2$	$6 \times \frac{4}{10} = 2.4$	$8 \times \frac{4}{10} = 3.2$	$8 \times \frac{4}{10} = 3.2$
서비스 만족도	$6 \times \frac{2}{10} = 1.2$	$8 \times \frac{2}{10} = 1.6$	$10 \times \frac{2}{10} = 2.0$	$8 \times \frac{2}{10} = 1.6$
합계	7.6	7.2	9.2	8
성과 평가 등급	C	C	A	B
성과급 지급액	80만 원	80만 원	110만 원	90만 원

성과평가 등급이 A이면 직전분기 차감액의 50%를 가산하여 지급한다고 하였으므로, 3/4분기의 성과급은 직전분기 차감액 20만 원의 50%인 10만 원을 가산하여 지급한다.

∴ $80 + 80 + 110 + 90 = 360$(만 원)

20 ④

① 을과 정만 고려한 경우 배탈이 나지 않은 을은 냉면을 먹었다.
② 갑, 을, 정만 고려한 경우 갑은 배탈의 원인이 생수, 냉면, 생선회 중 하나임을 알려주는데 이는 유용한 정보가 될 수 없으며, 냉면은 배탈의 원인이 되지 않음을 알 수 있다.
③ 갑, 병, 정만 고려한 경우 배탈이 나지 않은 정은 생수를 먹었다.
④ 을, 병, 정만 고려한 경우 배탈이 나지 않은 을과 정은 생선회를 먹지 않았으며, 배탈이 난 병은 생선회를 먹었다. 여기서 생선회가 배탈의 원인임을 짐작할 수 있다.

21 ④

사원과 근무부서를 표로 나타내면

배정부서	기획팀	영업팀	총무팀	홍보팀
처음 배정 부서	갑	을	병	정
2번째 배정 부서				
3번째 배정 부서				병

㉠ 규칙 1을 2번째 배정에 적용하고 규칙 2를 3번째 배정에 적용하면

기획팀 ↔ 총무팀 / 영업팀 ↔ 홍보팀이므로
갑 ↔ 병 / 을 ↔ 정
규칙 2까지 적용하면 다음과 같다.

배정부서	기획팀	영업팀	총무팀	홍보팀
처음 배정 부서	갑	을	병	정
2번째 배정 부서	병	정	갑	을
3번째 배정 부서			을	갑

㉡ 규칙 3을 먼저 적용하고 규칙 2를 적용하면

배정부서	기획팀	영업팀	총무팀	홍보팀
처음 배정 부서	갑	을	병	정
2번째 배정 부서	을	갑	병	정
3번째 배정 부서	을	갑	정	병

22 ③

㉠ 상황 A : 야외 선택
• 옥내 : $(150 \times 0.3) + (190 \times 0.7) = 178$(만원)
• 야외 : $(70 \times 0.3) + (300 \times 0.7) = 231$(만원)
㉡ 상황 B : 옥내 선택
• 옥내 : $(80 \times 0.6) + (250 \times 0.4) = 148$(만원)
• 야외 : $(60 \times 0.6) + (220 \times 0.4) = 124$(만원)
㉢ 상황 C : 옥내 선택
• 옥내 : $(150 \times 0.8) + (200 \times 0.2) = 160$(만원)
• 야외 : $(100 \times 0.8) + (210 \times 0.2) = 122$(만원)

23 ①

아라는 민혁이를 좋아하고 민혁이도 아라를 좋아하기 때문에 A는 옳다. 찬수가 영희를 좋아한다는 내용은 나와 있지만 영희가 누굴 좋아하는지는 나와 있지 않다. 따라서 A만 옳다.

24 ④

농부와 의사의 집은 서로 이웃해 있지 않으므로, 가운데 집에는 광부가 산다. 가운데 집에 사는 사람은 광수이고, 개를 키우지 않는다. 파란색 지붕 집에 사는 사람이 고양이를 키우므로, 광수는 원숭이를 키운다. 노란 지붕 집은 의사의 집과 이웃해 있으므로, 가운데 집의 지붕은 노란색이다. 따라서 수덕은 파란색 지붕 집에 살고 고양이를 키운다. 원태는 빨간색 지붕 집에 살고 개를 키운다.

25 ②

조건대로 하나씩 채워나가면 다음과 같다.

	A	B	C	D	E
해외펀드	×	×	○	×	×
해외부동산	×	○	×	×	×
펀드	×	×	×	×	○
채권	○	×	×	×	×
부동산	×	×	×	○	×

A와 E가 추천한 항목은 채권, 펀드이다.

26 ④

둘 다 거짓이 될 때만 거짓이 되고, 둘 중에 하나만 참이 되어도 참이 된다. A가 월요일에 말했다면 이 말 전체가 참이 되는데, 그럼 월요일에 거짓말을 한다는 전제가 모순이 된다. 따라서 월요일은 아니다. 월요일이 아닌 다른 날에 한 진술은 참이어야 하므로 결혼을 하는 것은 진실이 된다.

27 ③

조건을 참고하여 내용을 표로 정리하면 다음과 같다.

A동	B동	C동	D동	E동
최 대리, 강 사원, 양 과장	남 대리 최 대리, 이 과장		강 사원, 이 과장	남 대리

C동에 아무도 배정받지 않았다는 것은 나머지 4개의 동 중 2명이 배정받은 동이 있다는 의미가 된다. 우선, 남 대리는 E동에 배정받은 것을 알 수 있다. 또한 B동과 D동에 양 과장이 배정받지 않았으므로 양 과장은 A동에 배정받은 것이 되며, A동은 두 사람이 배정받은 동이 아니므로 나머지 인원은 A동에 배정받지 않았음을 알 수 있다. 따라서 B동에는 남 대리를 제외한 최 대리, 이 과장이 배정받을 수 있고, D동에는 강 사원, 이 과장이 배정받을 수 있다. 이것은 결국 B동에는 최 대리, D동에는 강 사원이 배정받은 것이 되며, 이 과장이 배정받은 동만 정해지지 않은 상태가 된다.
따라서 주어진 조건에 의하면 최 대리와 이 과장 또는 강 사원과 이 과장이 같은 동에 배정받을 수 있다.

28 ④

업체별 평가기준에 따른 점수는 다음과 같으며 D업체가 65점으로 선정된다.

	시장매력도	정보화수준	접근가능성	합계
A	15	0	40	55
B	15	30	0	45
C	0	15	20	35
D	30	15	20	65

29 ②

① 2022년 : $1,101,596 \div 8,486 =$ 약 129명
② 2023년 : $1,168,460 \div 8,642 =$ 약 135명
③ 2024년 : $964,830 \div 8,148 =$ 약 118명
④ 2025년 : $1,078,490 \div 8,756 =$ 약 123명

30 ③

KAL 항공사의 2025년 항공기 1대당 운항 거리는 $8,905,408 \div 11,104 = 802$로, 2026년 한 해 동안 $9,451,570$ km의 거리를 운항하기 위해서는 $9,451,570 \div 802 = 11,785$대의 항공기가 필요하다. 따라서 KAL 항공사는 $11,785 - 11,104 = 681$대의 항공기를 증편해야 한다.

31 ④

④ 주거비는 2000년과 2010년이 4.5%로 동일하다.

32 ①

$\frac{22}{200} \times 100 = 11(\%)$

33 ③

1위와의 기록이 39초 이하로 차이가 나야한다. 따라서 알론소, 해밀턴, 마사 3명이다.

34 ③

사고 전 조달원 \ 사고 후 조달원	수돗물	정수	약수	생수	합계
수돗물	40	30	20	30	120
정수	10	50	10	30	100
약수	20	10	10	40	80
생수	10	10	10	40	70
합계	80	100	50	140	370

수돗물 : $120 \rightarrow 80$
정수 : $100 \rightarrow 100$
약수 : $80 \rightarrow 50$
생수 : $70 \rightarrow 140$

따라서 사고 전에 비해 사고 후에 이용 가구 수가 감소한 식수조달원은 수돗물과 약수 2개이다.

35 ③

2025년을 기준으로 볼 때, 중앙값이 1억 8,525만 원이며, 평균이 3억 1,142만 원임을 알 수 있다. 중앙값이 평균값에 비해 매우 적다는 것은 소수의 사람들에게 순자산 보유액이 집중되어 있다는 것을 의미한다고 볼 수 있다.

① 순자산 보유액 구간의 중간인 '4~5 미만' 기준으로 구분해 보면, 상대적으로 순자산 보유액이 많은 가구가 적은 가구보다 2025년 비중이 전년보다 더 증가하였다.
② 주어진 표로 가구의 소득은 알 수 없다.
④ 전체의 66.1%를 차지한다.

36 ②

'신재생 에너지' 분야의 사업 수를 x, '절약' 분야의 사업 수를 y라고 하면

$x + y = 600$ …… ㉠

$\dfrac{3,500}{x} \geq 5 \times \dfrac{600}{y} \rightarrow$ (양 변에 xy 곱함)

$\rightarrow 3,500y \geq 3,000x$ …… ㉡

㉠, ㉡을 연립하여 풀면 $y \geq 276.92\cdots$

따라서 '신재생 에너지' 분야의 사업별 평균 지원액이 '절약' 분야의 사업별 평균 지원액의 5배 이상이 되기 위한 사업 수의 최대 격차는 '신재생 에너지' 분야의 사업 수가 323개, '절약' 분야의 사업 수가 277개일 때로 46개이다.

37 ③

주어진 자료를 근거로 괄호 안의 숫자를 채우면 다음과 같다.

구분	2024년	2025년
남(초) + 여(초)	260 − 22 = 238	(241 + 238 + x) ÷ 3 = 233, x = 220
남(재) + 여(초)	15 − 4 = 11	(14 + 11 + x) ÷ 3 = 12, x = 11
남(초) + 여(재)	19 − 4 = 15	(16 + 15 + x) ÷ 3 = 16, x = 17
남(재) + 여(재)	41 − 7 = 34	(33 + 34 + x) ÷ 3 = 33, x = 32

따라서 ㉠은 초혼 남자이므로 '남(초) + 여(초)'인 220명과 '남(초) + 여(재)'인 17명의 합인 237명이 되며, ㉡은 재혼 남자이므로 '남(재) + 여(초)'인 11명과 '남(재) + 여(재)'인 32명의 합인 43명이 된다.

38 ③

$\dfrac{1,869 + 544}{19,134 + 2,339} \times 100 ≒ 11.23$이므로 12%를 넘지 않는다.

39 ①

- 총 45지점이므로 $A + B + C = 10$
- PO터미널과 PO휴먼스의 직원 수가 같으므로
$5 + B = 6 + 1$,
$\therefore B = 2$
- PO메이트의 공장 수는 PO휴먼스의 공장 수의 절반이므로 $\therefore A = 6 \times \dfrac{1}{2} = 3$
- PO메이트의 공장 수와 PO터미널의 공장 수를 합하면 PO기술투자의 공장 수와 같으므로
$A + B = C$, $\therefore C = 5$

따라서 $A = 3$, $B = 2$, $C = 5$이므로 두 번째로 큰 값은 3(A)이다.

40 ④

물품 구분	A	B	C	D	E	F	G	H
조달단가 (억 원)	3	4	5	6	7	8	10	16
구매 효용성	1	0.5	1.8	2.5	1	1.75	1.9	2
정량적 기대효과	3	2	9	15	7	14	19	32

따라서 20억 원 이내에서 구매예산을 집행한다고 할 때, 정량적 기대효과 총합이 최댓값이 되는 조합은 C, D, F로 9 + 15 + 14 = 38이다.

02 직무심화지식

41 ②

가입 기간이 길수록 금리는 높아지며 해당 우대금리를 모두 적용받을 수 있다. 따라서 3년 기간으로 계약하여 2.41%와 두 가지 우대금리 조건을 모두 충족할 경우 각각 0.2%p와 0.3%p(3명의 추천까지 적용되는 것으로 이해할 수 있다.)를 합한 0.5%p가 적용되어 최대 2.91%의 연리가 적용될 수 있다.

42 ①

㉠ 단기금융상품(3위), 재고자산(8위), 유형자산(1위), 기타비유동자산(5위)의 4개 항목이 2024년과 2025년 순위가 동일하다.

㉡ $\dfrac{15.0}{7.0+15.0+7.2+5.1} \times 100 = 43.73\%$

㉢ 2024년 238억 원(=3,400억 원 × 0.07) > 2025년 228억 원(=2,850억 원 × 0.08)

㉣ 전체에서 차지하는 비율이 4.3% 감소한 것이며, 2024년과 2025년의 자산총액이 다르므로 '금액'이 4.3%의 비율만큼 감소했다고 말할 수 없다.

43 ②

월 적립액이 100,000원이며 적금기간이 1년인 월 적립식 적금 상품이므로 원금합계는 1,200,000원이 된다. 이자율이 연리 2.8%(단리)이므로 매월 적립되는 100,000원에 대한 이자액은 전체 적금기간에 대하여 다음과 같이 계산된다.

월적립액	이자
첫 번째 달 10만 원	10만 × 0.028 ÷ 12 × 12 = 2,800원
두 번째 달 10만 원	10만 × 0.028 ÷ 12 × 11 = 2,567원
세 번째 달 10만 원	10만 × 0.028 ÷ 10 × 10 = 2,333원
네 번째 달 10만 원	10만 × 0.028 ÷ 12 × 9 = 2,100원
다섯 번째 달 10만 원	10만 × 0.028 ÷ 12 × 8 = 1,867원
여섯 번째 달 10만 원	10만 × 0.028 ÷ 12 × 7 = 1,633원
일곱 번째 달 10만 원	10만 × 0.028 ÷ 12 × 6 = 1,400원
여덟 번째 달 10만 원	10만 × 0.028 ÷ 12 × 5 = 1,167원
아홉 번째 달 10만 원	10만 × 0.028 ÷ 12 × 4 = 933원
열 번째 달 10만 원	10만 × 0.028 ÷ 12 × 3 = 700원
열한 번째 달 10만 원	10만 × 0.028 ÷ 12 × 2 = 467원
열두 번째 달 10만 원	10만 × 0.028 ÷ 12 × 1 = 233원

따라서 이를 더하면 이자액은 총 18,200원이 된다.

(이를 빠르게 계산하는 식은

$$\dfrac{100,000 \times 2.8\% \times (12+11+\cdots 2+1)}{12} = 18,200)$$ 여기에

이자과세 15.4%는 이자에만 과세되는 것이므로 18,200 × 0.154 = 2,803원이 세금액이 된다. 따라서 세후 수령액은 1,200,000 + 18,200 - 2,803 = 1,215,397원이 된다.

44 ④

대외거래 결과, 예금취급기관의 대외자산은 수출대금이 100달러, 뱅크론이 50달러 늘어났으나, 수입대금으로 50달러, 차입금상환으로 20달러를 매도함으로써 총 80달러가 늘어나게 되어 총 대외수지는 80달러 흑자가 된 경우이다.

45 ③

12,000원의 요금에 무료 이용권을 사용하면 차액 2,000원을 지불해야 하므로 아들의 8,000원과 함께 1만 원의 추가 요금을 지불해야 한다.

① 올바른 Travel카드로 중국 비자 수수료 청구 할인을 받을 수 있는 것은 연 1회로 제한되어 있다.

② 1만 원 미만 승차권 교환 시 잔액은 환불되지 않는다.

④ 3가지 이용권 중 희망하는 것을 제공받는다고 언급되어 있으므로 구매한 책의 권수에 따라 이용권을 많이 제공받는 것이 아니다.

46 ④

주어진 해외이용 시 청구금액 산정 방법에 따라 혜택 전 원화환산 청구금액은 다음과 같다.

- $a : 500 \times 1,080 = 540,000$ 원
- $b : 500 \times 1,080 \times 0.006 = 3,240$ 원
- $c : 500 \times 1,080 \times 0.0025 = 1,350$ 원
- $a + b + c = 544,590$ 원

올바른 Travel카드 이용 시, b와 c 금액에서 할인 혜택이 주어져 각각 $500 \times 1,080 \times 0.0057 = 3,078$ 원과 $500 \times 1,080 \times 0.0015 = 810$ 원이 된다.

따라서 혜택 받은 금액은 $(3,240 - 3,078) + (1,350 - 810) = 162 + 540 = 702$ 원이 된다.

혜택이 적용되는 할인율인 0.03%와 0.1%를 더하여 $500 \times 1,080 \times 0.0013 = 702$ 원으로 간단하게 계산할 수도 있다.

47 ③

- 인터넷 뱅킹을 통한 해외 외화 송금이므로 금액에 상관없이 건당 최저수수료 3,000원과 전신료 5,000원 발생 → 합 8,000원
- 은행 창구를 통한 해외 외화 송금이므로 송금 수수료 10,000원과 전신료 8,000원 발생 → 합 18,000원
- 금액에 상관없이 건당 수수료가 발생하므로 → 10,000원

따라서 총 지불한 수수료는
$8,000 + 18,000 + 10,000 = 36,000$ 원이다.

48 ①

주택담보대출의 경우이므로 3개월의 연체기간을 월별로 나누어 계산해 보면 다음 표와 같이 정리할 수 있다.

연체기간	계산방법	연체이자
연체발생 ~ 30일분	지체된 약정이자(50만 원) × 연8%(5% + 3%) × 30/365	3,288원
연체 31일 ~ 60일분	지체된 약정이자(100만 원) × 연8%(5% + 3%) × 30/365	6,575원
연체 61일 ~ 90일분	원금(1억2천만 원) × 연8%(5% + 3%) × 30/365	789,041원
합계		798,904원

49 ①

모든 예금보호 대상 금융상품의 원금과 소정의 이자를 합하여 1인당 "최고 5천만 원"이며, 5천만 원을 초과하는 나머지 금액은 보호하지 않는다.

따라서 우성이의 통장 5천만 원 + 아내의 통장 5천만 원 = 총 1억 원을 보장받을 수 있다.

50 ③

만기 후 이율은 최종 회전기일 약정이율의 3/10이다.

51 ③

세금을 떼기 전 급여액은 2,750,000원이다. 매월 세금으로 310,000원을 지출한다고 했을 때 실수령액은 2,440,000원이 된다. 실수령액에서 11%를 입금하려고 한다면, 매달 납입액은 2,440,000 × 0.11 = 268,400원이 된다.

52 ②

수미 소비상황을 봤을 때 A신용카드 혜택이 없으며, B신용카드는 1만 원 청구할인, C신용카드는 1만 원 포인트 적립, D신용카드는 1만 원 문화상품권을 증정한다. 액수가 동일한 경우 할인혜택, 포인트 적립, 문화상품권 지급 순으로 유리하다고 했으므로 수미는 B신용카드를 선택한다.

53 ②

달러를 송금 받을 경우 적용되는 환율은 1,105.60원이다. 600달러를 송금 받았으므로 600 × 1,105.60 = 663,360원이 입금된다. 유로를 송금할 경우 적용되는 환율은 1,367.97원이다. 400유로를 송금하므로 400 × 1,367.97 = 547,188원이 된다.

따라서 통장 잔액은 663,360 − 547,188 = 116,172원이다.

54 ②

러시아로 350,000루블을 송금해야 하므로 송금(보내실 때) 환율이 적용된다.

따라서 사원 J는 14.89 × 350,000 = 5,211,500원을 환전해야 한다.

55 ①

은행에 내야하는 금액

A → (1,000 × 0.01 × 12) + 1,000 = 1,120만 원

B → 1,200만 원

C → 90 × 12 = 1,080만 원

㉣ 수리비 50만 원이 소요된다면 A는 1,120 + 50 = 1,170만 원, B와 C는 수리비를 은행에서 부담하므로 그대로 1,200만 원, 1,080만 원이 된다. 따라서 가장 저렴한 C상품이 A · B보다 유리하다.

56 ②

가입금액은 1백만 원 이상으로 추가입금은 불가능하다.

① 가입기간이 12개월 이상부터 24개월 미만의 이율은 0.70으로 동일하다

③ 세전 이자계산 산식은 신규금액 × 약정이율 × 약정 개월 수/12 이며 가입금액과 계약기간을 집어넣으면 2,000,000 × 0.80% × 24/12 = 32,000원이 나온다.

④ 예치기간이 3개월 이상~6개월 미만의 이율은 기본이율 × 50% × 경과월수/계약월수(단, 최저금리는 0.1)로 예치기간 3개월과 5개월의 이율은 같다.

57 ①

ⓒ ㈎의 경우 매년 물가가 5% 상승하면 두 번째 해부터 구매력은 점차 감소한다.

ⓔ 금융 기관에서는 단리 뿐 아니라 복리 이자율이 적용되는 상품 또한 판매하고 있다.

58 ④

신용정보집중기관 및 신용정보회사에 정보가 등록된 경우는 주요 대출이 불가능하다.

59 ③

배우자와 세대가 분리되어 있을 때에는 배우자의 주민등록등본이 필요하다.

60 ③

세계 10대 은행의 BIS비율이 국내 5대 은행보다 높기 때문에 위기상황 대처능력은 세계 10대 은행이 더 높다.

61 ①

① MaaS(Mobility as a Service) : '복합 이동시스템'으로, 여러 교통수단의 연계를 통하여 최적 이동경로, 비용 정보, 호출 및 결제 서비스 등 이동 관련 전 과정을 단일의 플랫폼을 통해 개인화된 서비스를 제공한다.

② P2P(Peer To Peer) : 인터넷에서 개인과 개인이 직접 연결되어 파일을 공유하는 것이다.

③ 스마트 공조 시스템(Smart Duct System) : 차량 실내 환경(온도, 습도, 냄새)을 인식하여 쾌적한 환경으로 전환시켜주는 기술이다.

④ 인포테인먼트 응용 서비스(Infortainment Application Service) : 차량 내에서 IT 기술을 이용하여 정보검색 및 오락, 동영상 감상 등의 콘텐츠를 이용할 수 있도록 하는 서비스이다.

62 ②

②는 블록체인 기술을 활용한 사례이다. 정보가 거래 참여자들에게 분산·저장되어 위·변조가 어려우므로 신뢰성이 높다는 장점을 이용한 것이라 할 수 있다.

63 ①

OTT 서비스(Over The Top Service) … 인터넷을 통해 영화·드라마·다큐 등 다양한 콘텐츠를 제공하는 서비스를 일컫는다.

64 ④

이중지불(Double Spending) … 만일 악의를 가진 사람이 동시에 각각 다른 유저에게 암호화폐(비트코인, 이더리움 등)를 사용할 경우 이를 '이중 지불'이라 한다. 이중 지불의 문제를 해결하는 것이 암호화폐의 핵심 기능이라 할 수 있다. 비트코인 채굴과 블록체인은 이중지불을 방지하는 데 그 목적이 있으며, 이로써 네트워크가 어떤 비트코인 거래들이 유효한 것인지를 확인하고 합의할 수 있다.

65 ④

개인정보 보호에 관한 OECD 8원칙

ㄱ **수집제한의 원칙(Collection Limitation Principle)** : 무차별적인 개인정보를 수집하지 않도록 제한. 정보 수집을 위해서는 정보 주체의 인지 또는 동의가 최소한의 요건(범죄 수사 활동 등은 예외)

ㄴ **정보정확성의 원칙(Data Quality Principle)** : 개인정보가 사용될 목적에 부합하고, 이용목적에 필요한 범위 안에서 정확하고, 완전하며, 최신의 정보일 것

ㄷ **정보의 안전한 보호 원칙(Security Safeguards Principle)** : 개인정보 유실, 불법접근, 이용, 수정, 공개 등 위험에 대한 적절한 보안유지 조치에 의해 보호

ㄹ **공개의 원칙(Openness Principle)** : 개인정보 관련 제도 개선, 실무 및 정책 등에 대해 일반적 정책 공개. 개인정보 존재, 성격, 주요 이용 목적, 정보처리자의 신원 등을 즉시 파악할 수 있는 장치 마련

ㅁ **개인 참가의 원칙(Individual Participation Principle)** : 개인이 자신과 관련된 정보를 정보처리자가 보유하고 있는지 여부에 대해 정보처리자로부터 확인받을 권리. 요구 거부 이유를 요구하고, 거부에 대해 이의를 제기할 권리

ㅂ **책임의 원칙(Accountability Principle)** : 정보처리자가 보호 원칙 시행조치를 이행하는 데 책임성을 가질 것

ㅅ **목적 명확화의 원칙(Purpose Specification Principle)** : 수집 목적이 수집 시점까지는 명확할(알려질) 것. 목적 변경 시 명시될 것

ㅇ **이용 제한의 원칙(Use Limitation Principle)** : 목적 명확화 원칙에 의거 명시된 목적 외 공개, 이용 등 제한

66 ④

디지털 서명(Digital Signature) … 공개키 암호방식을 이용한 전자서명의 한 종류로 전자서명에 작성자로 기재된 자가 그 전자문서를 작성하였다는 사실과 작성내용이 송수신 과정에서 위·변조되지 않았다는 사실을 증명하고, 작성자가 그 전자문서 작성 사실을 나중에 부인할 수 없도록 한다.

67 ②

① 디지털 사이니지(Digital Signage) : 움직이고 소리나는 옥외 광고

③ 디지털 핑거프린팅(Digital Fingerprinting) : 인간의 감지 능력으로는 검출할 수 없도록 사용자의 정보를 멀티미디어 콘텐츠 내에 삽입하는 기술

68 ①

제로 UI(Zero UI) … 기존의 그래픽 유저 인터페이스(GUI)로 인식되던 개념에서 벗어난 것으로, 햅틱 피드백, 상황 인식, 제스처, 음성 인식 등 자연스러운 상호작용을 사용하는 새로운 디바이스 사용방식을 말한다.

정답 및 해설

69 ④

㉣ 관리체계 수립 및 운영 영역은 관리체계 기반 마련, 관리체계 운영, 관리체계 점검 시 개선의 4개 분야 16개 인증 기준으로 구성되어 있으며 관리체계 수립 및 운영은 정보보호 및 개인정보보호 관리체계를 운영하는 동안 Plan, Do, Check, Act의 사이클에 따라 지속적이고 반복적으로 실행되어야 한다.

※ 정보보호 및 개인정보보호 관리체계인증(ISMS-P)
정보통신망의 안정성 확보 및 개인정보 보호를 위해 조직이 수립한 일련의 조치와 활동이 인증기준에 적합함을 인증기관이 평가하여 인증을 부여하는 제도이다.

구분	인증범위
정보보호 및 개인정보보호 관리체계 인증	• 정보서비스의 운영 및 보호에 필요한 조직, 물리적 위치, 정보자산 • 개인정보 처리를 위한 수집, 보유, 이용, 제공, 파기에 관여하는 개인정보처리 시스템, 취급자를 포함
정보보호 관리체계 인증	정보서비스의 운영 및 보호에 필요한 조직, 물리적 위치, 정보자산을 포함

70 ②

① 네트워크 컴퓨팅(Network Computing) : 네트워크 그 자체를 컴퓨터로 인식하는 것으로 인터넷이 대표적인 네트워크 컴퓨팅의 사례이다.

③ 그리드 컴퓨팅(Grid Computing) : 컴퓨터의 연산능력, 데이터, 첨단 실험 장비 등 여러 장비를 인터넷을 통해 공유하려는 새로운 분산컴퓨팅 모델을 말한다.

④ 펌웨어(Firmware) : 소프트웨어와 하드웨어의 중간에 해당하는 것으로, 소프트웨어를 하드웨어화한 것이라고 할 수 있다. 즉, 고정도가 높고, 시스템의 효율을 높이기 위해 ROM(Read-Only Memory)에 넣은 기본적인 프로그램이나 데이터. 마이크로컴퓨터에서는 거의 모든 프로그램이 ROM 상에 기재되어 있기 때문에 프로그램이 들어 있는 ROM을 가리키는 경우가 많다.

71 ②

② 현대셀렉션(Hyundai Selection) : 구독경제 사례로 구독료를 지불하고 자동차를 렌트하는 서비스이다.

①③④ 자신의 소유품이나 자원을 공유하는 서비스이다.

72 ①

② 디지털 치매(Digital Dementia) : 디지털 기기에 의존하여 기억력이 감소하는 상태를 말한다.

③ 필터 버블(Filter Bubble) : 사용자에게 맞춤형 정보만을 제공하는 현상을 말한다.

④ 소셜 큐레이션(Social Curation) : 미술관에 있는 큐레이터처럼 양질의 콘텐츠를 수집하여 공유하는 것을 말한다.

73 ④

④ 스마트 워크(Smart Work) : 코로나19로 업무중단을 방지하기 위해 많은 기업에서 구축을 하고 있다. 재택근무나 스마트 오피스로 교통정체가 완화되어 탄소배출량이 줄고, 이동시간 자원을 절약하여 사회적 비용을 절감할 수 있다. 또한 ICT 기술의 발달로 화상회의, 클라우드 컴퓨팅의 사용으로 원격업무가 원활해졌다. 이 기술의 발달로 시간과 장소에 구애받지 않고 효율적으로 일할 수 있는 업무체제를 의미한다.

① 긱 워커(Gig Worker) : 디지털 플랫폼에서 단기로 계약하는 근로자로 공유경제가 확산되면서 등장하였다.

② 공유 오피스(Office Sharing) : 사무실 공간을 함께 공유하여 사용하는 공간이다.

③ 온디맨드(On Demand) : 수요를 중심으로 결정하는 시스템으로 고객이 원하는 것을 즉시 대응해주는 정보산업 체제이다.

74 ③

① V2V(Vehicle to Vehicle) : 차량과 차량 간의 통신

② V2I(Vehicle to Infrastructure) : 차량과 인프라 간의 통신

④ V2P(Vehicle to Pedestrian) : 차량과 보행자 간의 통신

75 ④

④ 뇌-컴퓨터 인터페이스(Brain-Computer Interface) : 뇌-컴퓨터 인터페이스로 뇌파를 이용하여 컴퓨터에서 해석할 수 있는 인터페이스를 말한다.

① 인공 신경망(Artificial Neural Network) : 인간의 신경처리 과정을 모방하여 만든 알고리즘을 말한다.

② 딥러닝(Deep Learning) : 다량의 데이터를 이용하여 스스로 학습하는 인공 신경망으로 구축된 기계학습 기술을 말한다.

③ 가상현실(Virtual Reality) : 컴퓨터에서 만들어진 가상현실을 말한다.

76 ③

웨어러블 기기(Wearable Device) … 안경, 시계, 의복 등 일상생활에서 사람 몸에 착용이 가능한 형태의 기기로 손에 휴대하지 않아도 이용할 수 있는 기기를 말한다.

77 ②

② 전자문서관리(EDMS)

① 교육기록관리(LMS)

③ 품질이벤트관리(eQMS)

④ 전자문서교환(EDI)

78 ④

① 빅데이터(Big Data) : 방대한 규모의 데이터를 말한다.

② 다크 데이터(Dark Data) : 정보를 수집·저장만 하고 활용하지 않는 다량의 데이터를 말한다.

③ 패스트 데이터(Fast Data) : 실시간으로 빠르게 유입되는 대용량 데이터를 말한다.

79 ④

① 유비노마드(Ubi Nomad) : 시간과 장소에 간섭받지 않고 전자기기를 통해 업무를 하는 새로운 사람을 말한다.

② 리뷰슈머(Reviewsumer) : 인터넷에 전문적으로 상품의 평가 글을 올리는 사람을 말한다.

③ 트라이슈머(Trysumer) : 광고를 믿지 않고 사전에 확인한 상품의 정보로 구매하는 소비자를 말한다.

80 ②

분산 식별자(Decentralized Identifiers) … 블록체인 기술로 구축한 전자신분증으로 개인정보를 암호화한 뒤 블록 단위로 구성한 뒤에 개인 전자기기에 저장하는 것이 특징이다.

03 상식

81 ④

기회비용＝명시적 비용＋암묵적비용
기회비용＝교통비 10,000원＋입장료 35,000원(명시적 비용)＋일당 100,000원
따라서 선호의 기회비용은 145,000원이다.

82 ③

주가연계펀드(ELF : Equity Linked Fund)
㉠ 투자금의 상당액을 채권으로 운용하면서 여기에서 발생하는 이자로 증권사가 발행하는 ELS 워런트에 투자한다.
㉡ 주가나 주가지수의 변동과 연계되어 수익이 결정된다.
㉢ 환매가 자유롭고 소액 투자가 가능하다. 만기 시점까지 기초자산 가격이 손실구간 밑으로 떨어지지 않으면 원리금과 이자를 돌려받는다는 점에서 수익구조는 ELS와 거의 차이가 없다.

83 ④

명목 GDP＝금년도 최종 생산량×금년도 가격
실질 GDP＝금년도 최종 생산량×기준 가격
GDP 디플레이터＝(명목GDP÷실질GDP)×100
2024년의 명목 GDP는 40×135＝5,400이며 실질 GDP는 135×25＝3,375가 된다.
따라서 GDP 디플레이터의 값은(5400÷3375)×100＝160이다.

84 ④

실제인플레이션이 기대인플레이션보다 높은 경우이므로 채무자 또는 고정된 임금을 지급하는 기업주에게 유리한 상황이 된다. 일반적으로 정부는 채무자이고 가계는 채권자에 해당하므로 정부가 인플레이션으로 인한 이득을 얻는 경제주체라고 할 수 있다.
①② 고정된 금액을 지급받는 봉급생활자 및 연금생활자는 불리해진다.
③ 실제실질이자율은 감소하므로 채권자보다 채무자에게 유리하다.

85 ④

1급 가격차별에 대한 설명이다. 완전 가격차별이라고도 하며 상품을 각 단위당 소비자에게 다른 가격으로 부과하는 형태를 말한다.
①③ 2급 가격차별에 대한 설명이다.
④ 1급 가격차별에 대한 설명이다.

86 ①

디플레이션이란 인플레이션(Inflation)의 반대 개념으로 물가가 지속적으로 하락하는 것을 말한다.
소비가 위축되면서 상품가격이 하락하고 생산 및 고용이 감소하게 된다. 이는 경기침체를 가속하며 채무자의 채무 부담이 커지게 되어 결국 악순환이 반복된다.

87 ①

한국은행이 공개시장조작 정책 등을 실시하여 콜금리를 종전보다 낮게 조절하면 장단기 시장금리나 은행 여수신금리도 하락하게 된다. 따라서 이자율이 감소하므로 가계의 소비가 증가하고 기업 역시 투자가 증가한다.
㉠ 대출금리 및 차입금리의 하락으로 아파트 등의 부동산 투자가 증가한다.
㉡ 콜금리의 조정으로 국내금리가 하락하므로 우리나라 화폐 가치가 하락(원화환율 상승)하므로 수출은 늘고 수입은 감소하므로 경상수지 개선효과가 있다.
㉢ 케인즈 학파는 투자가 이자율에 비탄력적인 것으로 판단한다.
㉣ 금리가 인하되면 채권보다 주식에 대한 투자매력이 증가한다.

88 ①

소비자물가지수에는 가계에서 지출하는 재화와 서비스를 소비자가 구매하는 것으로 부동산은 포함되지 않는다.
② 수입품은 GDP디플레이터에는 나타나지 않지만 소비자물가지수에는 포함된다.
③ 파셰가격지수는 거래된 상품 가격이나 가중치의 평균으로 구하는 물가지수로 GDP디플레이터 성질과 같다.
④ 라스파이레스 방식으로 계산한 값을 소비자물가지수로 선택하고 있다.

89 ①

지니계수는 소득 분배의 불평등을 나타내는 수치로, 분포의 불균형을 의미하며 소득이 어느 정도 균등하게 분배되어 있는가를 나타낸다.

② 엥겔지수 : 일정 기간 가계 소비지출 총액에서 식료품비가 차지하는 비율

③ 위대한 개츠비 곡선 : 소설 「위대한 개츠비」에서 주인공 개츠비의 이름을 인용한 것으로 경제적 불평등이 커질수록 사회적 계층이동성이 낮음을 보여주는 곡선

④ 로렌츠곡선 : 국민의 소득 분배 상태를 알아보기 위한 곡선

90 ①

① 디폴트(Default) : 채무자가 민간 기업인 경우에는 경영 부진이나 도산이 원인이 될 수 있으며, 채무자가 국가인 경우에는 전쟁, 내란, 외화 준비의 고갈에 의한 지급 불능 등이 원인이 된다.

② 환형유치(換刑留置) : 벌금이나 과료를 내지 못하는 범죄자에게 교도소에서 노역으로 대신하도록 하는 제도이다.

③ 엠바고(Embargo) : 일정 시점까지 한시적으로 보도를 중지하는 것을 말한다.

④ 워크아웃(Workout) : 기업의 재무구조 개선 작업을 말한다.

91 ②

② 리카도 효과(Ricardo Effect) : 호경기에 소비재 수요증가와 더불어 상품의 가격이 노동자의 화폐임금보다 급격히 상승하게 되면서 노동자의 임금이 상대적으로 저렴해지는데, 이런 경우 기업은 기계를 대신 사용하려는 경향이 발생한다.

① 전시 효과(Demonstration Effect) : 미디어 등 사회의 소비 영향을 받아 타인의 소비를 모방하려는 성향을 말한다.

③ 톱니 효과(Ratchet Effect) : 생산 또는 수준이 일정 수준에 도달하면 이전의 소비 성향으로 돌아가기 힘든 현상을 말한다.

④ 베블런 효과(Veblen Effect) : 가격상승에도 과시욕이나 허영심 등으로 수요가 줄지 않는 현상을 말한다.

92 ④

④ 모라토리엄(Moratorium) : 대외 채무에 대한 지불유예(支拂猶豫)를 말한다. 신용의 붕괴로 인하여 채무의 추심이 강행되면 기업의 도산이 격증하여 수습할 수 없게 될 우려가 있으므로, 일시적으로 안정을 도모하기 위한 응급조치로 발동된다.

① 모블로그(Moblog) : 모바일과 블로그를 합친 신조어로 때와 장소에 구애받지 않고 블로그를 관리할 수 있어 인기를 끌고 있다.

② 모라토리엄 신드롬(Moratorium Syndrome) : 1960년대에 들어 지적, 육체적, 성적인 면에서 한 사람의 몫을 할 수 있으면서도 사회인으로서의 책임과 의무를 짊어지지 않는 것을 의미한다.

③ 서브프라임 모기지론(Subprime Mortgage Loan) : 신용등급이 낮은 저소득층을 대상으로 주택자금을 빌려주는 미국의 주택담보대출 상품이다.

93 ①

① 블랙 스완(Black Swan) : 극단적 예외사항이라 발생 가능성이 없어 보이지만 발생하면 엄청난 충격과 파급효과를 가져오는 것을 말한다.

② 그레이 스완(Gray Swan) : 이미 알고 있는 사항이지만 대처 방법이 모호하여 위험 요인이 계속 존재하는 상태를 말한다.

③ 어닝 쇼크(Earning Shock) : 기업이 예상보다 저조한 실적을 발표하여 주가에 영향을 미치는 현상을 말한다.

④ 더블 딥(Double Dip) : 경기침체 후 잠시 회복기를 보이다가 다시 침체에 빠지는 이중침체 현상을 말한다.

94 ④

구매력평가설

㉠ 구매력평가설(Purchasing Power Parity theory)은 환율이 양국 통화의 구매력에 의하여 결정된다는 이론이다.

㉡ 균형환율수준 혹은 변화율은 각국의 물가수준을 반영하여야 한다는 이론이다.

㉢ 절대적 구매력평가설은 일물일가의 법칙(law of one price)을 국제시장에 적용한 이론이다.

ㄹ 무역거래에 있어서 관세부과나 운송비로 인해 구매력평
가설의 기본가정인 일물일가의 법칙이 현실적으로 성립
하기 힘들다. 또한 비교역재가 존재하므로 교역재 간의
교환비율인 환율을 비교역재까지 포함하는 구매력평가
로써 설명하는 데는 한계가 있다.

ㅁ 구매력평가설은 무역이 자유롭고 운송비용이 저렴하다
는 점을 가정한다.

95 ①

②③④ 소득을 평등하게 만드는 요인이다.

※ 지니계수(Gini's Coefficient) … 계층 간 소득분포의 불
균형과 빈부격차를 보여주는 수치이다. 0에서 1까지의
값을 가지는 것으로 이 값이 클수록 소득분배가 불균
등하다.

96 ③

③ 사채는 일정 기간 내에 일정 금액으로 상환된다.

※ 주식 … 주식회사가 발행한 출자증권이다. 사채(社債)는
주식회사가 일반 대중에게 자금을 모집하기 위해 발행
하는 채권을 말한다.

97 ③

③ SRI지수(Socially Responsible Investment Index) : 사
회책임투자 또는 지속가능책임투자의 준말로 사회적이
거나 환경적인 책임을 다하고 있는 기업들을 묶어서 만
든 주가지수이다.

① 엥겔지수(Engel Coefficient) : 경제학에서 총지출에서
식료품비 지출이 차지하는 비율을 계산한 값을 엥겔지
수(엥겔계수)라고 한다. 엥겔지수가 저소득 가계에서
높고 고소득 가계에서 낮다는 통계적 법칙을 엥겔의
법칙이라고 한다.

② 거래량지수(去來量指數) : 재화(財貨)의 거래량을 일정
단계에서 종합적으로 파악하여 경제활동 규모의 변동을
측정하기 위한 종합지수를 말한다.

④ 슈바베지수(Schwabe Index) : 가계 소득 대비 주거비용
이 차지하는 비율을 나타낸다. 고소득층일수록 슈바베
지수는 낮다.

98 ①

① 프로젝트 파이낸싱(Project Financing) : 은행은 부동산
담보나 지급보증이 있어야 대출이 가능하지만 프로젝
트 파이낸싱은 담보 없이 미래의 대규모 투자사업의
수익성을 보고 거액을 대출해준다.

② 액면병합(Consolidation of Stocks) : 액면분할의 상대
적 개념으로 액면가가 적은 주식을 합쳐 액면가를 높
이는 것을 말한다.

③ 파생금융상품(Financial Derivatives) : 외환·예금·채
권·주식 등과 같은 기초자산으로부터 파생된 금융상품
이다.

④ 온디맨드(On Demand) : 모바일 기술 및 IT 인프라를
통해 소비자의 수요에 즉각적으로 서비스나 제품을 제
공하는 것을 말한다.

99 ④

④ 관성 효과(Ratchet Effect) : 소득이 높았을 때 굳어진
소비 성향이, 소득이 낮아져도 변하지 않는 현상으로
톱니 효과라고도 한다. 관성 효과가 작용하면 소득이
감소하여 경기가 후퇴할 때 소비 성향이 일시에 상승
한다.

① 가격 효과(Price Effect) : 재화의 가격변화가 수요(소비)
량에 미치는 현상을 말한다.

② 잠재가격(Shadow Price) : 상품의 기회비용을 반영한
가격을 말한다.

③ 의존 효과(Dependence Effect) : 소비자의 수요가 소비
자 자신의 욕망에 의존하는 것이 아니라 광고 등에 의
존하여 이루어지는 현상을 말한다.

100 ②

① 공개시장에서 국공채를 매입·매각함으로써 통화량과
이자율을 조정하는 것을 말한다.

③ 법정지급준비율을 변화시킴으로써 통화승수의 변화를
통하여 통화량과 이자율을 조절하는 정책이다.

④ 직접적으로 중앙은행과 예금은행의 대출한도를 제한하
거나 자산을 규제함으로써 금융기관의 대출한도를 제한
하는 것이다.

국민은행
신입행원 채용대비

- 상식 핵심 요약집 -

(주)서원각

01 금융 · 경제상식

상대강도지수
RSI, Relative Strength Index

주식, 선물, 옵션 등 기술적 분석에 사용되는 보조 지표

가격 움직임에서 나타나는 투자 심리를 간접적으로 보여주는 기술적 분석 지표로 특정 자산의 가격 움직임의 강도를 평가하는 데 사용된다. 즉, 주어진 기간 동안 상승폭과 하락폭의 비율을 분석하여 시장 내 매수와 매도의 강도(자산의 과매수 또는 과매도 상태)를 판단한다. 단기 매수·매도 신호로 사용되며 직접적인 심리측정도구는 아니지만 투자자들의 심리가 가격 움직임에 어떻게 영향을 미쳤는지 간접적으로 해석할 수 있다.

다크 패턴
Dark Patten

교묘하게 설계된 사용자 인터페이스(UI)

사용자가 원하지 않는 행동을 하도록 유도하는 기만적인 사용자 인터페이스(UI)를 의미하며 눈속임 설계라고도 한다. 이는 혼란을 유발하거나 심리적 압박을 가해 사용자의 동의를 이끌어내며, 필요한 지출, 개인정보 제공, 원치 않는 서비스 가입 등의 결과를 초래할 수 있다.

옴니보어
Omnivore

폭 넓은 문화 · 소비 취향을 가진 소비자

옴니보어는 라틴어로 '모든 것을 먹는 자'를 뜻한다. 하지만 현대 소비 트렌드에서는 특정 집단의 전형적인 소비 방식에 얽매이지 않고, 다양한 분야의 제품과 서비스를 자유롭게 소비하는 '잡식성 소비자'를 뜻한다.

토핑경제
맞춤형 소비 트렌드

피자에 원하는 토핑을 올리듯, 기존 상품에 자신의 취향과 개성을 반영해 맞춤화하는 소비 형태를 의미한다. 이는 대중적인 소비 트렌드를 따르면서도, 동시에 개성을 드러내고 싶은 소비자의 욕구를 반영한 개념이다. 대표적인 예시로는 크록스의 지비츠, 서브웨이의 맞춤형 샌드위치, 마라탕 재료 선택 시스템, 스타벅스의 커스텀 메뉴 등이 있다.

스텔스 테이퍼링
드러내지 않고 몰래 단행하는 양적완화 축소

중앙은행이 공식적으로 드러내지 않고 몰래 단행하는 양적 완화 축소로 즉, 중앙은행이 공식 발표 없이 자산 매입 규모를 줄이는 과정을 의미한다. 이는 자산 매입 규모를 서서히 축소하여 시장에 미치는 충격을 최소화하기 위해 시행된다.

핀플루언서
Finfluencer

금융 투자 분야에서 영향력 있는 인물

핀플루언서는 '금융(Finance)'과 '인플루언서(Influencer)'의 합성어다. 유튜브나 SNS, 각종 소셜미디어를 통해 일반 투자자들에게 주식 투자, 부동산 거래, 암호화폐 투자 등 금융 관련 정보와 투자 조언을 제공하며 영향력을 행사하는 사람을 의미한다. 핀플루언서는 전문 지식을 바탕으로 신뢰할 수 있는 정보를 제공하는 '전문가 핀플루언 서', 개인 투자를 하며 경험을 공유하는 '일반인 핀플루언서' 그리고 경제적 트렌드나 시장 분석을 일반 대중에게 전달하는 '경제 관련 콘텐츠 크리에이터' 등의 유형이 있다. 핀플루언서는 복잡한 금융 용어를 쉽게 설명하여 사람들의 금융 이해도를 높이고 지식을 넓히는 데 기여할 수 있으며, 투자 트렌드에 영향을 미치기도 한다. 하지만 핀 플루언서가 제공하는 금융 정보가 항상 정확하지 않거나 과장된 정보일 수 있어 주의가 필요하다.

슈링크플레이션
Shrinkflation

상품의 가격은 그대로이나 크기나 용량이 줄어드는 것

소비자들은 직접적인 가격 인상에 민감하기 때문에 가격 대신 크기나 용량을 줄인다. 기업이 원자재 비용, 물류비, 인건비 상승 등으로 인해 직접적인 가격 인상 대신 제품의 크기를 줄이거나 품질을 낮추는 방식이다. 소비자는 실질적으로 더 높은 가격을 지불하지만 이를 인지하기 어렵고 기업은 이윤 보호 효과가 있으나 장기적으로는 소비자의 불신을 초래할 수 있다.

그리드플레이션
Greedflation

원자재 가격 상승 또는 유통 문제와 관계없이 가격을 인상하는 현상

탐욕(Greed)과 인플레이션의 합성어로, 기업들이 이윤을 극대화하기 위해 과도한 가격 인상을 단행하는 것을 말한다. 인플레이션 국면의 심리를 이용하여 물가 상승을 핑계로 지나치게 가격을 인상하는데, 이는 소비자들의 부담 증가 및 불필요한 인플레이션 지속, 공정 경쟁 저해 가능성을 야기한다.

스태그플레이션
Stagflation

경기침체와 인플레이션이 동시에 발생하는 현상

일반적으로 경기가 침체되면 물가는 하락하는데, 스태그플레이션에서는 경기가 침체돼도 물가는 계속 오른다. 임금과 물가가 함께 상승하는 악순환을 유발하는데 실업률 상승과 물가 상승으로 인한 생활 수준 저하 및 정책 딜레마의 영향으로 이어진다.

슬럼프플레이션
Slumpflation

스태그플레이션보다 더 심한 경제 위축

글로벌 금융위기, 대규모 경기침체 등으로 인해 소비가 위축되고 실업률이 증가하며 투자가 감소한다. 정부와 중앙은행이 금리를 인하하고 경기부양책을 시행해도 효과가 미비하다.

노 랜딩
No Landing

경기가 하강하지 않을 것이라는 낙관론

2023년 미국의 1월 실업률은 3.4%로 1969년 5월 이후 54년 만의 최저치를 기록했다. 기술기업을 중심으로 한 해고가 이어지는 와중에도 미국의 일자리는 충분했다. 이처럼 미국의 노동시장과 미국 GDP의 70%를 차지하는 소비가 견고하다는 부분에서 경제학자들 사이에서는 노랜딩의 기대가 퍼졌다.

파운드리
Foundry

팹리스 업체가 설계한 반도체를 전담하여 제조하는 생산 전문 기업

반도체 산업 기업은 크게 IDM, 팹리스, 파운드리, OSAT 네 가지로 구분할 수 있다. IDM은 설계부터 최종 완제품까지 자체적으로 수행하는 기업이며 팹리스는 반도체 설계만을 전담한다. OSAT는 파운드리가 생산한 반도체의 패키징 및 검사를 수행한다. IDM 중 일부는 자사 외에 다른 기업의 반도체를 생산하는 파운드리 기능을 함께 수행하기도 하는데, 우리나라에서는 삼성전자, SK하이닉스 등이 IDM이면서 파운드리 기능을 수행하고 있다.

규모의 경제

대량으로 생산을 해서 얻은 이익이 대규모 경영에 이익이 되는 것

대량 생산에 의하여 1단위당 비용을 줄이고 이익을 늘리는 방법이 일반적인데, 최근에는 설비의 증강으로써 생산비를 낮추고 있다. 생산 조직이나 생산의 규모가 커질수록 생산과 판매를 위한 비용이 줄어드는 경우, 이를 규모의 경제라고 한다. 규모의 경제는 생산규모와 관련된 것으로 경제규모가 커진다고 해서 반드시 규모의 경제가 발생하는 것은 아니다.

콩글로머리트
Conglomerate

여러 기업이 하나로 연합한 거대 기업체

복합기업이라고도 불리며 서로 다른 업종 간의 합병으로 이루어진 기업이다.

차입경영

돈을 빌려 사업을 하는 일

일반적으로 레버리지효과(지렛대 효과)를 기대하여 과도한 부채를 기반으로 기업을 경영하는 것을 의미한다.

빅테크
Big Tech

구글, 아마존, 메타, 애플, 알파벳 같은 대형 정보기술(IT) 기업

국내 금융산업에서는 네이버와 카카오 등 온라인 플랫폼 제공 사업을 핵심으로 하다 가 금융시장에 진출한 업체를 주로 지칭한다.

그린플레이션
Greenflation

친환경을 뜻하는 그린과 물가상승을 뜻하는 인플레이션의 합성어

탄소중립을 위한 친환경 정책의 영향으로 산업금속이나 화석연료의 공급이 줄어드는 반면에 수요는 증가해 원자재 가격이 오르고 물가의 인플레이션을 유발하는 현상이다.

울트라 스텝
Ultra Step

중앙은행이 한 번에 기준금리를 1%p 인상하는 조치

중앙은행에서 인플레이션에 대한 우려가 커지면 기준금리를 급격하게 올리는 것을 의미한다.

프렌드쇼어링
Frieng Shoring

동맹국 사이에서만 공급망을 구축하는 현상

우호국이나 동맹국들과 공급망을 구축하는 것으로 리쇼어링의 대안으로 주목받고 있다. 핵심 재료의 공급이 수월하게 이루어질 수 있다는 긍정적인 측면과 상대적으로 낮은 인건비를 포기하게 돼, 생산비용이 증가하여 인플레이션을 초래할 수 있다는 우려의 측면이 있다.

역(逆) 머니무브

증시에서 예금으로 돈을 이동하는 것

시중 자금이 위험 자산에서 안정 자산인 은행 예금으로 몰리는 현상을 말한다. 한편 은행 예금에서 증시와 부동산 등 고위험·고수익 자산으로 이동하는 것을 머니무브라고 한다.

플랫폼 경제
Platform Economy

기업이 제품·서비스의 생산·공급을 담당하는 것이 아닌 플랫폼만을 제 공하는 형태

정보를 가진 플랫폼이 중개업자 역할을 하여 주도하는 경제 구조로, 거래 당사자들이 플랫폼을 거칠 때마다 수수료를 지불하기 때문에 플랫폼 참여자가 많을수록 유리한 구조이며 거대 플랫폼 기업을 중심으로 하는 승자독식 형식이 나타날 수 있다. 플랫 폼 기업의 대표적인 예로는 미국의 애플·마이크로소프트·구글·아마존, 중국의 알리바바·텐센트, 한국의 네이버·카카오·쿠팡 등이 있다.

프로토콜 경제
Protocol Economy

플랫폼 경제의 대안으로 제시되는 개념

탈중앙화를 통해 여러 경제주체를 연결하는 새로운 형태의 경제 모델이다. 블록체인 기반의 기술을 핵심으로 하며, 사전에 정해놓은 규칙(프로토콜)에 따라 시스템에 의 해 참여자가 보상을 받으며 작동하는 경제 구조이다. 보상 메커니즘으로는 코인을 사용한다.

꼬리위험
Tail Risk

확률이 지극히 낮은 양극단 꼬리 부분에 해당하는 확률의 사건이 발생할 위험

특정한 평균치를 중심으로 대칭을 이루는 종 모양의 정규분포 곡선 양쪽 끝부분을 나타내는 꼬리부분은 발생할 가능성은 낮지만 한 번 발생하면 큰 변수로 작용하여 헤어 나오기 어려움을 일컫는 말이다. 발생 가능성이 낮고 예측하기 어렵지만 한 번 위험이 발생하면 큰 영향을 미친다.

추가경정예산
追加更正豫算

예산이 성립된 후에 국회를 통과하여 그 내용을 변경하는 것

국가예산이 이미 정해진 상황에서 예산 부족이나 특별한 사유로 인해 부득이하게 필요하다고 판단되는 경우, 정부가 본예산을 변경해 다시 정한 예산을 국회에 제출하여 의결을 거친 후 집행하는 예산이다. 이를 줄여 추경예산이라고도 한다. 우리나라의 경우 헌법 제56조에 따라 예산에 변경을 가할 필요가 있을 때 정부가 추가경정예산안을 편성해 국회에 제출하도록 하고 있으며, 예산안이 국회에서 의결되기 전에 그 내용을 변경하는 수정예산과 차이가 있다.

리플레이션
Reflation

경제가 디플레이션에서 벗어나 물가가 오르는 상태

심각한 인플레이션을 야기하지 않을 정도로 재정 및 금융을 확대하면서 경기의 회복과 확대를 도모한다. 리플레이션 정책은 과잉자본을 극복하고 경기회복을 목적으로 하고 있으며 통화재평창이라고도 한다.

커버드 콜
Covered Call

콜 옵션을 미리 매도하여 주가지수가 하락할 때 이익을 얻는 전략

특정한 주식을 보유한 상태에서 콜 옵션을 비싼 가격에 매도하여 안정적으로 위험을 피하는 전략이다. 주식만 보유하고 있는 상태에서 주가가 하락할 경우 투자자의 손실 은 커지지만 콜 옵션을 매도하는 경우 손실을 줄일 수 있으며, 주가가 상승할 경우에 는 콜 옵션에서 손해를 입더라도 보유 주식을 상승하므로 손실이 적다.

콘탱고
Contango

선물가격이 현물가격보다 높은 상태

주식 시장에서 선물가격이 현물가격보다 높거나 결제 월이 멀수록 선물가격이 높아지는 현상을 말한다. 일반적으로 선물가격은 현물가격보다 높아야 하는데, 선물 만기까지 소요되는 현물의 보유 비용이 포함되어야 하기 때문이다.

캐리트레이드
Carry Trade

금리가 낮은 통화로 자금을 조달하여 수익을 내는 거래

저금리로 차입하여 고금리의 상품이나 주식 등에 투자해 수익을 내는 거래를 말한다. 차입한 통화가 달러화인 경우에는 달러캐리트레이드(스미스 부인), 유로화인 경우에는 유로 캐리트레이드(소피아 부인), 엔화인 경우에는 엔캐리트레이드(와타나베 부인)라고 한다.

롤오버
Roll Over

금융기관이 상환 만기된 부채의 상환을 연장해주는 조치

당사자 간 합의에 의해 만기일정을 연장해주는 것을 말한다. 채권의 경우 새로운 채권을 발행하여 만기를 연장해주는 것을 의미하며 선물의 경우 매수차익거래잔고를 이월하는 것을 의미한다.

윈도드레싱
Window Dressing

기관투자가들이 결산기에 투자수익률을 올리기 위해 주식을 집중적으로 사고파는 행위

기관투자가들이 실적이 좋은 주식 종목은 집중적으로 매입하여 주가를 올리고, 실적이 저조한 항목은 처분하여 투자수익률을 최대한 끌어올리는 행위를 말한다.

출구전략
Exit Strategy

각종 완화정책을 경제에 부작용을 남기지 않고 서서히 거두어들이는 전략

경기침체나 위기로부터 경제지표가 되살아나는 경기회복의 조짐이 있는 경제 상황에서 침체기간 동안 시중에 풀린 과도한 유동성을 부작용이 생기기 전에 회수하려는 전략이다.

기간산업
Key Industry

국가가 경제활동을 원활히 하는 데 필수인 중요한 산업

철강 · 목재 · 금속 등 다른 산업의 원자재로 널리 사용되는 물자를 생산하는 산업과 석탄이나 석유, 전력 등 경제활동에 필요한 에너지를 공급하는 산업이 있다.

더블 딥
Double Dip

경기침체에서 잠시 회복기를 보이다가 이내 침체에 빠지는 현상

불황에서 벗어난 경제가 다시 침체에 빠지는 이중하강 현상을 말한다. W자형 경제구조라고도 하며 경기침체의 골을 두 번 지나야 비로소 완연한 회복을 보일 것이라는 전망 때문에 W자 모양의 더블 딥으로 불리게 됐다.

리플
XPP : Ripple

암호화폐의 한 종류

간편 송금을 목적으로 탄생한 가상화폐이다.

긱 이코노미
Gig Economy

기업들이 계약직 혹은 임시직으로 사람을 고용하는 경제형태

필요할 때마다 임시직을 섭외해 일을 맡기는 경제 형태를 말한다. 노동자 입장에서는 어딘가에 고용되어 있지 않고 필요할 때 일시적으로 일을 하는 임시직 경제를 가리킨다. 모바일 시대에 접어들면서 이런 형태의 임시직이 급증하고 있다. 한편, 1920년 대 미국 재즈 공연장에서 필요에 따라 연주자를 단기 섭외하던 방식을 의미하는 Gig 에서 유래하였다.

젠트리피케이션
Gentrification

낙후된 도심이 활성화되면서 거주민이 밀려나는 현상

빈곤 계층이 이르는 정체 지역에 중산층 이상의 계층이 진입하여 낙후된 도심이 활성화되면서 거주하고 있던 빈곤 계층을 몰아내는 현상이다. 해당 지역이 활성화 되고 관광객이 늘면서 부동산 가격 등 자산가치가 상승하여 기존 거주자들을 몰아내는 것이다.

베이시스
Basis

선물가격과 현물가격의 차이

주식 시장에서 선물가격과 현물가격의 차이를 나타내는 말로, 베이시스가 양(+)이면 콘탱고라고 하고 음(−)이면 백워데이션이라고 한다.

퍼스트 펭귄
The First Penguin

불확실성을 감수하고 용감하게 도전하는 선구자

먹이 사냥을 위해 바다로 뛰어드는 것이 두렵지만, 펭귄 한 마리가 먼저 용기를 내어 뛰어들면 나머지 펭귄들도 이를 따른다는 데에서 유래하였다. 이는 불확실하고 위험한 상황에서 용감하게 먼저 도전함으로써 다른 이들에게도 참여의 동기를 유발하는 선구자를 의미한다.

크라우드 소싱
Crowd Sourcing

소비자들의 참여로 해결책을 얻는 방법

기업 활동의 일부 과정에 소비자를 참여시키는 방법이다. 새로운 제품을 출시할 때 소비자들의 피드백 참여를 통해 기업 입장에서는 참신한 아이디어와 실질적인 의견을, 소비자들은 이에 관한 보수를 받을 수 있다.

마천루의 저주
Skyscraper Curse

초고층 빌딩이 지어지는 시기에 맞추어서 경기의 침체가 찾아온다는 가설

1999년 도이체방크의 분석가 앤드루 로런스가 100년간 사례를 분석해 내놓은 가설로 과거 역사를 보면 초고층 빌딩은 경제위기를 예고하는 신호 역할을 해왔다는 가설이다. 국내의 경우 제2롯데월드가 착공을 시작한 후부터 많은 문제가 발생함을 이러한 가설에 비유하기도 한다.

회색 코뿔소
Gray Rhino

쉽게 간과하는 위험 요인

지속적으로 경고하지만 쉽게 간과하게 되는 위험 요인을 말한다. 코뿔소는 멀리서도 눈에 띄며 움직임을 알 수 있지만 두려움 때문에 아무런 대처를 하지 못하는 것을 빗대어 표현한 용어이다. 2013년 다보스포럼에서 처음 사용된 개념으로 의사결정자들 의 미흡한 시스템과 책임성 결여 등을 원인으로 꼽았다.

빅배스
Big Bath

새로운 경영자가 전임자가 쌓아 놓은 부실 요소를 한꺼번에 털어버리는 행위

새로 부임하는 기업의 CEO가 전임 CEO의 재임기간 동안에 누적된 손실을 회계장부 상에서 최대한 반영함으로써 경영상의 과오를 전임 CEO에게 넘기는 행위이다. 새로 부임하는 CEO는 회계처리 과정에서 과거에 발생한 손실을 극대화해 잠재적인 부실까지 미리 반영한다. 그러나 이전 경영진의 성과를 보고 투자한 주주들은 이러한 회계처리로 인해 주가 하락에 따른 손실을 볼 수 있다.

관세 탠트럼
Tariff Tantrum

관세 인상 우려로 인한 금융 시장의 요동

미국 정부의 공격적인 무역 정책으로 발생된 금융 시장의 요동을 말한다. 2018년 미국이 수입 철강과 알루미늄에 관세를 부과하겠다고 밝히자 무역전쟁에 대한 우려가 확산되면서 뉴욕 증시의 주요 지수가 일제히 급락한 것을 두고 관세 탠트럼이라고 한다.

6시그마
6 Sigma

품질경영 혁신기법

1987년 모토로라의 마이클해리가 통계기법을 활용해 기존의 품질관리 기법을 확장 하여 6시그마라는 경영기법을 고안해냈다. 100만 번의 프로세스 중 3 ~ 4번의 실수나 결함이 있는 상태를 말하며, 경영 활동에 존재하는 모든 프로세스를 분석하고 규명해서 현재 시그마 수준을 알아낸 다음 혁신을 통해 6시그마 수준에 도달하는 것을 목표로 한다.

일물일가의 법칙
Law of Indifference

동일한 시점일 경우, 완전경쟁이 행해지는 시장에서 판매하는 동일 상품에 대해서는 하나의 가격만 성립하는 법칙

무차별의 법칙으로, 어떤 한 곳이 다른 곳보다 가격이 비쌀 경우, 해당 상품을 싼 곳에서 사고, 비싼 곳에서 판매하는 사람들이 생겨나 가격은 결국 같아지게 되는 것을 말한다.

손절매

큰 손해를 방지하기 위해 일정액의 손해를 감수하고라도 매도하는 것

가지고 있는 주식의 현재시세가 매입가보다 낮고, 향후 가격 상승의 희망이 전혀 보이지 않는 경우에 손해를 감수하고라도 매도하는 것을 말한다. 손해가 유발될 종목에 대해 적절한 시점에 손절매 한다면 수익을 내는 것이 쉬워진다. 주식은 상승과 하락으로 대별되는데, 상승을 예견해 매입하지만 예상이 빗나가 하락하는 종목도 있을 수 있다. 따라서 하락이 예상된다면 실패를 인정하고, 빠르게 손절매 하는 것이 현명하다.

신용점수제
信用點數制

2021년 1월 1일부터 신용등급제에서 전면 개편된 제도

개인신용평가 회사에서는 신용등급을 산정하지 않고 개인신용평점만을 산정하여 금융소비자와 금융회사에 제공한다. 금융권 신용위험 관리역량을 제고하고 금융회사별 리스크 전략, 금융소비자 특성에 따라 차별화된 서비스 제공이 가능해졌다. 또한 세분화된 대출 심사 기준을 도입하여 획일적인 대출 여부에서 벗어나 저신용층의 금융 접근성까지 제고되었다.

리쇼어링
ReShoring

해외로 나간 국내기업을 다시 자국으로 불러들이는 정책

생산비와 인건비 등을 이유로 해외로 나간 기업들을 각종 세제 혜택과 규제 완화 등을 통하여 자국으로 불러들이는 정책을 말한다. 경기침체와 실업난의 장기화를 해결하기 위한 목적이다.

신용경색
Credit Crunch

금융기관에서 돈이 제대로 공급되지 않아 기업들이 어려움을 겪는 현상

금융시장에 공급된 자금의 절대량이 적거나 자금이 통로가 막혀있을 때 발생하는데, 특히 돈의 통로가 막혀 발생하는 신용경색은 치유하기가 어렵다. 신용경색이 발생하면 기업들은 자금 부족으로 인해 정상적인 경영이 어려워지고 무역업체들도 수출입 활동에 큰 제약을 받게 된다. 신용경색이 나타나는 과정은 먼저 일부 은행의 도산이나 부실화로 인해 금융시스템 내의 대출가능 규모가 줄어들게 되고, 이들 은행과 거래하던 기업들이 차입이 어려워지면서 기업의 도산확률이 높아지게 된다.

바그너 법칙
Wagner's Law

경제가 성장할수록 국민총생산의 공공부문 지출 비중이 높아진다는 원칙

공공지출 증가의 법칙이라고도 하며 정부의 기능과 활동이 증가하면서 GNP의 공공 부문 지출도 증가한다는 원칙이다.

폰지사기
Ponzi Scheme

금융 다단계 사기 수법

아무런 사업도 하지 않으면서 신규 투자자의 돈으로 기존 투자자에게 원금과 이자를 갚아나가는 금융 다단계 사기 수법이다.

M커브
M Curve

여성의 경제활동 참가율을 나타내는 곡선

20 ~ 30대 여성들이 육아부담으로 경제활동을 포기하고 가정에 머물러야 하는 상황을 단적으로 보여주는 곡선이다. 여성인력선진국은 U를 뒤집어 놓은 형태를 보이고 있는 반면에 우리나라는 M자 형태를 보이며 심각한 여성경력단절 현실을 나타내 고 있다.

특허 괴물
Patent Troll

개인 또는 기업으로부터 특허기술을 사들여 로열티를 챙기는 회사

제품을 생산 · 판매하지 않고 특허권 또는 지식재산권만을 집중적으로 보유하여 로열티로 이익을 창출하는 전문회사를 가리킨다. 대량의 특허권을 매입하거나 원천기술을 보유한 소규모 기업을 인수 · 합병하여 특허권을 확보한 후 특정기업이 무단으로 사용한 제품이 출시되면 해당 기업을 상대로 사용료를 요구하거나 소송 등을 통해 막대한 보상금을 챙긴다. 최근에는 개발 전 단계의 아이디어까지 선점하는 경우가 많아 문제로 지적되고 있다. 특허 괴물 이란 용어는 미국의 반도체 회사 인텔(Intel)이 1998년 테크서치(Techsearch)라는 회사로부터 당한 소송 사건에서 인텔 측 변호사가 이 회사를 특허 괴물이라고 비난한 데서 유래되었다.

3C
Concepts Competence Connections

세계 정상급 기업이 되기 위한 요건

하버드대 경영대학원의 캔터 교수가 제시한 요건이다. 첫 번째 발상은 최신의 지식과 아이디어를 습득해야 하며 기술을 계속 향상시켜야 하고, 두 번째 능력은 가장 높은 수준에서 일할 수 있는 능력을 갖춰야 하며, 세 번째 '관계'는 전 세계에 걸쳐 적합한 인물들과 교류를 갖는 관계를 유지해야 한다는 것이다.

지하경제
地下經濟

공식적으로 드러나지 않은 경제활동

일반적으로 GDP에 집계되지 않거나 불법적인 생산 활동에 대한 경제를 지하경제, 그림자경제 등으로 일컫는다. 지하경제의 규모가 클수록 경제 성장이 저하된다.

애그플레이션
Agflation

곡물가격이 상승한 영향으로 일반 물가도 덩달아 오르는 현상

곡물가격 상승이 사회 전반의 물가 상승으로 확산되어 경제위기를 초래할 우려가 있으며, 특히 곡물자급률이 낮은 나라는 그 위험성이 더욱 커진다. 곡물가격이 상승하는 요인으로는 지구 온난화 등 기상이변으로 인한 공급 감소, 육류 소비 증가에 따른 사료용 곡물 수요 증가, 경작지 감소 등이 있다.

유동성 함정
Liquidity Trap

경제주체들이 시장에 자금을 내놓지 않는 상태

미국 경제학자 존 메이나드 케인스가 붙인 이름으로 금리를 낮추고 화폐를 유통시켜 도 경제주체들이 시장에 자금을 내놓지 않아 경기가 회복되지 못하는 현상을 유동성 함정이라고 한다. 경제주체들이 미래 경기 전망이 불투명하여 소비와 투자를 줄이기 때문이다. 화폐가 순환하지 못하여 돈맥경화가 발생하게 되면 이를 위해 중앙은행은 기준금리를 내리게 되는데 제로금리까지 이르게 된다.

민스키 모멘트
Minsky Moment

부채의 확대에 기대어 경기호황이 이어지다 호황이 끝나면서 금융위기 가 도래하는 시점

경기호황이 끝난 후, 은행 채무자의 부채 상환능력이 악화되어 채무자가 결국 건전한 자산마저 팔게 되는 금융위기 시점이다. 금융 시장이 호황기에 있으면 투자자들은 고위험 상품에 투자하고 이에 금융 시장은 탄력을 받아 규모가 확대된다. 그러나 투자자들이 원하는 만큼의 수익을 얻지 못하면 부채 상환에 대한 불안이 커지면서 금융시장은 위축되고 금융위기가 도래하게 된다.

아웃소싱
Outsourcing

기업 내부의 업무 일부를 경영 효율의 극대화를 위해 외부의 전문업체 에 위탁해서 처리하는 경영전략

미국 기업이 제조업분야에서 활용하기 시작해서 이제는 경리, 인사, 신제품 개발, 영업 등 모든 분야로 확대되고 있다. 급속한 시장 변화와 치열한 경쟁에서 살아남기 위해 기업은 핵심 사업에 집중하고, 나머지 부수적인 업무는 외주에 의존함으로서 인원절감과 생산성 향상의 효과를 노리고 있다. 또한 어떤 분야든 자사보다 탁월한 능력을 보유하고 있는 기업과 팀을 이뤄 업무를 추진함으로써 업무의 효율을 극대화할 수 있으나, 가격 상승에 따라 저효율과 발주사 직원

의 전직 및 직무 감소로 인한 직 원 수 초과, 공급업체와 발주사 간의 마찰, 공급업체에 대한 미숙한 관리 등의 위험요소도 있다.

레몬마켓
Lemon Market

질적인 측면에서 문제가 있는 저급의 재화나 서비스가 거래되는 시장

레몬은 미국 속어로 불량품을 의미하여 경제 분야에서는 쓸모없는 재화나 서비스가 거래되는 시장을 레몬마켓이라 이르게 되었다. 또한 구매자와 판매자 간 거래 대상 제품에 대한 정보가 비대칭적으로 주어진 상황에서 거래가 이루어지면서 우량품은 자취를 감추고 불량품만 남아도는 시장을 말한다. 이는 불량품이 넘치게 되면서 결과 적으로 소비자도 외면하게 되는 시장이 된다.

슈바베 법칙
Schwabe's Law

근로자의 소득과 주거비에 대한 지출 관계 법칙

소득 수준이 높을수록 집세에 지출되는 금액은 커지지만 전체 생계비에 대한 주거비의 비율은 낮으며 소득이 낮을수록 전체 생계비에 대한 주거비의 비율은 높아진다는 독일 통계학자 슈바베의 법칙이다.

녹다운 수출
Knock Down Export

부품이나 반제품의 형태로 수출하는 방식

완제품이 아니라 조립할 수 있는 설비와 능력을 가지고 있는 거래처에게 부품이나 반제품의 형태로 수출하고 실수요지에서 제품으로 완성시키도록 하는 현지조립방식의 수출을 말한다. 이 방식은 수입제한이나 고율의 관세가 부과되는 것을 피하고 상대방의 시장에 침투할 수 있다.

인프라
Infra

경제활동의 기반을 형성하는 기초 시설

기간시설 또는 인프라 스트럭처는 경제활동의 기반을 형성하는 기초적인 시설들을 말하며, 도로나 하천·항만·공항 등과 같이 경제활동에 밀접한 사회 자본을 흔히 인프라라고 부른다. 최근에는 학교나 병원, 공원과 같은 사회복지, 생활환경 시설 등도 포함된다.

골디락스
Goldilocks

뜨겁지도 차갑지도 않은 이상적인 경제 상황

인플레이션을 우려할 만큼 과열되지도 않고, 경기침체를 우려할 만큼 냉각되지도 않은 아주 좋은 경제 호황 상태를 영국 전래동화 속 골디락스에 비유한 것이다. 골디락스는 통상적으로 불황기와 호황기 사이에 나타나는데 경기는 계속해서 순환하므로 계속 유지될 것이라고 기대하긴 어렵다.

투자 심리선
Psychological Line

일정 기간 동안 투자 심리의 변화를 파악하여 주식 시장의 상태를 진단하는 기준이 되는 수치

최근 12일 동안에 나타난 전일 대비 상승일 수를 누계하고 이를 12로 나누어 백분율로 나타내는데, 이 수치가 75% 이상이면 과열 상태로 보고 25% 이하이면 침체 상태로 본다. 투자 심리선은 단기적으로 심리가 과열한 상태인지 아니면 침체상태인지를 판단하여 과열 상태일 때는 매수보다는 매도의 전략을 취하고 침체상태일 때는 매도 보다 매수의 전략을 취하여 장세 대응을 객관적으로 하려는 데 있다.

자산 효과
Wealth Effect

자산가치가 오르면 소비도 증가하는 현상

현재 소비가 현재의 소득뿐만 아니라 미래 소득에도 영향을 받게 된다는 이론이다. 물가 상승률에 따라서도 자산 효과를 느끼게 되는데 물가가 상승하면 돈의 가치가 떨어지고, 물가가 하락하면 돈의 가치가 천천히 떨어져 금융자산의 실질가치는 높아지므로 소득은 저축보다 소비에 중점을 두게 된다.

와블링 이코노미
Wobbling Economy

국내외 금융 시장이 미국의 금융정책 등에 영향을 받아 작은 변수에도 크게 흔들리는 현상이 반복되는 것

작은 변수에도 심하게 흔들려 예측하기 어려운 움직임을 보이는 시장 상황을 말한다.

유동성 선호
Liquidity Preference

동일한 금액일 경우 미래의 현금보다 현재의 현금을 선호하는 행위

유동성 선호로 인해 사람들은 현재 현금을 포기할 경우 더 많은 미래현금을 요구하게 되는데 이와 같은 유동성 선호를 반영하여 화폐의 시간 가치를 나타내는 척도가 시장이자율이다.

세그멘테이션
Segmentation

수요 집단별 집중적 마케팅 전략

시장을 세분화하여 각 층마다 욕구와 필요에 맞추어 제품을 디자인하여 제공하는 것 을 말한다.

토빈의 Q
Tobin's Q

기업의 시장가치를 자본의 대체비용으로 나눈 값

미국 경제학자 제임스 토빈이 제시한 개념으로 설비투자의 동향을 설명하거나 기업의 가치평가에 이용되는 지표이다. 주식 시장에서 평가된 기업의 가치는 주식 가격에 발행주식수를 곱하여 산출하는데, 기업의 시가총액을 의미한다.

스파게티 볼 현상
Spaghetti Bowl Effect

동시다발적으로 체결되는 FTA의 부작용을 일컫는 용어

여러 국가와 동시다발적으로 FTA를 체결할 때 각 국가마다 복잡한 절차와 규정으로 인하여 기대 효과가 반감되는 현상을 일컫는다.

체리피커
Cherry Picker

자신의 실속만 챙기려는 소비자

기업의 상품이나 서비스를 구매하지 않으면서 자신의 실속만 챙기려는 소비자를 말한다. 신포도 대신 체리만 골라먹는 사람이라는 뜻으로 신용카드 회사의 서비스 혜택 만 누리고 카드는 사용하지 않는 고객을 가리키던 말이었다. 최근에는 기업의 서비스 약점을 이용하여 상품이나 서비스를 잠시 구매했다가 바로 반품하는 등의 체리피커가 급증하였다. 이에 기업은 블랙리스트를 만들어 일반고객과 차별화를 두는 등 대응하고 있다.

그레이 스완
Gray Swan

예측 가능하고 이미 알려져 있지만 마땅한 해결책이 없는 리스크가 항 상 존재하는 시장상태

그레이 스완은 지속적으로 경제에 악영향을 끼쳐 주가 등 주요 경제 지표 움직임을 제한하는 요인으로 작용한다.

콘체른
Konzern

법률상 독립되어 있으나 실질적으로 결합되어 있는 기업 결합형태

거대 기업이 여러 산업의 다수 기업을 지배할 목적으로 형성되며 기업결합이라고도 한다.

스캘퍼
Scalper

빈번하게 주식을 매매하는 초단기 투자자

포지션 보유 기간이 1 ~ 2분에 불과하여 주식 시장에서 초박리를 취하는 사람들로도 불린다. 기관투자자들은 그들이 포지션을 보유하고 있는 시간의 길이에 따라 스캘퍼(Scalper), 일일거래자(Day Trader), 포지션거래자(Position Trader)로 나눈다.

미소금융
美少金融

제도권 금융기관과 거래가 불가능한 저신용자를 대상으로 실시하는 소액대출사업

금융소외계층을 대상으로 창업이나 운영자금 등의 자활자금을 지원하는 소액대출사업으로 무담보 소액대출제도인 마이크로 크레디트의 일종이다. 지원 대상은 개인 신용등급 7등급 이하(개인 신용평점 하위 20%)의 저소득 혹은 저신용자로 2인 이상이 공동으로 창업하거나 사업자를 등록하여 운영 중인 경우에도 지원 대상에 포함된다. 실제 운영자와 사업자 등록상의 명의자가 다른 경우나 사치나 투기를 조장하는 업종 은 제외된다.

환율관찰대상국
Monitoring List

국가가 환율에 개입하는지를 지속적으로 모니터링 해야 하는 국가

미국 재무장관은 종합무역법, 교역촉진법에 의해 반기별로 주요 교역국에 대한 경제 및 환율 정책 보고서를 의회에 제출한다. 이 보고서에서는 대미 무역 흑자 200억 달러 초과, 국내총생산(GDP) 대비 경상흑자 비율 3% 초과, 지속적인 일방향 시장 개입(연간 GDP 대비 2% 초과 달러 순매수) 등 세 가지 요건에 해당하면 환율 조작국으로 지정한다고 명시되어 있다. 두 가지 요건에 해당할 경우는 환율관찰 대상국으로 분류 된다. 환율 조작국으로 지정되면 미 정부의 개발 자금 지원과 공공 입찰에서 배제되고 국제통화기금(IMF)의 감시를 받는다. 환율관찰대상국으로 분류되면 미국 재무부 의 모니터링 대상이 된다.

스크루플레이션
Screwflation

물가 상승과 실질임금 감소 등으로 중산층 가처분 소득이 줄어드는 현상

경제가 지표상으로는 회복하는 것으로 보이나 중산층 입장에서는 수입은 줄고 지출이 늘어나 소비가 위축되고 실질 경기는 제대로 살아나지 못하는 상황을 말한다.

로빈 후드세
Robin Hood Tax

저소득층을 지원하기 위한 목적으로 부과하는 세금

탐욕스런 귀족이나 성직자들의 재산을 빼앗아 가난한 이들에게 나누어준 로빈 후드처럼 고수익을 올리는 금융기관 등의 기업과 고소득자에게 빈민들을 지원하는 데 쓰는 세금을 부과하는 것을 말한다.

히든 챔피언
Hidden Champion

숨은 강소기업을 일컫는 용어

세계시장점유율이 1 ~ 3위이면서 세계적인 경쟁력을 갖췄지만 잘 알려지지 않은 기업을 말한다. 히든 챔피언 기업의 선정 조건은 세계시장에서 1 ~ 3위를 차지하거나 대륙에서 1위를 차지, 매출액은 40억 달러 이하, 대중에게 알려져 있지 않은 기업 등 세 가지다. 히든 챔피언 기업의 공통된 특성은 다음과 같다. 먼저 한 분야의 전문가로 시장을 좁게 정의하고 있으며 세계화에 공을 들인다. 또 아웃소싱을 하되 연구개 발(R & D) 등 핵심역량은 직접 수행한다. VIP 고객들과 밀접한 관계를 구축하고, 기업 문화는 직원에게 일체감과 동기를 부여하는 문화이며 경영자는 기본가치를 중시하고 장기 재직하는 경우가 많다. 한편 정부는 중소기업보다는 크지만 대기업에는 미치지 못하는 중간 크기의 기업들을 중견기업으로 법제화해 이들이 글로벌 시장을 누비는 히든 챔피언으로 성장할 수 있도록 금융 및 세제 혜택을 주는 방안을 마련하고 있다.

G - 제로
G - Zero

국제사회를 주도할 리더가 없는 상태

국제사회를 주도할 리더가 없는 상태를 뜻하는 용어로 2011년 세계 경제포럼에서 언급 되었다. G - 제로 시대에는 국제사회를 이끌던 강력한 국가가 사라져 오판에 의한 우발 적 충돌이 발생할 가능성이 높으며 글로벌 불확실성이 커질 것이라고 경고하였다.

핫머니
Hot Money

국제금융 시장을 이동하는 단기성 자금

각국의 단기금리의 차이, 환율의 차이에 의한 투기적 이익을 목적으로 하는 것과 국 내 통화불안을 피하기 위한 자본도피 등 두 종류가 있다. 핫머니의 특징으로는 자금 이동이 일시에 대량으로 이루어고, 자금이 유동적인 형태를 취한다는 점을 들 수 있다. 따라서 핫머니는 외환의 수급관계를 크게 요동시켜 국제금융 시장의 안정을 저해 한다.

액체사회
Liquid Society

업종 간의 경계가 허물어지는 사회

두 업종이 마치 액체처럼 한 곳에 용해되어 있는 시장에서 경쟁하는 형태이다. 스포츠용품 전문 업체인 나이키가 기존 경쟁업체인 리복, 아디다스 외에 새로운 경쟁상대로 지목했던 기업이 바로 일본의 게임업체인 닌텐도였다. 지금까지의 젊은 사람들은 부모로부터 용돈을 받으면, 주로 신발이나 스포츠용품을 구입해 온 것에 반해, 이제는 게임기나 게임용 소프트웨어를 주로 구매하게 되었다. 즉, 스포츠업계와 게임업체가 시장에서 서로 경쟁하게 된 것이다.

당기순이익
Net Income

기업이 일정 기간 동안 얻은 모든 수익에서 지출한 모든 비용을 공제하고 순수하게 이익으로 남은 몫

기업이 한 사업 연도 동안 얼마나 돈을 벌었는지를 나타내는 수치로 기업의 경영상태를 나타내는 대표적인 지표이다.

트릴레마
Trillemma

세 가지 정책 목표의 동시 달성이 불가능한 상황

하나의 정책 목표를 이루려다 보면 다른 두 가지 목표를 이룰 수 없는 상태를 일컫는다. 물가 안정, 경기부양 국제수지 개선의 삼중고를 의미한다.

쿠퍼 효과
Cooper Effect

경기부양책에 따른 경기회복은 점진적으로 나타나고 긴축정책에 따른 경기 냉각은 빠르게 진행되는 현상

정부와 중앙은행은 경기가 침체기거나 회복기일 때 금융정책을 통해 경기를 안정시키려 하는데, 경기의 흐름에 따라 금융정책의 효과가 나타나는 데 걸리는 시간이 서 로 다른 현상을 말한다.

SDR
Special Drawing Rights

IMF의 특별인출권

IMF 가맹국이 규약에 정해진 일정 조건에 따라 IMF로부터 국제유동성을 인출할 수 있는 권리이다.

애널리스트
Analyst

기업과 관련된 조사와 분석을 담당하는 사람

기업의 현재가치를 정확히 측정할 뿐만 아니라 미래가치에도 주목한다. 경기흐름이라는 거시적인 틀 속에서 기업의 재무 및 손익구조 등을 분석해 기업의 적정 주가를 산출해 그 결과가 주식 시장에 연결되며, 해당 기업의 주가가 기업의 내재가치보다 낮아 저평가되면 매수를, 반대일 경우에는 매도의견을 낸다. 또한 이들의 한마디에 주가 가 출렁이기도 한다.

부의 효과
Wealth Effect

자산가격이 상승하면 소비도 증가하는 현상

주식 등 자산의 가치가 상승하거나 예상되는 경우 그 영향으로 소비가 늘어나는 효과를 말하며 자산 효과라고도 한다.

장발장 은행
Jeanvaljean Bank

취약계층을 돕기 위해 설립된 은행

벌금형을 선고받았지만 생활고로 벌금을 낼 수 없는 형편의 취약계층을 돕기 위해 설립된 은행이다. 장발장 은행은 신용조회 없이 무담보 무이자로 벌금을 빌려준다. 대 상자는 소년소녀가장, 미성년자, 기초생활보장법상 수급권자와 차상위계층이 우선 대상이며 개인과 단체의 기부로 운영되고 있다.

엔젤계수
Angel Coefficient

아이들(유아에서 초등학생까지) 가계에서 지출하는 비용 중 아이들을 위 해 사용되는 돈이 차지하는 비중

엔젤계수에는 과외비와 학원비 같은 교육비, 장난감구입비, 용돈, 의복비, 아이들을 위한 외식비 등이 포함된다. 우리나라의 경우 엔젤계수가 높은 편인데, 아무리 가정 형편이 어려워도 아이들을 위한 지출은 줄지 않고 있기 때문이다. 특히 교육비를 미래를 위한 투자로 인식하기 때문에 부모들은 불황이 심할수록 교육비를 늘리지 않으면 불안해 하고, 아울러 불황일수록 교육경쟁은 더 치열해지면서 과외비와 학원비 같은 교육비가 증가한다. 한편 어린이를 대상으로 하는 사업을 엔젤 비즈니스라고 한다.

빅뱅디스럽션
Bigbang Disruption

창조와 붕괴를 동시에 일으키는 혁신

기존 제품이나 서비스를 개선하는 것에서 그치지 않고 시장을 재편하여 새로운 기술의 제품과 서비스를 생산하는 것을 의미한다. 기업과 제품의 수명은 대체로 짧아지지 만 빠른 적응과 혁신을 통해 기업의 성장에 큰 영향을 미친다.

섀도보팅
Shadow Voting

주주가 총회에 참석하지 않아도 투표한 것으로 간주하여 결의에 적용하는 제도

주주총회가 무산되지 않도록 하기 위해 참석하지 않은 주주들의 투표권도 행사할 수 있도록 하는 대리행사 제도이다. 불참한 주주들의 의사가 반영되는 위임투표와는 다르게 다른 주주들의 투표 비율을 적용한다. 그러나 경영진과 대주주가 악용하는 사례가 빈번하여 결국 폐지하게 되었다.

머천다이징
Merchandising

적당한 상품을 적당하게 제공하기 위한 상품화 계획

적당한 상품을 알맞은 값으로 적당한 시기에 적당량을 제공하기 위한 상품화 계획이다. 이러한 상품을 생산하기 위해서는 제품의 품질, 디자인, 제품의 개량, 새로운 용도 발견, 제품라인의 확장 등에 관한 철저한 시장조사가 행해져야 한다.

다운사이징
Downsizing

기업 규모 축소 혹은 감원 등의 구조조정

흑자를 위한 단기적 전략이 아닌 장기적인 경영전략이다. 다운사이징을 통해 비생산적인 사업부문을 수익성 높은 사업으로 전환할 수 있지만, 구성원들의 사기가 저하되고 생산성이 떨어지는 부작용이 있을 수 있다.

코브라 효과
Cobra Effect

해결 대책이 사태를 악화시키거나 역효과를 초래하는 현상

문제를 해결하기 위한 해결책이 오히려 사태를 악화시키거나 예상치 못한 역효과를 초래하는 현상으로, 코브라 역설이라고도 한다. 인도가 영국의 지배를 받던 당시에 코브라 수 감축을 위해 행했던 정책이 오히려 코브라 수를 증가시킨 것에서 유래되었다.

교차판매
Cross Selling

금융회사가 다른 금융회사의 개발 상품을 판매하는 방식

금융기관들이 대형화, 겸업화하면서 다른 금융회사가 개발한 상품까지 판매하는 적극적인 판매방식으로 손해보험사 소속 설계사가 생명보험사 상품을, 생명보험사 소속 설계사가 손해보험 상품을 팔 수 있는 것으로 2008년 8월부터 시행되었다. 국내 금융기관들도 서서히 이런 교차판매 개념을 도입하고 있으며, 앞으로 금융기관들은 각종 금융상품의 대형 슈퍼마켓과도 같은 형태로 발전하게 될 전망이다.

슈퍼 개미
Super Catfish

자산 규모가 큰 개인투자자

우리나라에 슈퍼 개미란 용어가 등장한 것은 1990년대 중반으로, 당시는 주로 선물이나 옵션 등 변동성이 큰 상품을 매매하여 큰돈을 번 몇몇 개인들을 지칭하는 용어로 사용되었으며, 이들은 사회에 대한 파급효과보다는 개인적인 차원에서 투자수익을 극대화하는 게 목표였다. 그러나 2000년대 들어 슈퍼 개미는 새롭게 진화하면서 자신의 실체를 좀 더 분명히 드러낸다. 상당수가 단순투자를 넘어 경영 참여를 선언하며 주주행동주의를 적극 실천하고 자본시장의 주역으로 부상하고 있다.

오토웜비어법
Otto Warmbier 法

북한의 국제금융 시장 접근을 전면 차단하는 대북 금융제재법

제재 대상으로 지정한 북한 단체에 금융 서비스를 제공하는 전 세계 해외 금융기관에 대해 제재를 가한다는 내용으로 북한과 거래하는 모든 기관과 개인의 미국 은행 시스템 접근을 차단하도록 하고 있다. 이를 통해 북한의 핵무기 개발 자금을 원천 차단하겠다는 목적이다.

오쿤의 법칙
Okun's Law

실업률과 국민총생산의 밀접한 관계

경기회복기에 고용의 증가속도보다 국민총생산의 증가속도가 더 크고 불황기에는 고용의 감소속도보다 국민 총생산의 감소속도가 더 크다는 법칙이다.

법칙
Pareto's Law

소득분포에 관한 통계적 법칙

상위 20%의 소비자가 전체 이익의 80%를 차지한다는 의미이다.

그림자 노동
Shadow Work

대가 없이 해야 하는 노동

노동을 했음에도 보수를 받지 못하는 무급 노동으로 오스트리아 철학자 이반 일리치가 처음으로 언급하였다. 직접 주유하는 셀프 주유소나 보다 지렴하게 상품을 구입하기 위해 정보를 찾는 행위 등이 그림자 노동에 해당한다. 비용을 아낄 수 있지만 자 신의 시간을 소비해야 한다는 단점이 있다. 최근 기술 발달로 무인화 시스템이 보급화 되면서 그림자 노동이 늘어가는 추세다.

챌린저 뱅크
Challenger Bank

소규모 신생 특화은행

기존 대형은행의 지배적인 시장영향력에 도전하는 소규모 특화은행을 말한다. 지점과 인력에 드는 비용을 절감하여 경쟁력 있는 금리, 단순한 상품 등을 제공한다. 국내에서는 케이뱅크, 카카오뱅크 등 챌린저 뱅크 개념의 인터넷전문은행을 인가하였다.

리베이트
Rebate

지불대금이나 이자의 상당액을 지불인에게 되돌려주는 행위

요금 자체를 감액하는 것은 할인이지만 리베이트는 대금의 지급 수령 이후 별도로 이루어진다. 오랫동안 묵인되어온 거래관행으로 원래는 메이커가 판매처에 격려금을 주면서 판로를 유지할 목적으로 생긴 것이다. 최근에는 물품의 고가 또는 대량 거래 시 수수하는 거래 장려금 또는 할인금으로 고액거래에 따른 위험성에 대한 보상적 성격을 갖고 있으며 신규 거래처에 대한 개척비용·가격담합·조작에 의한 이면약정으로 수수하는 커미션 성격도 가지고 있다.

이자 보상 배율
Interest Coverage Ratio

기업이 수입에서 이자비용으로 얼마를 지출하는지 나타내는 수치

기업의 채무상환 능력을 나타내는 지표로 영업이익을 이자비용으로 나눈 것이다. 기업이 수입에서 얼마만큼을 이자비용으로 쓰고 있는지를 나타낸다.

분식회계
粉飾會計

기업이 부당한 방법으로 자산이나 이익을 부풀려 계산하는 회계

기업의 실적을 부풀리기 위해 장부를 조작하는 행위로 가공의 매출을 기록하거나 비용을 적게 계상하는 등 재무제표상의 수치를 고의로 왜곡시키는 것을 말한다.

레이팅
Rating

유가증권에 등급을 매기는 행위

사채를 발행하는 회사의 자격을 규정하는 것을 말한다. 채권 발행 회사의 순자산, 자기자 본비율, 자본 이익률 등을 기준으로 기채할 수 있는 조건을 갖추었는지 평가하는 것이다.

루카스 함정
The Lucas Critique

정부가 효과를 기대하고 정책을 폈을 때 경제현실은 예측 방향대로 움직이지 않는다는 가설

미국 경제학자 루카스가 정부 정책의 효과를 분석할 때 사용하는 방식에 대한 비판으로 과거에 정부 정책하에 성립하였던 값을 이용하여 새로운 정부 정책의 효과를 분석하는 데에 한계가 있다는 주장이다. 이는 정부가 어떠한 경제 효과를 기대하고 정책을 시행했을 때 실제로 경제현실은 예측 방향대로 움직이지 않는다는 의미이다.

사모 크레디트
Private Credit

부채(Debt)에 투자하는 행위

기업의 주식에 투자하는 사모 펀드(PEF)와 달리 부채에 투자하는 것으로 투자 기업이 부도가 날 경우 주식보다 먼저 돈을 돌려받을 수 있어서 안정적이다.

리니언시
Leniency

담합행위를 한 기업이 자진신고를 할 경우 처벌을 경감하는 제도

자진신고자 감면 제도라고도 하며 담합을 저지른 기업이 사실을 시인하고 협조하면 처벌을 경감해주는 제도이다. 제일 먼저 자진 신고한 기업은 과징금을 100퍼센트 면제해주고, 두 번째로 신고한 기업은 과징금 절반을 면제해준다. 리니언시를 통하여 담합 재발을 줄일 수 있는 만큼 악용하는 기업이 늘어나, 2012년부터 리니언시 적용받은 기업은 이후 5년 동안 자진신고해도 리니언시 지위를 부여하지 않기로 했다.

기펜재
Giffen Goods

소득효과가 대체효과보다 커서 가격과 수요가 함께 증가(감소)하는 재화

가격의 상승(하락)이 오히려 수요량의 상승(하락)을 가져오는 재화로 기펜재의 경우 가격과 수요량이 같은 방향으로 이동하기 때문에 수요의 법칙이 적용되지 않는다.

근저당권
根抵當權

불특정 채권을 일정액의 한도에서 담보하는 저당권

일정 기간 동안 증감변동할 불특정 채권을 결산기에 최고액을 한도로 담보하기 위한 저당권이다.

PER
Price Earning Ratio

주가 · 수익 비율

특정 시장 또는 특정 회사의 주당시가를 주당이익으로 나눈 수치이다. 이는 투자판단의 기준이 된다.

윤리라운드
ER : Ethic Round

경제활동의 윤리적 환경과 조건을 각 나라마다 표준화하려는 국제적인 움직임

비윤리적 기업의 제품은 국제거래에서 규제하자는 윤리라운드(ER)가 국제 경제 질서에 새롭게 등장하여, 21세기 들어 중요한 통상과제로 떠오르고 있다. 윤리라운드(ER)의 목표는 비윤리적인 방법으로 원가를 절감시켜 제조한 제품의 국제 간 거래는 불 공정거래로 인식하고, 기업윤리강령의 윤리를 실천하는 기업의 제품만 국제거래가 되도록 하자는 것이다.

버핏세
Buffet Rule

워런 버핏이 세금 증세를 주장한 방안

연간 소득 100만 달러 이상의 고소득자에게 최소한 30%의 세율을 적용하자는 주장으로 고소득자일수록 더 많은 세금을 지불해야 하며 궁극적으로는 사회적 평등을 실현하는 것에 목적을 두고 있다.

공유지의 비극
The Tragedy of the Commons

공유자원을 개인의 이익을 극대화함에 따라 자원이 남용되고 고갈되는 현상

사회 구성원 모두가 자유롭게 사용할 수 있는 공공자원을 서로의 사리사욕으로 인해 극대화하여 자원이 남용되고 고갈되는 현상을 말한다. 개인의 지나친 욕심으로 결국 사회 전체와 자연까지 파괴할 수 있음을 경고한다.

페이데이 론
Payday Loan

월급날 대출금을 갚기로 하고 돈을 빌리는 초고금리 소액대출

미국의 신용위기 상황이 지속되면서 서민들이 모기지 이자상환을 위해 높은 금리인데도 급전을 마련하는 경우가 늘고 있으며, 이로 인한 가계파산이 늘어 미국 경제에 부정적인 영향을 끼쳤다.

트러스트
Trust

동일산업부문에서 자본의 결합을 축으로 한 독점적 기업결합

시장지배를 목적으로 동일한 생산단계에 속한 기업들이 하나의 자본에 결합되는 것을 말한다.

데스 밸리
Death Valley

창업한 기업들이 3년차쯤, 자금난에 빠지는 현상

창업기업들이 사업화 과정에서 자금 조달 및 시장진입 등 어려움을 겪으며 통상 3 ~ 7년차 기간에 주저앉는 경우가 많은데, 이를 데스 밸리라고 한다.

콤비나트
kombinat

여러 생산부문이 근접 입지하여 형성된 기업의 지역적 결합체

일정한 지역에서 기초 원료로부터 제품에 이르기까지 생산 단계가 다른 각종 생산부문이 기술적으로 결합되어 집약적인 계열을 형성한 기업의 지역적 결합체를 일컫는다.

02 일반상식

국내 저비용 항공사
LCC, Low Cost Carrier

저렴한 요금으로 항공편을 제공하는 항공사

'저가 항공사'라고도 불린다. LCC는 운영 비용을 절감하기 위해 기내 서비스를 최소화하고, 항공기 기종을 통일하여 유지·보수 비용을 낮추는 전략을 사용하고 있다.

버티컬 플랫폼
Vertical Platform

특정한 관심사를 가진 고객층에게 특화된 서비스를 제공하는 플랫폼

특정 분야에 대해 관심을 가지고 있는 사람들을 대상으로 음악·쇼핑·패션·교육 등 세부 분야로 나눠 서비스를 제공하는 등 하나의 집중적인 서비스 제공 방식이다. 한 분야에 대한 전문성과 깊이를 강조하고 특정 고객층의 니즈를 충족시킨다.

프레카리아트
Precariat

안정된 직업 없이 저임금·저숙련 노동을 하며 힘겹게 살아가는 계층

경계적, 사회적으로 불안정한 고용 상태에 있는 노동계층, 즉 비정규직이나 임시직 또는 프리랜서 등 고용안정성이 낮고 복지 혜택이 부족한 노동자들이다. 고용 구조가 유연화되면서 비정규직이 증가하고 팬데믹뿐만 아니라 기업의 비용 절감 및 리스크 분산을 위한 아웃소싱, 계약직 고용이 확대되었다.

의도적 언보싱
Conscious Unbossing

관리자로 승진하는 것을 최대한 늦추려는 경향

이들은 과거 성공의 지표로 여겨진 승진보다는 개인의 성장에 관심이 높다. 글로벌 채용 컨설팅 기업에서 영국 1990년대 중후반 ~ 2010년대 초반 출생자를 중심으로 승진 관련 조사를 한 결과, 약 52%가 중간 관리자가 되길 원치 않는다고 답했으며, 중간 관리자가 되면 스트레스는 많지만 보상은 낮다는 인식을 가지고 있었다.

노벨 문학상
Nobel Prize in Literature

노벨상 6개 분야 중 하나

문학 분야에서 인류를 위해 가장 눈에 띄는 기여를 한 작가에게 수여하는 상이다. 스웨덴의 발명가이자 화학자인 알프레드 노벨의 유언에 따라 만들어진 노벨상 중 하나로, 문학 분야에서 수여되는 세계적으로 가장 권위 있고 명예로운 상이다. 인류의 발전에 크게 기여하거나 가장 뛰어난 업적을 이룬 작가에게 수여된다. 1901년 노벨상 제정 이후 2024년 현재까지 총 121명의 노벨 문학상 수상자가 배출되었으며, 2024년 한강 작가가 노벨 문학상을 수상하였다.

노블리스 말라드
Nobless malade

노블레스 오블리주에 반대 개념

병들고 부패한 귀족이란 의미로 사회적 지위가 높은 사람들이 도덕적 의무를 다하는 노블레스 오블리주에 반대되는 뜻이다. 돈 많고 권력 있는 엘리트 집단이 약자를 상대로 갑질하고 권력에 유착해 각종 부정부패에 가담하는 것이 노블리스 말라드이다.

리사이드
Bullycide

정신적 충격으로 인한 따돌림 자살

온라인 공간에서 불특정 다수에 의하여 비난이나 거짓된 정보로 괴롭힘을 당한 피해자들이 정신적인 충격으로 자살하는 따돌림 자살을 말한다.

게마인샤프트
Gemeinschaft

F.퇴니에스의 공동사회

독일 사회학자 F.퇴니에스의 주장으로 혈연, 지연, 애정 등 본질 의지에 입각하는 공동사회를 말한다. 감정이 존재하기 때문에 감정적 대립이나 결합성이 두드러진다.

심스와핑
SIM Swapping

피해자 휴대폰의 유심 정보를 복제해 은행이나 가상화폐 계좌를 손에 넣는 신종 해킹 수법

해커는 모종의 방법으로 유심 정보를 탈취해 복제 유심 칩을 만든 후 이를 다른 휴대폰에 장착하면 피해자의 원래 휴대폰 통신은 중단되고, 해커 휴대폰에 피해자의 문자와 전화통화가 수신된다. 은행이나 SNS에서 문자메시지로 전송하는 본인 확인 인증번호 역시 해커가 확인할 수 있다. 해커는 알아낸 인증번호를 은행이나 가상화폐 거래소의 인증망을 뚫고 피해자 보유 자산을 빼돌린다. 문제는 통신사가 심 스와핑 해킹을 단번에 알아차리기 어렵다는 점이다. 범인이 사용한 유심 정보가 피해자의 것과 일치하는 탓에, 통신사 시스템상에선 사용자가 정상적으로 유심 기변을 한 것으로 인식하기 때문이다.

네옴 시티
NEOM City

사우디아라비아의 실권자 무함마드 빈 살만이 계획하고 있는 미래형 신 도시 개발안

국가개혁 프로젝트 비전 2030 실행 방안 중 하나로 미래형 신도시 개발안이다. 샌재생에너지, 로봇, 엔터테이먼트 산업으로 성장시키기 위한 것이다.

비치코밍
Beachcombing

해변을 빗질하듯 바다 표류물이나 쓰레기를 주워 모으는 행위

여름 휴가철에 플로깅과 함께 호응을 얻고 있다.

그린 택소노미 (녹색 분류체계)
Green Taxonomy

친환경적이고 지속가능한 경제활동의 범위를 규정한 녹색분류체계

유럽연합에서 최초로 만들어졌으며 분류체계에 포함된 친환경 경제활동에 대해 여러 금융 및 세제 혜택을 제공하면서 2050년 넷제로 달성을 목표로 도입되었다. 유럽연합은 2020년에 처음으로 그린 택소노미 제정 가이드를 발표했으며 원자력과 천연가스 둘을 포함시키는 최종안이 2022년에 발의되었다.

어스아워
Earth Hour

세계자연기금(WWF)이 주최하는 환경운동 캠페인

탄소배출과 환경오염으로 인한 기후변화의 위험성을 인식하고 지구의 보호를 목적으로 세계자연기금(WWF)이 주최하는 환경운동 캠페인으로, 매년 3월 마지막 주 토요일 저녁 8시 30분부터 한 시간 동안 모든 전기 조명을 꺼 지구에게 휴식 시간을 주자는 취지의 캠페인

표적방역

과학방역 · 자율방역에 이은 새로운 방역정책

확진자가 많이 나오는 곳을 집중적으로 관리하여 일률적인 거리두기 대신 중증화 · 치 명률 등을 분석해 고위험군에 집중하여 방역한다는 취지이다. 예를 들면, 50대를 4차 접종 범위에 들어가게 하여 접종을 권장하거나 기저질환자를 데이터화 하여 방역을 표적화 하는 것 등이 있다.

반달리즘
Vandalism

문화유산이나 공공시설, 자연경관 등을 훼손하는 행위

낙서나 무분별한 개발부터 문화유산, 공공시설을 훼손하는 행위까지 가리킨다. 전쟁이나 사회의 급격한 변동이 있을 때마다 빈번하게 나타났으며, 특히 종교적 · 민족적 갈등은 반달리즘을 부추기는 가장 근본적인 원인이 되었다. 오늘날에도 종교적 이유로 전통 사찰이 등을 훼손하는 사례가 적지 않으며 경제적 이익만을 앞세운 무분별 한 개발 사례도 자주 발생하고 있다.

쇼비니즘
Chauvinism

맹목적 애국주의

국가의 이익과 영광을 위해서는 수단과 방법을 가리지 않는 비합리적인 배외주의를 표방한다.

크런치 모드
Crunch Mode

업무 마감 기한을 두고 개인 생활을 희생하며 연장 근무하는 행위

업무를 위해 수면, 위생 및 기타 개인의 생활까지 희생하는 근무 행위를 말하며 크런치 타임이라고도 한다. 주로 소프트웨어 개발 업계에서 관행적으로 이루어져 왔다.

MZ세대
MZ Generation

밀레니얼 세대와 Z세대를 통칭하는 용어

1980년대 초 ~ 2000년대 초 출생한 밀레니얼 세대와 1990년대 중반 ~ 2000년대 초반 출생한 Z세대를 통칭하는 용어로, 이들은 SNS를 기반으로 유통시장에 강력한 영향을 미치는 소비주체로 주목받고 있다. 트렌드에 민감하며 집단보다 개인의 행복 을 추구하고 상품으로 자신의 신념을 표출하거나 부를 과시하는 문화를 즐긴다는 것 이 특징이다.

빨대 효과
Straw Effect

대도시 집중 현상

좁은 빨대로 컵 안의 내용물을 빨아들이듯, 대도시가 주변 도시의 인구 및 경제력을 흡수하는 대도시 집중 현상을 일컫는다. 교통여건의 개선이 균형 있는 지역 개발이 아닌 지역 쇠퇴를 초래하는 부작용으로, 1960년대에 일본 고속철도 신칸센이 개통된 후에 도쿄와 오사카 도시로 인구와 경제력이 집중되어 제3의 도시 고베가 위축되는 현상에서 비롯되었다.

텐트폴
Tentpole

흥행 가능성이 높고 영화사에 수익을 보장하는 영화

거대한 자본을 비롯한 유명 감독과 배우가 투입되고, 영화관 성수기를 겨냥하여 개봉 하는 블록버스터 영화를 일컫는다. 대표적인 작품으로 어벤져스 시리즈, 해리포터 시리즈 등이 있다.

압솔리지
Obsoledge

쓸모없는 지식

앨빈 토플러가 「부의 미래」에서 처음 사용한 용어로 무익하거나 쓸모없는 지식을 말한다.

더 큰 바보 이론
Greater Fool Theory

가격 상승의 기대감을 가지고 실제보다 높은 가격으로 구매한 바보가 더 큰 바보 가 나타나 자산을 구매할 것이라고 생각하는 현상

시장에 참여한 사람들이 비이성적인 기대와 믿음 때문에 생겨나는 현상으로, 상품의 본질적인 가격이나 가치는 뒷전으로 생각한다. 즉, 비정상적으로 높은 가격의 자산임에도 특정 자산을 계속 사들이려는 투자자가 있을 경우 사용한다. 자신이 고가에 매입하여 바보라고 들을지라도 높은 가격에 매입할 더 큰 바보를 꿈꾸며 당연히 지불 하는 것이다.

유리천장 지수
Glass Ceiling Index

OECD 회원국을 대상으로 직장 내 여성차별 수준을 평가하여 발표하는 지수

「이코노미스트」는 매년 3월 8일 여성의 날을 맞아 노동시장에서의 성평등 기준을 제공하기 위해 발표하고 있다. 10가지 지표를 가중평균해 결과를 낸다. 지수가 낮을수록 직장 내 여성차별이 심하다는 의미이다.

상전벽해
桑田碧海

세상이 몰라볼 정도로 변함

뽕나무 밭이 푸른 바다로 변한다는 뜻으로 자신도 모르게 세상이 달라진 모습을 보고 비유한 말이다. 또한 뽕나무 밭이 바다가 될 수 있을지라도 사람의 마음은 변하지 않는다는 의미로도 쓰인다. 세월의 무상함을 연상케 하는 고사성어다.

메세나
Mecenat

공익사업 등에 지원하는 기업 활동

기업들이 문화예술에 적극 지원함으로써 사회 공헌과 국가경쟁력에 이바지하는 활동을 말한다.

마타도어
Matador

흑색선전(黑色宣傳)

근거 없는 사실을 조작해 상대를 중상모략 하는 행위를 뜻하는 말로 정치권에서 널리 쓰이고 있다. 원래 스페인어 Matador(마따도르)에서 유래한 용어로, 붉은 천으로 투우를 유인하여 마지막에 정수리를 찌르는 투우사를 지칭한다.

로맨스 스캠
Romance Scam

SNS 등 온라인으로 피해자에게 접근하여 환심을 산 뒤 금전을 뜯어내는 사기수법

위장한 신분이나 외모, 재력 등으로 이성에게 호감을 표시하고 신뢰감을 형성한 뒤에 각종 이유로 금전을 요구하는 이 로맨스 스캠은 2018년부터 본격적으로 성행하기 시작했다. 보통 상대방이 교제하는 사람이 없는 것을 확인한 후 칭찬이나 관심으로 신뢰관계를 형성한 후 거절하기 어려운 부탁을 하여 금전을 요구한다. 전 세계적인 문제가 되어 미국 FBI도 직접 피해를 경고하고 나설 정도이며, 로맨스 스캠 피해자를 지원하는 단체 romancescam.org도 생겨났다. 미국 포브스에 따르면 이 단체에 속한 회원(5만 9천명)가운데 1,813명이 보고한 손실액만 약 277억 원이라고 밝혔으며(2018년 기준) FBI는 2016년 미국에서만 1만 5천여 명의 피해자 피해액이 2,500억 원 이상이라고 밝혔다.

라인
Karman Line

지구 대기권과 우주의 경계선을 지칭

고도 100km를 기준으로 하는 지구 대기권과 우주의 경계선을 말한다. 그러나 우주의 경계에 대해서는 논란이 있으며, 경계를 고도 80km로 낮춰야 한다는 주장도 있다.

어플루엔자
Affluenza

풍요로워질수록 더 많은 것을 추구하는 현대인의 소비 심리로 나타나는 스트레스

현대인의 소비 심리, 소비지상주의가 만들어낸 질병으로 갑자기 떼돈을 번 사람이 갑작스런 생활환경 변화에 적응하지 못하고 인생의 목표가 사라지면서 정신적인 공황 상태에 빠지는 것을 말한다. 무력감과 권태감, 대인기피증 등의 증세를 보이며 낭비 증상까지 수반한다.

파파게노 효과
Papageno Effect

자살에 대한 언론보도를 줄이거나 신중한 보도 태도를 취함으로써 자살률이 낮아지는 효과

언론보도의 자제를 통해 자살 충동을 방지하는 긍정적인 효과를 말한다. 유명인의 자살이 동반자살을 부추긴다는 베르테르 효과와는 반대되는 개념이다.

레임덕
Lame Duck

임기만료를 앞둔 공직자

정치 지도자의 집권 말기에 나타나는 지도력 공백 현상을 절름발이 오리에 비유한 말이다.

나이브 아트
Naive Art

전문적으로 미술 교육을 받지 않은 일부 작가들이 그린 작품 경향

정규미술교육을 받지 않고 화단과도 관계없는 일부 작가의 작품 경향을 가리킨다. 미술사상 어떤 유파를 지칭하지는 않는다.

트위플로머시
Twiplomacy

트위터(Twitter)를 통한 외교 방식

정치적으로 트위터의 영향이 커짐에 따라 등장한 외교 방식으로 범위가 확대되어 정치인뿐만 아니라 공공기관이나 국제기구도 트위플로머시를 사용하고 있다.

메트로폴리스
Metropolis

인구가 100만 명 이상일 때의 도시 명칭

대도시 가운데 대체로 100만 명이 넘고, 국가나 지역적으로 중요한 기능을 하는 도시를 메트로폴리스라고 한다. 우리나라의 경우 서울을 비롯하여 부산이나 인천, 대구 등을 일컫는다. 이러한 메트로폴리스가 띠모양으로 연결되어 세계적인 거대 도시를 형성하게 되는 것을 메갈로폴리스(Megalopolis)라고 부른다.

엔데믹
Endemic

한정된 지역에서 주기적으로 발생하는 감염병

특정 지역의 주민들 사이에서 주기적으로 발생하는 감염병으로 말라리아와 뎅기열 등이 이에 속한다.

험블브래그
Humblebrag

겸손한 척 자랑하는 태도

표면적으로는 자신을 평범하다 표현하지만 자신을 인정받고 싶어 하는 심리가 반영된 태도로, 얌전하고 겸손한 척 자기 자랑을 늘어놓는 것을 의미한다.

스윙 보터
Swing Voter

투표 행위에서 누구에게 투표할지 결정하지 못한 사람들

선거 등 투표에서 어떤 후보에게 투표해야 할지 결정하지 못한 유권자들을 말한다. 이들은 지지하는 정당이나 정치인이 없기 때문에 정치 상황과 이슈에 따라 투표하게 된다.

후렌드
Whoriend

누구와도 친구가 될 수 있는 젊은 세대 문화

SNS로 쉽게 만나고 헤어지는 인간관계를 말하며 휘발적인 만남과 관계에 더 만족하는 특징을 가지고 있다.

하우스 디바이드
House Divide

집값의 차이가 계층 격차로 이어지는 현상

부동산 가격이 상승하면서 주택의 유무 혹은 집값의 차이가 계층 격차로 이어지는 현상을 말한다.

로코모티브 신드롬
Locomotive Syndrome

운동기능저하증후군

뼈 · 척추 · 관절 · 신경 · 근육 등 운동과 관련된 기관이 약해져 통증이 생기고, 점차 운동 기능이 약해지면서 나중에는 걷는 데에 어려움을 느끼는 질환이다.

옥토버 서프라이즈
October Surprise

역대 미국 대선에서 10월에 발생한 사건들

10월의 이변, 10월의 충격 이라고도 불리는 옥토버 서프라이즈는 선거의 판도를 바꿀 수 있는 막판 이벤트들을 지칭한다. 1972년 미국 대선 당시 닉슨과 맥거번의 경합 때 처음 등장하였다. (닉슨의 베트남 종전설 주장) 이후, 매번 미국 선거 판도에 영향을 주었으며 선거 결과를 바꾸기도 하였다. 언론에서는 이 단어를 사용하며 대선 이슈에 흥미를 유발하고 있다. 하지만 일각에서는 옥토버 서프라이즈가 의도된 것이라고 주장하고 있다. 이는 미국 대선 분위기가 고조에 이르는 10월에 터뜨려 선거 판도에 영향을 주기 위한 것이라는 의견이다.

마야문명
Maya

멕시코 남부의 유카탄반도 · 과테말라 · 온두라스에 걸쳐 발달한 중미의 고대문명

B.C. 6 ~ 7세기와 10 ~ 15세기의 두 번에 걸쳐 마야제국을 건설하였으며, 300년경 에는 석조건물에 의한 강대한 도시국가를 형성하였다. 풍작을 기원하는 농업신에 대한 종교적 의식을 가졌으며, 천체의 운행을 관찰하여 마야력(曆)을 만들었다. 계수법(計數法)과 수학이 발달하였으며, 상형문자가 발명되었다.

패스트 패션
Fast Fashion

최신 트렌드를 즉각 반영하여 빠르게 제작 · 유통하는 의류

패스트푸드처럼 빠르게 제작되어 빠르게 유통한다는 의미로 비교적 저렴한 가격과 빠른 상품 회전율로 승부하는 패션사업을 말한다.

앙가주망
Engagement

지식인들의 사회적 책무

지식인의 사회 참여를 프랑스어로 앙가주망이라고 하는데, 정치와 사회 문제에 관심을 가지고 관련된 사회 참여를 하는 것을 의미한다.

양 떼 효과
Herding Effect

무리에서 동떨어지지 않기 위해 집단의 행동을 따라하는 현상

무리에서 뒤처지지 않기 위해 나의 의지와는 상관없이 행동하는 일종의 군집효과로 인간의 추종심리를 양떼에 비유하여 표현한 용어이다.

리마증후군
Lima Syndrome

인질범들이 인질에게 동화되는 현상

스톡홀름증후군과 반대 개념으로, 인질범들이 포로나 인질에게 정신적으로 동화되어 그들에게 동정심을 가지고 공격적인 태도가 완화되는 현상을 말한다.

컨벤션 효과
Convention Effect

전당대회 효과

전당대회나 경선대회 같은 정치 이벤트에서 승리한 대선후보 또는 해당 정당의 지지율이 전에 비해 큰 폭으로 상승하는 효과를 의미한다.

타조세대

노후에 대한 대책이 없는 세대

맹수에게 위협 받으면서 몸은 두고 머리만 땅속에 파묻는 타조에 빗대어 노후에 대한 불안은 있지만 별다른 대책이 없는 세대를 일컫는다.

프루갈리스타
Fruglista

절약하면서도 센스 있게 옷을 입어 유행을 선도하는 사람

검소하지만 유행에 따라 센스 있게 옷을 잘 입는 사람을 지칭하는 용어이다.

퍼블리시티권
The Right of Publicity

인격적인 요소가 파생하는 일련의 재산적 가치를 권리자가 독점적으로 지 배하는 권리

이름이나 초상, 서명, 목소리 등 개인의 인격적인 요소를 허락 없이 상업적으로 이용하지 못하도록 통제할 수 있는 권리를 의미한다.

재스민 혁명
Jasmin Revolution

2010년 12월 북아프리카 튀니지에서 발생한 민주화 혁명

23년간 장기 집권한 벤 알리 정권에 반대하여 대규모 시위가 발생하였고, 그 결과 벤알리 대통령은 2011년 1월 14일 사우디아라비아로 망명하였다. 튀니지의 국화(國花) 재스민의 이름을 따서 재스민 혁명이라 불린다. 아랍 및 아프리카 지역에서 민중봉기로 독재정권을 무너뜨린 첫 사례로서 이집트 · 시리아를 비롯한 주변 국가로 민주화운동이 확산되는 계기를 마련하였다.

스핀닥터
Spin Doctor

정부 수반이나 각료들 측근에서 국민의 여론을 수렴하여 정책을 구체화 시키는 정치전문가

언론 관련 인터뷰나 대국민 여론 조정을 담당하기도 하지만, 일반적으로는 정책 시행에 앞서 국민들의 생각을 읽고 이를 적극적으로 정책에 반영할 수 있도록 대통령을 설득하기도 하고, 대통령의 정책을 국민들에게 구체화시키는 정치 전문가를 일컫는다.

파킨슨 법칙
Parkinson's Law

업무량 증가와 공무원 수의 증가는 아무런 관련이 없다는 법칙

관료화된 거대 조직의 비효율성을 비판하는 주장으로, 일이 많아서 사람을 더 필요로 하는 것이 아니라 사람이 많아서 일자리가 더 필요해지는 상황을 말한다. 이를 주장하는 근거로 업무량과 상관없이 공무원 수가 늘어나는 요인으로는 부하배증의 법칙, 업무배증의 법칙 등을 제시했다.

에듀푸어
Education Poor

교육 빈곤층

부채가 있고 소득보다 지출이 많음에도 많은 교육비를 지출하며 빈곤하게 사는 가구를 일컫는다.

마스킹 효과
Masking Effect

업무를 중요시하여 건강이 나빠지는 것을 못 느끼는 현상

의학적으로 얼굴이 창백할 정도로 건강이 좋지 않지만 핑크빛 마스크를 쓰면 건강한 것처럼 착각하게 된다는 것으로 현대 직장인들이 자아성취에 대한 욕구의 증가로 업무를 우선시하여 건강을 잃는 것을 느끼지 못함을 말한다.

국민참여재판
國民參與裁判

법률 전문가가 아닌 일반인들이 재판 또는 기소에 참여하여 결정하는 제도

2008년 1월 1일부터 시행된 한국형 배심원 재판제도로 특수공무집행방해치사, 뇌물, 배임수재, 특수강도강간 등의 형사사건에 적용되며 배심원은 만 20세 이상의 대한민국 국민으로 해당 지방법원 관할구역에 거주하는 주민 중 공무원 등 특수 직업을 제외한 사람들 중 무작위로 선정해 재판 참여 기회를 부여한다. 배심원들은 선고 형벌에 대해 토의하고 평결을 내리나 법적 구속력이 없어 판사는 배심원의 평결과 다른 독자적 결정을 내릴 수 있으며 만약 판사가 다른 선고를 내린 경우, 피고인에게 배심원의 평결 결과를 알리고 다른 선고를 한 이유를 판결문에 밝혀야 한다.

워크셰어링
Work Sharing

임금을 삭감하지 않는 대신, 근무시간을 줄여 새로운 일자리를 만드는 제도

불황기의 고용문제 해결방법으로, 구성원 1인당 노동시간을 줄이는 대신 그만큼 고용을 늘리거나 고용 상태를 유지하는 제도를 말한다. 구체적으로 노동시간 단축, 작업량 삭감, 휴일·휴가 증가, 퇴직연령 인하, 교육·직업훈련 기간 연장 등이 있다.

네이밍 법안
Naming 法案

법의 명칭은 따로 있지만 법안을 발의한 사람이나 피해자 및 가해자 등 특정 인물의 이름을 붙인 법안

주목도나 홍보효과가 높아 복잡한 법률명을 대신하여 사용된다. 네이밍 법안은 사건을 공론화 시킬 수 있어 해당 사안을 확실하게 드러낼 수 있다는 이점이 있다. 그러나 피해자의 이름이 붙은 법안은 실질적인 내용이 전달되지 않고 감정에 호소할 수 있다는 점과 안타까운 마음에 선입견을 갖게 되어 부작용을 야기할 수 있다. 또한 피해자의 이름을 붙이게 될 때에는 유가족에게 상처가 될 수 있으므로 신중해야 한다.

발롱데세
Ballon D essai

여론 동향을 살피기 위해 시험적으로 흘려보내는 의견이나 정보

원래는 기상 상태를 관측하기 위해 띄우는 시험기구나 관측기구를 뜻하지만, 의미를 확장해 시험적으로 특정 정보를 언론에 흘려 여론의 동향을 탐색하는 수단으로 쓰이기도 한다.

블라인드 채용
Blind Hiring

편견을 가질 수 있는 요인을 기재하지 않고 인재를 채용하는 방식

채용 과정인 입사지원서 또는 면접 등에서 편견이 개입되어 불합리한 차별을 유발할 수 있는 출신지, 가족관계, 학력, 신체적 조건(키, 체중, 사진), 외모 등 항목을 기재하지 않음으로써 지원자들의 개인적 배경이 심사위원들에게 영향을 미치지 않고, 편견에서 벗어나 실력인 직무능력을 평가하여 인재를 채용할 수 있도록 시스템을 구축하여 지원하는 채용 제도이다.

페르소나 논 그라타
Persona Non Grata

외교상 기피인물

좋아하지 않는 인물이란 뜻의 라틴어로 외교상의 기피인물을 가리킨다. 외교관계를 맺고 있는 나라가 수교국에서 파견된 특정 외교관의 전력 또는 정상적인 외교활동을 벗어난 행위를 문제 삼아 비우호적 인물 또는 기피인물로 선언하는 것을 의미하는 외교용어이며, 줄여서 PNG라고도 한다.

카스트제도
Caste System

B.C. 10세기경 인도에 침입한 아리아인이 원주민인 드라비다인을 지배하기 위하여 만들어 낸 종교적·사회적 신분제도

승려계급인 브라만, 정치·군사를 맡은 왕족·사족(士族)인 크샤트리아, 농·공·상에 종사하여 납세의무를 가진 평민 바이샤, 노예인 수드라 등 4계급으로 이루어져 있다. 각 카스트는 세습되었고, 통혼은 물론 식사를 같이 하는 것도 금지되어 있었다.

사군자
四君子

매화(梅花)·난초(蘭草)·국화(菊花)·대나무(竹)를 일컫는 말
각 식물 특유의 장점을 군자(君子), 즉 덕(德)과 학식을 갖춘 사람의 인품에 비유하여 사군자라 부른다.

브레인 포그
Brain Fog

희뿌연 안개가 머리에 낀 것처럼 생각과 표현이 불분명한 상태

멍한 상태가 지속되며 집중력 감소와 기억력 저하, 우울, 피로감 등의 증상이 나타난다. 브레인 포그의 원인으로는 스트레스, 수면부족, 호르몬 변화 등을 들 수 있으며 이를 방치할 경우 치매 발병 위험이 높아지므로 관리가 필요하다.

아포리아
Aporia

해결할 수 없는 문제 혹은 막다른 골목을 뜻하는 철학용어

그리스어로 어떤 장소의 경우 통로가 없는 것, 사물의 경우 해결의 방도를 찾을 수 없는 데서 오는 어려움을 뜻한다. 아리스토텔레스의 철학에서는 어떤 문제에 대해 두 가지의 똑같이 성립한 대립된 합리적 견해에 직면하는 것을 가리킨다.

램프 증후군
Lamp Syndrome

실제로 일어날 가능성이 없는 일에 대해 마치 알라딘의 요술 램프의 요정 지니를 불러내듯 수시로 꺼내 보면서 걱정하는 현상

쓸데없는 걱정을 하는 사람들을 지칭하는 말로, 과잉근심이라고도 한다. 참고로, 뚜렷한 주제 없이 잔걱정이 가득한 경우에 해당하는 정신장애를 범불안장애(Generalized Anxiety Disorder)라고 한다. 램프 증후군에서의 걱정은 대부분 실제로 일어나지 않거나, 일어난다고 해도 해결하기 어려운 것들이다. 그럼에도 불구하고 많은 사람들은 자신이 어떻게 할 수 없는 일에 대하여 끊임없이 염려하는 양상을 보인다.

메타포어
Metaphor

정보 전달을 빠르게 하기 위하여 직관적으로 알 수 있도록 하는 기법

적절한 연상 작용을 유도하여 전달하고자 하는 개념이나 정보를 쉽고 빠르게 전달할 수 있도록 하는 행위이다. 일관성 있고 직관적으로 받아들일 수 있도록 설계되어야 한다.

맨부커상
Man Booker Prize

영국 최고 권위를 자랑하는 문학상

해마다 지난 1년간 영국연방 국가에서 출간된 영어 소설 가운데 가장 뛰어난 작품을 쓴 작가에게 수여한다. 영국 최고의 권위를 자랑하는 문학상이며, 노벨문학상·공쿠르 상과 함께 세계 3대 문학상으로 꼽는다. 초기에는 영국 연방, 아일랜드, 짐바브웨 국적의 작가만 대상으로 하였으나 이후 점차 확대되어, 2013년부터는 전 세계 작가를 대상으로 시상하게 되었다.

도큐멘타
Documenta

독일 카젤시에서 시작된 국제미술전

1960년에 제2회전을 열고 이후 5년마다 개최하는 국제미술전이다. 세계 미술의 동향을 소개하는 것이 근본적인 목적이며 수상제도는 따로 없다. 현행 국제미술전 중 가장 규모가 크다.

도미노 이론
Domino Theory

도미노 골패가 차례로 넘어지듯이 한 지역의 공산주의화가 차례로 인접 지역에 파급되어 간다는 논리

예컨대 베트남이 공산화되면 타이·캄보디아 등 동남아시아의 국가들이 차례로 공산 세력에 점령당하게 되고, 이것은 결국 미국의 안보를 위태롭게 한다는 것이다. 미국이 베트남 내전에 개입한 것을 정당화하는 이론으로, 1960년대에 미국 델레스 국무장관 에 의해 제창되었다.

인구 데드크로스 현상
人口 Dead Cross 現象

사망자 수가 출생아 수보다 많아지는 것

행정안전부가 발표한 주민등록 인구통계에 따르면 지난해 말 현재 인구는 5,182만 9,023명으로 1년 사이에 2만 838명(0.04%) 감소하였다. 저출산 및 혼인율 감소 등이 주요 원인으로 꼽는다. 정부는 인구 자연감소가 노동력 감소로 이어지지 않도록 여성, 고령자, 외국인 등 각 계층의 경체활동을 촉진시키려고 하고 있다. 퇴직한 전문인력을 육성하는 시니어 창업 원 방안 및 고령자의 전직을 위한 프로그램도 제고하며, 여성의 일자리도 확대하려는 계획이다. 코로나19 이전부터 여성 경력단절 문제가 제기되었으나, 코로나19로 인해 자녀 돌봄 부담이 가중되고 여성 고용 비중 높은 서비스업 분야 경기 위축 등으로 인해 여성경력단절 문제가 심화되었다. 때문에 여성진 출 지원을 강화하고 직장 내 성차별 해소 등 근로여건 개선과 미취업, 경력단절 여성 일자리 복귀 지원 등을 확대하여 노동시장 참여를 촉진하기로 하였다. 단순히 돈으로만 꾀하려는 정책보다 왜 비혼과 비출산율이 높아졌는가에 대한 정부의 확실한 이해와 사회분위기가 우선 조성되어야 한다는 목소리가 크다. 한편, 데드크로스(Dead Cross)는 원래 주식 시장에서 사용되는 용어로, 주가의 단기이동평균선이 중장기 이동평균선 아래로 뚫는 현상을 말한다.

재핑 효과
Zapping Effect

채널을 바꾸다가 중간에 있는 다른 채널의 시청률이 높아지는 현상

다른 채널을 보기 위한 의도가 없었음에도 불구하고 짧은 순간에 지나가려던 채널에 관심을 빼앗겨 버리면 그 채널에서 오히려 더 많은 시간을 할애하게 되는 것이 바로 재핑 효과이다. 이는 다른 채널에서 때마침 자신의 관심사 혹은 자신의 취향과 맞는 방송이 송출되고 있을 경우 크게 발생하게 된다.

저작인격권
著作人格權

저작자가 자신의 저작물에 대해 갖는 정신적·인격적 이익을 추구할 수 있는 권리

저작재산권과는 구별된다. 저작인격권은 크게 공표권, 성명표시권, 동일성유지권 등 세가지 권리를 인정하고 있으며, 상술하면 다음과 같다. 첫째, 공표권은 저작자는 그 의 저작물을 공표하거나 공표하지 않을 것을 결정할 권리이다(저작권법 제11조). 둘째, 성명표시권은 저작자는 저작물의 원본이나 그 복제물 또는 공표매체에 그의 실명이나 이명을 표시할 권리이다.(저작권법 제12조) 셋째, 동일성유지권은 저작자는 그의 저작물의 내용·형식 및 제호의 동일성을 유지할 권리이다.(저작권법 제13조) 또한 저작인격권은 저작자 일신에 전속하므로 양도와 상속이 불가능하며, 공동저작물의 저작인격권은 저작자 전원의 합의에 의해서만 행사할 수 있다.

엘시스테마
El Sistema

베네수엘라의 빈민층 아이들을 위한 오케스트라 시스템

경제학자이자 음악가인 호세 안토니오 아브레우 박사가 1975년 설립하였다. 베네수엘라 빈민가 차고에서 빈민층 청소년 11명을 단원으로 출발한 엘 시스테마는 2010년 기준 190여 개 센터, 26만여 명이 가입된 조직으로 성장하였으며 세계 각국의 음악인, 민간 기업의 후원으로 음악교육을 통한 사회적 변화를 추구한다.

제로웨이스트
Zero Waste

환경보호를 위해 플라스틱 용기, 비닐봉지, 나무젓가락 등 일회용품 사 용을 자제하고 장바구니나 도시락통, 텀블러 등을 사용하는 것

쓰레기 배출을 제로(0)로 만들자는 취지로 시작되었으며 더 많은 참여자를 독려하기 위하여 최근에는 해시태그를 이용한 캠페인도 벌이고 있다. SNS에 자신의 제로 웨이스트 사진을 올린 뒤 지인을 태그하여 릴레이 하는 형식이다. 제로 웨이스트의 구체적인 방법으로는 개인용 용기(도시락 통)에 음식 포장하기, 남은 재료를 활용하여 요리하기, 휴지보다 손수건을 이용하기, 장바구니 사용하기, 빨대 사용 자제하기 등이 있다. 코로나19로 인한 배달 및 포장 서비스, 마스크와 일회용 위생장갑의 사용과 폐기가 급증하는 등으로 쓰레기 감소의 중요성이 더욱 대두되고 있다.

미슐랭 가이드
Michelin Guide

프랑스 타이어 회사인 미슐랭사(社)에서 발간하는 여행 안내서

프랑스에서 발간되는 여행 및 호텔·레스토랑 전문 안내서로, 영어권에서는 미슐랭 가이드라 한다. 1895년 공기주입식 타이어를 발명한 앙드레 미슐랭(andre Michelin)이 특허를 얻어 자신의 이름으로 타이어회사를 설립하였는데, 이 미슐랭사에서 자동차용 지도와 여행 안내서를 출간한 것이 이 책의 시작이었다. 발행 초기의 목적은 자동차를 이용한 여행산업을 발전시킴으로써 그의 타이어 산업을 지원하기 위해서였다

스모킹 건
Smoking Gun

어떤 범죄나 사건을 해결할 때 나오는 확실하고 결정적인 증거

가설을 증명하는 과학적 근거라는 뜻으로도 쓰이며 살해 현장에 있는 용의자의 총에서 연기가 피어난다면 이는 틀림없이 명백한 증거가 된다는 의미에서 붙여진 이름이다. 과거에는 범죄 행위에 대한 결정적 증거로 사용되는 물건이나 사실을 스모킹 건이라 표현하였으나, 현재는 특정 현상이나 가설을 뒷받침하는 과학적 근거를 가리키는 말로도 쓰인다.

RE100
Renewable Energy 100%

기업이 사용하는 전력량을 재생에너지로 전환하는 캠페인

2050년까지 기업이 사용하는 전력량 100%를 태양광, 풍력 등의 재생에너지로 충당 하겠다는 환경 캠페인이다. 가입 기업은 2021년 1월을 기준으로 미국(51개), 유럽(77 개), 아시아(24개) 등에 이른다. 2018년 애플과 구글 등 30개 기업이 이미 100% 목표를 달성했다.

알타미라 동굴벽화

1879년 에스파냐의 북부 알타미라 동굴에서 발견된 구석기 후기의 벽화

크로마뇽인에 의해 그려진 것으로 추측되는 벽화이다. 벽화들은 깊은 동굴 안에 있어서 외부 기후의 영향을 받지 않고 잘 보존되었으며 인류가 남긴 가장 오래된 작품이다. 이들은 사냥을 기원하는 뜻으로 여러 동물을 채색하여 그려 놓았다.

카노사의 굴욕
Humiliation at Canossa

황제의 서임권(성직자임명권)문제로 황제와 교황이 대립해 황제권이 교 황권에 굴복한 사건

당시 교황이던 그레고리우스 7세가 신성로마제국 황제이던 하인리히 4세를 파문하자, 하인리히 4세는 독일 제후의 반란이 두려워 1077년 이탈리아의 카노사에서 교황에게 공순(恭順)의 뜻을 표하고 파문을 면했다.

디스토피아
Dystopia

현대사회의 부정적인 측면이 극대화된 세상

유토피아의 반대 개념으로 정부에 의해 억압을 받거나 기술이 발달하여 로봇이 지배하거나 환경오염으로 인한 생태계 파괴 등 모든 계층의 행복지수가 떨어지는 세상을 말한다. 현대사회 속에 있는 위험한 경향을 미래사회로 확대 투영함으로써 현대인이 무의식중에 받아들이고 있는 위험을 명확히 지적한다.

노모포비아
Nomophobia

휴대전화가 없을 때 초조해하거나 불안감을 느끼는 증상

No, Mobile, Phobia의 합성어로, 전체 스마트폰 사용자 3명 중 1명 꼴로 증상이 나타난다. 노모포비아의 대표적 증상은 권태, 외로움, 불안감으로 휴대전화를 수시로 만지작거리거나 손에서 떨어진 상태로 5분도 채 버티지 못한다면 노모포비아 증후군이라고 볼 수 있다.

노시보 효과
Nocebo Effect

약을 처방했는데도 환자가 의심을 품으면 약효가 나타나지 않는 현상

노시보 효과는 어떤 해도 끼치지 않는 물질에 의해 병이 생기거나 심지어 죽음에 이르는 경우까지 발전하기도 한다. 플라시보 효과가 이루어질 거라는 기대의 긍정적인 효과를 반영한다면, 노시보 효과는 부정적인 암시가 초래하는 부정적인 결과를 의미한다고 말할 수 있다.

팝콘브레인
Popcorn Brain

디지털기기가 발달하면서 마치 팝콘이 터지듯 크고 강렬한 자극에만 뇌가 반응하는 현상

스마트폰과 같은 전자기기의 지나친 사용으로 뇌에 큰 자극이 지속적으로 가해지면서 단순하고 잔잔한 일상생활에는 흥미를 잃게 되는 것으로, 딱히 확인 할 것이 없음에도 스마트폰 화면을 컨다거나, 스마트폰을 하느라 할 일을 뒤로 미루는 것도 팝콘 브레인의 증상이다.

햄버거 병
HUS : Hemolytic Uremic Syndrome

단기간에 신장을 망가뜨리는 희귀 질환

장출혈성대장균감염증의 일종으로 신장이 불순물을 제대로 걸러주지 못해 체내에 쌓이면서 발생하게 된다. 1982년 미국에서 덜 익힌 패티가 들어간 햄버거를 먹고 이 병 에 걸렸다는 주장이 나오면서 햄버거 병이라는 이름이 붙었다. 의료계에 따르면 햄버거 병(HUS)은 고기를 잘 익히지 않거나, 살균되지 않은 우유 또는 오염된 야채 등을 섭취하면 걸릴 수 있다고 한다. 성인보다는 주로 영유아나 노인에게서 발병 빈도가 높으며 햄버거 병(HUS)에 걸리게 되면 몸이 붓거나 심한 설사와 구토, 복통, 미열은 물론 혈압이 높아지고 경련, 혼수 등이 일어나는 등 신경계 증상이 나타날 수도 있다. 환자의 약 50%는 신장 기능을 완벽히 회복하기 어렵기 때문에 지속적인 투석을 받아야 한다. 신장 기능이 손상된 경우에는 투석, 수혈 등의 조치가 이뤄지는 게 일반적이다. 사망률은 발생 환자의 5 ~ 10% 수준으로 알려져 있다.

임대차 3법

전월세신고제 · 전월세상한제 · 계약갱신청구권제 등을 핵심으로 하는 법안

계약갱신청구권제와 전월세상한제를 담은 주택임대차보호법 개정안은 2020년 7월 31일부터 시행됐다. 임대차 3법 중 전월세신고제의 도입 근거가 되는 부동산 거래신고 등에 관한 법률개정안은 8월 4일 본회의를 통과했으며 이는 2021년 6월 1일부터 시행 될 예정이다.

로고스 · 파토스
Logos · Pathos

논리와 감성

로고스는 이성적이고 과학적인 것을 지칭하고 파토스는 감각적이고 예술적인 것을 지칭한다. 아리스토텔레스는 파토스를 어떠한 상황에서 표출되는 감정으로 구별하였으나 현재는 지속적인 욕망, 즉, 지배욕이나 소유욕 등을 의미한다.

매니페스토
Manifesto

구체적인 예산과 추진 일정을 갖춘 선거 공약

선거와 관련하여 유권자에 대한 계약으로써의 공약, 목표와 이행 가능성, 예산 확보의 근거 등을 구체적으로 제시한 공약을 말한다. 우리나라에서는 참공약 선택하기, 바른 공약 실천 운동으로 표현되며 2006년 5월 지방선거를 기점으로 발족되었다.

하우스 푸어
House Poor

집을 소유하고 있는 빈곤층

자가를 소유하고 있지만 무리한 대출로 인해 이자부담 등으로 빈곤하게 사는 가구를 일컫는다.

베르테르 효과
Werther Effect

유명인 또는 평소 존경하거나 선망하던 인물이 자살할 경우, 그 인물과 자신을 동일시해서 자살을 시도하는 현상

동조자살 또는 모방자살이라고도 한다. 괴테의 소설 「젊은 베르테르의 슬픔」에서 유래하였다. 작품이 유명해지면서 베르테르의 모습에 공감한 젊은 세대의 자살이 급증하는 사태가 벌어졌다. 이 때문에 유럽 일부 지역에서는 발간이 중단되는 일까지 생겼다.

미필적 고의
未畢的故意

어떤 결과가 발생할지도 모르나 경우에 따라서는 그렇게 되어도 상관없다고 생각하는 경우에 존재하는 고의

범죄사실이 발생할 가능성을 인식하고도 이를 용인하는 것을 말한다. 이런 경우에는 과실범이 아니라 고의범으로서 처벌받는다.

모라벡의 역설
Moravec's Paradox

인간에게 쉬운 것은 컴퓨터에게 어렵고 인간에게 어려운 것은 컴퓨터에게 쉽다는 역설

인간이 쉽게 할 수 있는 일상적인 행위를 컴퓨터가 수행하기에 어렵지만 인간이 많은 에너지를 소비해야 하는 복잡한 수식 계산 등을 컴퓨터는 쉽게 해낼 수 있다는 능력 차이를 미국 로봇 공학자 한스 모라벡이 역설적으로 표현한 것이다.

휘슬블로어
Whistle Blower

내부 고발자

기업 또는 정부기관 내의 부정과 비리를 신고한 내부 고발자를 말한다. 단순히 자신 이 살아남기 위해서 남의 허물을 밀고하는 사람이 아니라 공익을 위하여 제보하는 사람을 말한다.

기저질환
基底疾患

질병의 원인이나 밑바탕이 되는 질병

평소 본인이 가지고 있는 만성적인 질병을 가리키며 고혈압, 당뇨, 천식, 결핵 등이 이에 해당한다.

전인교육
全人敎育

인간의 전면적인 발달을 목적으로 하는 교육

조기교육이나 영재교육에 반대되는 개념이다. 현대사회에 있어서 전인교육은 사회로 부터 고립된 개인이 아니라 사회인으로서의 기능을 수행할 수 있는 측면도 포함해야 한다. 대표적 사상가로는 페스탈로치와 로크가 있다.

살찐 고양이법
Fat Cat

자치단체 산하 공공기관의 임원들이 지나치게 높은 연봉을 받는 것을 제한하기 위한 법령 또는 조례

1928년 저널리스트 프랭크 켄트가 발간한 도서 「정치적 행태」에서 처음 사용된 용어이다. 2008년 글로벌 금융위기 당시 미국 월가의 탐욕스런 은행가와 기업인을 비난하는 말로 사용되었다. 직원들의 구조조정과 임금삭감 등 어려운 상황 속에서도 거액의 연봉과 퇴직금, 각종 보너스 등을 누리는 경영진들의 도덕적 해이를 비꼬아 살찐 고양이라는 말로 비난하였다. 또한 당시 정치자금을 많이 내는 부자나 특혜를 입은 부자들을 살찐 고양이로 빗대어 표현하였다. 우리나라에서는 부산이 최초로 살찐 고양이법 을 시행하였다.

셰익스피어의 4대 비극
셰익스피어의 「햄릿」, 「오셀로」, 「리어왕」, 「맥베스」

구분	내용
햄릿 (Hamlet)	주인공을 통해 사색과 행동, 진실과 허위, 신념과 회의 등의 틈바구니 속에서 삶을 초극하고자 하는 모습이 제시되었다.
오셀로 (Othello)	흑인 장군인 주인공의 아내에 대한 애정이 이아고(Iago)의 간계에 의해 무참히 허물어지는 과정을 그린 작품이다.
리어왕 (King Lear)	늙은 왕의 세 딸에 대한 애정의 시험이라는 설화적 모티브를 바탕으로 하고 있으나, 혈육 간의 유대의 파괴가 우주적 질서의 붕괴로 확대되는 과정을 그린 비극이다.
맥베스 (Macbeth)	권위의 야망에 이끌린 한 무장의 왕위찬탈과 그것이 초래하는 비극적 결말을 그린 작품이다.

셰익스피어 5대 희극

셰익스피어의 「말괄량이 길들이기」, 「십이야」, 「베니스의 상인」, 「뜻대로 하세요」, 「한여름 밤의 꿈」

구분	내용
말괄량이 길들이기 (The Taming of the Shrew)	말괄량이 여주인공을 길들이려는 남주인공의 결혼생활을 중심으로 한 희극이다.
십이야 (Twelfth Night)	여주인공이 남장을 통해 겪게 되는 오해와 사랑의 삼각관계 소동극이다.
베니스의 상인 (The Merchant of Venice)	유대인 고리대금업자와 상인 간의 계약 속에서 이루어지는 법적 갈등과 인간관계를 그린 작품이다.
뜻대로 하세요 (As You Like It)	추방된 공작의 딸 여주인공이 남장을 하고 겪게 되는 사랑과 자유, 갈등, 화해를 담은 작품이다.
한여름 밤의 꿈 (A Midsummer Nights Dream)	사랑과 마법이 얽히며 생긴 혼란 속에서 펼쳐지는 판타지 로맨스 희극이다.

외인설

어떤 사건이나 현상이 외부 요인에 의해 발생·설명된다는 이론

사회·경제적 사건 또는 자연 현상에 대해 내재적 요인보다는 외부 환경이나 조건이 원인이라고 보는 관점이다. 반대로 내부 요인에 초점을 맞추는 관점을 내인설이라고 한다.

더닝 크루거 효과

특정 분야에서 제한된 지식이나 능력을 가진 사람들이 자신의 지식과 능력을 과대평가하는 경향

연구자들은 자신의 생각을 판단하는 메타인지 능력이 부족한 사람들이 자신의 능력을 과대평가하고 다른 사람의 능력을 알아보지 못하며 자신의 능력이 부족하여 발생한 문제점을 인지하지 못한다고 한다.

03 디지털상식

딥시크
DeepSeek

중국의 량원펑이 설립한 오픈소스 대형 언어 모델(LLM) 기반 인공지능 (AI) 연구 기업이자 AI 모델 제품명

2025년 1월, 딥시크는 상대적으로 낮은 성능의 GPU (H800)를 활용하여 최적화된 AI 모델 'DeepSeek R1'을 발표하였으며, 일부 벤치마크에서 오픈AI의 챗GPT를 능가하는 성능을 보이며 AI 업계에 큰 파장을 일으켰다. 그러나 정보 보안 및 데이터 유출 우려로 인해 한국을 비롯한 일부 국가의 정부 및 금융기관에서는 딥시크의 사용을 제한하고 있다.

디지털캐비넷
Digital Cabinet

서류, 파일, 문서, 사진, 그림 등을 전자 파일 형식으로 보관 및 관리하는 시스템을 의미

문서 검색의 편리성, 보안 강화, 공간 절약, 협업 지원 등 다양한 이점이 있는 반면, 초기 구축과 유지 보수에 시간과 비용이 소요되며, 해킹이나 시스템 오류 등의 위험이 존재한다. 디지털 캐비넷은 정부 기관, 기업, 학교 등 다양한 분야에서 널리 활용되고 있다.

챗GPT-4o
복합적 AI

오픈AI가 설계한 다중 언어, 다중 모달 생성 사전 훈련 변환기다. 지피티포 옴니 또는 지피티포오라고 부르는데, o는 옴니의 줄임말로 모든 것 어디에나 있다는 뜻이다. GPT-4o에서 사용할 수 있는 5가지 옴니 기능은 ▲텍스트, 이미지, 오디오 등 다양한 형식의 데이터를 처리할 수 있는 멀티모달(multi modal) 기능 ▲이미지를 분석하고 설명하며 생성하는 강화된 비전(vision) 기능 ▲실시간 웹 정보 검색을 통해 얻은 최신 정보를 기반으로 한 깊이 있는 답변 기능 ▲외부 API(응용프로그램 인터스페이스)를 호출해 새로운 기능을 확장할 수 있는 펑션콜(function call) 기능 ▲데이터 해석 능력을 바탕으로 한 비즈니스 인사이트 제공 기능 등이다.

정형 데이터

미리 정해 놓은 형식과 구조에 따라 저장되도록 구성된 데이터

관계형 데이터베이스(RDB)의 테이블과 같이 고정된 컬럼에 저장되는 데이터, 지정된 행과 열로 데이터의 속성이 정해져 있는 스프레드시트 데이터, 콤마로 구조가 결정되는 CSV3) 데이터 등이 있다. 정형 데이터는 반정형, 비정형 데이터와는 달리 정해진 형식과 저장 구조를 바탕으로 데이터에 대한 부분 검색 및 선택, 갱신, 삭제 등의 연산을 수행할 수 있어 주로 정형화된 업무 또는 서비스에 사용된다.

저전력 메쉬네트워크

관리가 쉽지 않은 열악한 환경에서 온도, 습도 등의 환경을 감지하는 많은 수의 센서의 정보를 비교적 가까운 거리에 전달하기 위한 통신 기술

거리의 제약을 없애기 위해 디바이스가 다른 디바이스의 정보를 전달해 주는 기능을 가지므로 메쉬네트워크라 한다.

미러링과 캐스팅
Mirroring and Casting

스마트폰에 표시되어야 할 내용을 주변의 다른 장치에 표시되도록 하는 기술

미러링 기술은 거울처럼 스마트폰에 표시되는 내용을 다른 장치의 화면에 그대로 보여주도록 하는 기술이며, 캐스팅 기술은 스마트폰에 표시되었어야 할 내용을 다른 장치의 화면에만 보여주고, 스마트폰에는 캐스트 스크린과는 다른 내용을 보여주도록 하는 기술이다.

컴덱스
COMDEX

세계 최대의 컴퓨터 관련 전시회

미국에서 해마다 봄·가을에 개최된다. 1979년 인터페이스사(社)에 의해 라스베이거스에서 소형 컴퓨터 소매업자들을 중심으로 시작되어 1990년 이후 컴퓨터 산업이 주요산업으로 급성장하면서 전 세계 IT산업을 주도하는 행사가 되었다. 인텔의 마이크로프로세서와 MS DOS, 윈도우 운영체제(OS)를 비롯하여 전 세계 IT산업의 핵심 기술과 제품들이 모두 컴덱스를 통해 발표되었다.

세빗
CeBIT

세계적인 정보통신기술전시회

독일 하노버에서 매년 개최된다. 미국의 컴덱스와 함께 세계 정보통신 분야를 대표하는 전시회로, 유무선 네트워크·디지털 및 온라인 이동통신 등의 통신분야에 주력하고 있다. 이미 소개된 제품 및 기술을 놓고 바이어들의 구매 상담을 벌여 시장의 환경 변화를 가늠할 수 있다.

스파이웨어
Spyware

컴퓨터나 스마트 폰에 잠입해서 개인정보를 빼가는 악성 소프트웨어

설정 변경 및 삭제하기 어렵게 되어 있지만 바이러스처럼 스스로 복제하지는 않는다. 처음에는 인터넷 광고전문회사가 개인 사용자들의 취향을 파악하기 위하여 개발하였다. 광고 및 마케팅 목적이 대부분이었기 때문에 애드웨어(Adware)라고도 불렸다. 단순히 사용자 컴퓨터에 번호를 매겨 몇 명의 사용자가 광고를 보고 있는지 파악하는 것이었으나 최근에는 사용자 이름, IP주소, 즐겨찾는 URL 등 모든 것을 알아낼 수 있어서 악의적으로 사용되고 있다.

디지털 리터러시

디지털 자료를 이해할 수 있는 능력

디지털 자료를 보고 이해할 수 있는 능력을 의미한다. 디지털 사용 빈도가 늘어나면서 다양하고 정보가 넘쳐나고 있다. 하지만 넘쳐나는 자료를 개인이 이해·평가·조합하는 능력이 필요하다. 이 능력을 디지털 리터러시라 한다. 문자로 적혀진 신문 기사나 계약서를 읽을 때 문해력이 필요하듯이 디지털 세상에서 스마트 폰과 소셜미디어를 사용하면서 일반 문자를 읽을 때처럼 필요한 문해력이 디지털에서도 필요하다.

메트칼프의 법칙
Metcalfe's Law

통신 네트워크 가치가 이용자 수의 제곱에 비례한다는 법칙

네트워크의 유용성의 정도는 네트워크 사용자의 제곱과 비례하며 네트워크 기술을 활용하는 사용자의 증가율이 어느 임계값에 도달하면 그 시점부터 기하급수적으로 가치(유용성)가 증가함을 말한다. 초기 마케팅 비용을 들이더라도 회원을 모집하려는 노력을 하는 이유가 여기에 있는 것이다. 곧 생산량이 증가할수록 평균비용은 등비급 수적으로 줄어들게 되므로 그 가치는 급격하게 증가하고 그 차이는 사용자수가 늘어날수록 등비급수적으로 점점 더 벌어지게 된다. 하지만 인터넷 가입자 및 회원수가 많다고 하여 바로 수익으로 이어지는 것은 아니며, 그보다 비즈니스모델이 더 중요한 요소로 작용한다.

에지 컴퓨팅
Edge Computing

스마트폰이나 통신 기지국 등 통신 말단에서 데이터를 자체 처리하는 기술

중앙 집중 서버가 모든 데이터를 처리하는 클라우드 컴퓨팅과 다르게 분산된 소형 서버를 통해 실시간으로 처리하는 기술을 일컫는다. 사물인터넷 기기의 확산으로 데이터의 양이 폭증하면서 이를 처리하기 위해 개발되었다.

에스크로
Escrow

구매자와 판매자의 원활한 상거래를 위해 제3자가 중개하는 서비스

구매자와 판매자의 신용관계가 불확실 할 때 상거래가 원활하게 이루어질 수 있도록 제3자가 중개하는 매매 보호 서비스이다. 구매자가 제3자에게 거래금을 보내면 판매자는 제3자에게 거래금을 확인하고 상품을 발송한다. 상품을 받은 구매자는 제3자에게 알리고 제3자는 판매자에게 거래금을 보낸다. 중개역할을 하는 제3자는 수수료로 수익을 얻는다.

카니보어 시스템
Carnivore System

네트워크에서 모든 E-메일을 감시하는 시스템

인터넷 서비스 회사의 네트워크에 연결하여 모든 E-메일 내용을 감시할 수 있는 장치이다. 미국 수사국(FBI)이 범죄 예방을 이유로 카니보어 시스템을 도입하였다.

데이터 댐

디지털 뉴딜을 실현하기 위한 수단 중 하나

각종 데이터가 모여 결합·가공되는 유무형의 공간이다. 디지털 뉴딜에는 DNA 생태계 강화, 디지털 포용 및 안전망 구축, 비대면 산업 육성, SOC 디지털화 등이 포함되어 있다.

파밍
Pharming

피싱(Phising)에서 진화한 해킹 수법

악성프로그램을 통해 피해자가 가짜 금융사이트에 접속하도록 하여 금융정보를 조작, 피해자의 돈을 부당하게 탈취하는 수법을 말한다.

FIDO
Fast Identity Online

생체인식 기술을 활용한 개인 인증 기술

지문, 홍채 등 신체적 특성의 생체정보를 이용하거나 동작 등 행동적 특성의 생체정보 인증도 이용하여 비밀번호 없이 편리하고 안전한 개인 인증 기술이다.

서밋
Summit

IBM이 개발한 세계에서 가장 빠르고 강력한 슈퍼컴퓨터

30년간 데스크톱 컴퓨터가 작업해야 할 분량을 불과 한 시간 만에 처리할 수 있는 컴퓨터로, 서밋 구축에는 인공지능(AI)이 사용됐다고 설명했다. 기존 슈퍼컴퓨터에 사 용된 대규모 모델링과 시뮬레이션 기술이 아니라 AI 기반의 대용량 데이터 처리 기술이 서밋에 적용되었다는 것이다. 이 같은 슈퍼컴퓨터 시스템 구축을 위해 IBM은 이미지 처리 반도체(GPU) 기업인 엔비디아 등과 공동으로 관련 기술을 개발했다.

등대공장
Lighthouse Factory

4차 산업혁명의 핵심 기술을 도입하여 제조업의 미래를 이끌고 있는 공장

사물인터넷(IoT)과 인공지능(AI), 빅데이터 등 4차 산업혁명의 핵심 기술을 적극적으로 도입하여 제조업의 미래를 혁신적으로 이끌고 있는 공장을 의미한다. 세계경제포럼 (WEF)이 2018년부터 선정하고 있는데, 한국에서는 처음으로 2019년 7월 포스코가 등대공장에 등재됐다.

이더리움
Ethereum

블록체인 기술을 기반으로 한 가상화폐의 일종

러시아 이민자 출신 캐나다인 비탈리크 부테린이 2014년 개발한 가상화폐이다. 거래 명세가 담긴 블록이 사슬처럼 이어져 있는 블록체인 기술을 기반으로 하며 인터넷만 연결되어 있으면 어디서든 전송이 가능하다. 거래소에서 비트코인으로 구입하거나 비트코인처럼 컴퓨터 프로그램으로 채굴해 얻을 수 있다.

소셜 블랙아웃
Social Blackout

스마트 폰이나 인터넷으로부터 자신을 완전히 차단하는 행위

소셜 미디어(Social Media)와 대규모 정전사태를 의미하는 블랙아웃(Black Out) 의 합성어로, 직장인들이 휴가 중 단체 대화방을 나가거나 소셜 미디어 어플을 삭제하는 경우가 소셜 블랙아웃에 해당한다. 또 과도한 몰입이나 타인과의 비교로 인한 SNS 피로감에서 일시적으로 벗어나고자 소셜 블랙아웃을 선택하는 사람도 있다.

플랫폼 노동

플랫폼 노동은 스마트폰 사용이 일상화되면서 등장한 노동 형태

앱이나 SNS 등의 디지털 플랫폼에 소속되어 일하는 것을 말한다. 즉, 고객이 스마트 폰 앱 등 플랫폼에 서비스를 요청하면 이 정보를 노동 제공자가 보고 고객에게 서비스를 한다. 플랫폼 노동은 노무 제공자가 사용자에게 종속된 노동자가 아닌 자영업자 이므로 특수 고용노동자와 유사하다는 이유로 디지털 특고로도 불린다. 예컨대 배달 대행 앱, 대리운전 앱, 우버 택시 등이 이에 속한다.

낸드플래시
NAND Flash

플래시 메모리의 형태

전원이 없는 상태에서도 데이터를 저장 · 삭제할 수 있으며 휴대용 저장장치나 컴퓨터 등 폭넓게 쓰인다.

HTML
Hyper Text Markup Language

하이퍼텍스트의 구조를 서술하는 일종의 컴퓨터언어

직접 프로그램을 제작하는 데에 사용되는 C나 PASCAL과 달리 웹에서 사용되는 각각의 하이퍼텍스트 문서를 작성하는데 사용되며, 우리가 인터넷에서 볼 수 있는 수많은 홈페이지들은 기본적으로 HTML이라는 언어를 사용하여 구현된 것이다.

CPO
Chief Privacy Officer

개인정보 보호책임자

개인정보 보호최고책임자 · 최고프라이버시책임자라고도 하며 사이버 보안관이라는 별 칭도 있다. 기업의 법률 · 인사 · 정보기술 · 영업 · 마케팅 부서 등에 개인정보를 관리하는 직책이 있지만, 인터넷의 발달로 개인정보 전담자가 필요해져 생겨난 신종 전문가이다. 정부의 사생활 보호규정과 법률에 위반되는 정책을 찾아내 수정하며, 해킹 등 사이버 범죄로부터 회원정보를 지켜내기 위한 안전장치를 마련하는 등의 업무를 한다. 개인정보 보호를 위한 교육 자료를 제공하기도 하고 표준개발 작업에도 참여한다.

HTTP
Hyper Text Transfer Protocol

마우스 클릭만으로 필요한 정보로 직접 이동할 수 있는 방식

HTTP는 이 방식의 정보를 교환하기 위한 하나의 규칙으로, 웹사이트 중 http로 시작되는 주소는 이런 규칙으로 하이퍼텍스트를 제공한다는 의미를 담고 있다

클라우드 서비스
Cloud Service

각종 자료를 내부 저장 공간이 아닌 외부 클라우드 서버에 저장한 뒤 다운로드받는 서비스

인터넷으로 연결된 초대형 고성능 컴퓨터(데이터센터)에 소프트웨어와 콘텐츠를 저장해 두고 필요할 때마다 꺼내 쓸 수 있는 서비스다. 사용자가 스마트폰이나 PC등을 통해 문서, 음악, 동영상 등 다양한 콘텐츠를 편리하게 이용할 수 있지만 인터넷 케이블이 끊어지면 국가적 정보 블랙아웃 상태가 올 우려가 있다고 전문가들은 지적하고 있다.

챗봇
Chatbot

문자 또는 음성으로 대화하는 기능이 있는 컴퓨터 프로그램 또는 인공지능

정해진 응답 규칙에 따라 사용자 질문에 응답할 수 있도록 만들어진 시스템이다. 사람처럼 자연스러운 대화를 진행하기 위해 단어나 구(句)의 매칭만을 이용하는 단순한 챗봇부터 복잡하고 정교한 자연어 처리 기술을 적용한 챗봇까지 수준이 다양하다.

망 중립성
Network Neutrality

통신망 제공사업자는 모든 콘텐츠를 동등하고 차별 없이 다뤄야 한다는 원칙

통신망을 갖춘 모든 네트워크 사업자는 모든 콘텐츠를 동등하게 취급하고 인터넷 사업자들에게 어떤 차별도 하지 말아야 한다는 원칙을 말한다.

사물인터넷
IoT

사물에 센서를 장착하여 정보를 수집하고 제어 · 관리할 수 있도록 인터넷으로 연결되어 있는 시스템

일상 사물의 유무선인터네에 연결하여 물체와 물체 간 정보를 교환하며 언제 어디서 나 제어할 수 있는 신개념 인터넷을 말한다.

버그바운티
Bugbounty

보안 취약점 신고 포상제

기업의 서비스나 제품 등을 해킹해 취약점을 발견한 화이트 해커에게 포상금을 지급 하는 제도이다. 블랙 해커의 악의적인 의도로 해킹당할 시 입는 손해를 방지하기 위하여 공개적으로 포상금을 걸고 버그바운티를 진행한다. 기업들의 자발적인 보안 개선책으로, 화이트 해커가 새로운 보안 취약점을 발견하면 기업은 이를 개선시켜 보안에 보다 적극적으로 노력하게 된다. 현재 구글, 애플, 페이스북, 마이크로소프트(MS) 등 글로벌 기업에서 보안성을 고도화하기 위해 시행 중이며 국내에서는 삼성, 네이버, 카카오 등이 시행 중이다.

메타버스
Metaverse

가공, 추상(Meta)와 세계(Universe)의 합성어

3차원 가상세계를 뜻한다. 기존의 가상현실보다 업그레이드된 개념으로 가상현실이 현실세계에 흡수된 형태이다. 즉, 가상세계의 현실화인 셈이며, 증강현실, 라이프로깅, 거울세계, 가상세계로 더욱 세분화할 수 있다. 메타버스는 1992년 미국 SF 소설 「스토 크래시」에서 처음 사용되었으며 이와 비슷한 사례로 영화 「아바타」가 있다. 팬데믹으로 언택트 문화가 활발해지면서 관련 사업이 더욱 각광받기 시작했는데, 특히 게임 산업이 두드러지고 있다. 우리가 잘 아는 닌텐도, 로블록스, 마인크래프트가 대표적인 예다.

디도스
D DoS

컴퓨터 여러 대가 특정 사이트를 마비시키려고 공격하는 해킹 수법

특정 컴퓨터의 자료를 훔치거나 삭제하기 보다는 정당한 신호를 받지 못하도록 방해 하는 데 있다. 해당 컴퓨터의 기능을 마비시키기 위해 동시에 여러 대의 컴퓨터가 공격을 가해 대량 접속을 일으킨다. 컴퓨터의 사용자가 인지하지 못한 사이에 컴퓨터가 악성코드에 감염되어 특정 사이트를 공격하는 데 쓰일 수 있는데 이런 컴퓨터를 좀비 PC라 부른다.

랜섬웨어
Rancomeware

악성코드의 일종

인터넷 사용자의 컴퓨터에 잠입해 내부 문서나 사진 파일 등을 암호화하여 열지 못 하도록 한 뒤, 돈을 보내면 해독용 열쇠 프로그램을 전송해준다며 비트코인이나 금품을 요구한다.

인포데믹
Infodemic

잘못된 정보가 온라인 등을 통해 빠르게 확산되는 현상

정보전염병이라고도 부르며 허위정보, 가짜뉴스 등 전염병처럼 무차별적으로 전파되는 것을 일컫는다.

소물인터넷
Internet of Small Things

소물에 적용되는 사물인터넷 기술

웨어러블 기기 등 비교적 크기가 작고 사물인터넷을 구성하는 사물 간 교환하는 데이터의 양이 많지 않은 기기를 소물이라고 한다. 해외 선진국을 중심으로 시장 선점을 위해 활발한 연구가 진행 중이며, 국내에서도 통신사들이 앞다투어 소물인터넷 시 장에 뛰어들고 있다.

캐시리스
Cash Less

경제주체 사이의 거래에서 현금을 이용하지 않는 사회

현금을 가지고 다닐 필요 없이 신용카드, 모바일 카드 등을 이용해 소비 · 상업 활동을 할 수 있는 사회를 말한다. IT산업의 발달로 컴퓨터와 전산망이 잘 갖춰지고, 금융기관 업무가 EDPS화(전자 데이터 처리 시스템화)되면서 캐시리스 사회가 가능해졌다.

베타 테스트
Beta Test

하드웨어나 소프트웨어를 공식적으로 발표하기 전에 오류가 있는지를 발견하기 위해 미리 정해진 사용자 계층들이 써 보도록 하는 테스트

하드웨어나 소프트웨어의 개발 단계에서 상용화하기 전에 실시하는 제품 검사 작업 을 말하며 제품의 결함 여부, 제품으로서의 가치 등을 평가하기 위해 실시하는 것이다. 선발된 잠재 고객에게 일정 기간 무료로 사용하게 한 후에 나타난 여러 가지 오류를 수정하고 보완한다. 공식적인 제품으로 발매하기 이전에 최종적으로 실시하는 검사 작업이다.

키오스크
KIOSK

공공장소에 설치된 무인 정보단말기

첨단 멀티미디어 기기를 활용하여 음성서비스, 동영상 구현 등 정보서비스와 업무의 무인·자동화를 통해 대중들이 쉽게 이용할 수 있도록 공공장소에 설치한 무인단말기를 말한다.

파이선
Python

생산성 높은 프로그래밍 언어

네덜란드 개발자가 개발한 프로그래밍 언어로 문법이 간결하고 표현구조와 사람의 사고체계와 유사하여 초보자도 쉽게 배울 수 있다. 독립적인 플랫폼으로 다양한 플랫폼에서 사용이 가능하다.

양자컴퓨터
Quantum Computer

양자역학의 원리에 따라 작동되는 미래형 첨단 컴퓨터

양자역학의 특징을 살려 병렬처리가 가능해지면 기존의 방식으로 해결할 수 없었던 다양한 문제를 해결할 수 있게 된다. 우리나라에서는 2001년 KAIST(한국과학기술원) 연구팀이 병렬처리 3비트 양자컴퓨터 개발에 성공하였고, 2003년에는 일본 NEC와 이화학연구소가 공동으로 양자비트 2개를 결합한 고체 논리연산회로로 동작하는 양자 컴퓨터의 제작에 성공하였다.

사이버 슬래킹
Cyber Slacking

업무시간에 인터넷과 E-메일 등 업무를 위해 설치한 정보인프라를 개인 적 용도로 이용하면서 업무를 등한시하는 행위

인터넷을 업무에 활용하는 것이 보편화되면서 업무 이외의 용도로 사용하는 사례가 크게 늘고 있다. 특히, 최근에는 멀티미디어 콘텐츠의 대용량 정보가 많아지면서 사이버슬래킹이 단순히 개인의 업무공백차원을 넘어 조직 내 전체업무에 차질을 주는 사태로까지 발전하고 있다. 이에 따라 기업과 공공기관을 중심으로 특정 사이트에 접속을 제한하는 사이버슬래킹 방지 소프트웨어 도입이 관심을 끌고 있다.

와이브로
Wibro : Wireless Broadband Internet

무선 광대역 인터넷 서비스, 무선 광대역 인터넷

초고속인터넷을 이동하면서 이용할 수 있는 무선인터넷으로 처음에는 고속데이터통신기술을 가리키는 용어로 만들어졌지만 이동통신업체에서 기술이름을 서비스 이름으로 사용하며 우리에게는 서비스 이름으로 친숙하게 알려져 있다. 2.3GHz 주파를 사용하며 기존의 무선인터넷인 CDMA와 무선 랜의 장점만을 이용하여 새롭게 만들어졌다. 가장 큰 장점은 이동이 가능하다는 것이고 전파의 송수신거리가 와이파이에 비해 훨씬 넓다. 그러나 속도는 와이파이에 비해 느리다.

컴파일러
Compiler

고급언어로 쓰인 프로그램을 즉시 실행될 수 있는 형태의 프로그램으로 바꾸어 주는 번역 프로그램

고급언어로 쓰인 프로그램이 컴퓨터에서 수행되기 위해서는 컴퓨터가 직접 이해할 수 있는 언어로 바꾸어 주어야 하는데 이러한 일을 하는 프로그램을 컴파일러라고 한다. 예를 들어 원시언어가 파스칼(Pascal)이나 코볼(Cobol)과 같은 고급언어이고 목적 언어가 어셈블리 언어나 기계어일 경우, 이를 번역해 주는 프로그램을 컴파일러라고 한다.

핵티비즘
Hacktivism

인터넷이 일반화되면서 나타난 새로운 유형의 정치적·사회적 행동주의

기존의 정치·사회 운동가들이 인터넷 대중화 바람을 타고 인터넷 공간으로 활동영역을 넓히면서 나타나기 시작하였는데, 자신들의 정치적 목적을 달성하기 위한 수단으로 특정 정부·기관·기업·단체 등의 웹 사이트를 해킹해 서버를 무력화하는 일련의 행위 또는 그러한 활동 방식을 말한다.

코덱
Codec

음성 또는 영상의 신호를 디지털 신호로 변환하는 코더와 그 반대로 변환시켜 주는 디코더의 기능을 함께 갖춘 기술

음성이나 비디오 데이터를 컴퓨터가 처리할 수 있게 디지털로 바꿔주고, 그 데이터를 컴퓨터 사용자가 알 수 있게 모니터에 본래대로 재생시켜 주는 소프트웨어이다. 동영상처럼 용량이 큰 파일을 작게 묶어주고 이를 다시 본래대로 재생할 수 있게 해 준다. 파일을 작게 해주는 것을 인코딩(Encoding), 본래대로 재생하는 것을 디코딩(Decoding)이라고 한다. 또 데이터 압축 기능을 사용하여 압축하거나 압축을 푸는 소프트웨어도 코덱에 포함된다.

프록시 서버
Proxy Server

클라이언트와 서버 사이에서 데이터를 중계하는 역할을 하는 서버 시스템에 방화벽을 가지고 있는 경우 외부와의 통신을 위해 만들어 놓은 서버이다. 방화벽 안쪽에 있는 서버들의 외부 연결은 프록시 서버를 통해 이루어지며 연결 속도를 올리기 위해서 다른 서버로부터 목록을 캐시하는 시스템이다. 웹에서 프록시는 우선 가까운 지역에서 데이터를 찾고, 만일 그곳에 데이터가 없으면 데이터가 영구히 보존 되어 있는 멀리 떨어져 있는 서버로부터 가져온다.

USB 킬러
USB Killer

USB 형태의 전자 장치

USB 킬러는 컴퓨터를 비롯한 전자 기기의 USB 단자에 꽂으면 고전압을 발생시켜 순식간에 전자 기기의 주요 부품을 파괴하는, USB 형태의 전자 장치를 말한다. 2015년에 러시아의 보안 전문가가 서지(이상 전압)를 보호하는 회로가 제대로 작동하는지 테스트하기 위한 목적으로 개발하였고, 미국과 유럽에서 각각 FCC인증, CE인증을 받았다. 하지만 국내외에서 USB 킬러를 악용한 범죄 등 문제가 제기 되고 있다.

MVNO
Mobile Virtual Network Operator

가상이동망사업자

이동통신서비스를 제공하기 위해 필수적인 주파수를 보유하지 않고, 주파수를 보유 하고 있는 이동통신망사업자의 망을 통해 독자적인 이동통신서비스를 제공하는 사 업자를 의미하며, MVNO는 고객의 가입 서비스에 대해 완전한 지배권을 갖는다. 또 자체 상표로 독자적인 요금체계를 설정할 수 있으며, 이용자 측면에서 마치 새로운 서비스 사업자가 생긴 것처럼 보이는 효과가 있다. MVNO가 도입될 경우 기대되는 장점은 고객의 선택권 확대, 서비스 종류의 다양화, 요금인하 효과 등 세 가지를 들 수 있다.

토르 네트워크
Tor Network

인터넷 이용자의 흔적을 추적할 수 없도록 하는 서비스

가상 컴퓨터와 네트워크를 여러 번에 걸쳐 경유하여 인터넷 이용자의 접속 흔적을 추적할 수 없도록 하는 서비스이다. 네트워크 감시나 위치 추적, 인터넷 검열 등을 피할 수 있다.

웹 어셈블리
Web Assembly

웹을 네이티브 애플리케이션처럼 빠르게 실행할 수 있도록 만들어지고 있는 차세대 바이너리 포맷 표준

개발자가 자바스크립트 대신 C언어 등으로 어느 브라우저에서든 돌아가는 프로그램을 만들어 배포할 수 있게 된다는 장점을 가진다. 모질라 개발자 루크 와그너가 여러 브라우저 개발사의 협력을 공식화했고, 구글 및 애플 개발자들이 표준화에 협력키로 했다. 이미 웹 브라우저 중에선 크롬이 웹어셈블리를 구현했고, 여기에 파이어폭스와 마이크로소프트 엣지도 적용 준비를 하고 있다.

핑거프린트
Finger Print

일종의 지문과 같은 데이터

원본 데이터에 삽입하여 편집되더라도 본인이 작성했음을 증명할 수 있는 데이터를 말한다.

구글세
Google Tax

다국적 IT 기업을 대상으로 부과되는 세금

대표 포털사이트 구글의 이름을 붙인 세금이다. 포털사이트에 부과하는 세금으로 저작료 등을 일컫는다. 현재 국내에서는 게재료 명목으로 신문사 등에 콘텐츠 사용료를 부과하고 있다.

온디맨드
On Demand

공급이 아닌 수요가 경제 시스템을 주도하는 것

모바일 기술 및 IT 인프라를 통해 소비자의 수요에 즉각적으로 서비스나 제품을 제공하는 것을 말한다. 공급자가 아닌 수요자가 주도하게 되는 경제 시스템이나 전략 등을 총칭하며, 가사노동, 차량 제공, 법률 자문, 전문 연구개발(R & D) 등 다양한 분야에서 활용되고 있다.

해커톤
Hackathon

마라톤처럼 일정한 시간과 장소에서 프로그램을 해킹하거나 개발하는 행사

한정된 기간 내에 기획자, 개발자, 디자이너 등 참여자가 팀을 구성해 쉼 없이 아이디어를 도출하여 앱, 웹 서비스 또는 비즈니스 모델을 완성하는 행사를 말한다. 일반인에게 해킹은 불법적으로 컴퓨터를 공격하는 행위라는 의미로 많이 사용되나, 컴퓨터 프로그래머 사이에서는 난이도 높은 프로그래밍 이란 뜻으로 쓰인다. IT기업에서 흔히 사용되며 페이스북은 개발자와 디자이너, 인사, 마케팅, 재무 등 모든 구성원에게 밤새 음식과 간식을 제공하면서 아이디어와 생각을 직접 만들어 보게 하는 해커톤을 개최하는 것으로 유명하다.

허니팟
Honey Pot

컴퓨터 프로그램의 침입자를 속이는 최신 침입탐지기법

해커 잡는 덫이란 의미로 크래커를 유인하는 함정을 꿀단지에 비유한 명칭이다. 컴퓨터 프로그램에 침입한 스팸과 컴퓨터 바이러스, 크래커를 탐지하는 가상컴퓨터이다. 침입자를 속이는 최신 침입탐지기법으로 마치 실제로 공격을 당하는 것처럼 보이게 하여 크래커를 추적하고 정보를 수집하는 역할을 한다.

스캠 공격
Scam

해킹하여 거래 대금을 가로채는 수법

기업의 정보를 해킹하여 거래처로 둔갑한 다음 거래 대금을 가로채는 사기수법을 말 한다. 신종 범죄는 아니며 주로 피해 기업에 악성코드로 감염시킨 후 거래업체 간 대금이 오고갈 시기에 계좌정보를 변경하여 거래 대금을 빼돌린다.

스트림 리핑
Stream Ripping

스트리밍으로 흘러나오는 음악을 녹음해 해적판 음원 파일을 만드는 행위

스트리밍의 인기가 높아지면서 무단 음원 사용의 대표적 행태가 불법 다운로드에서 스트림 리핑으로 바뀌었다. 한국의 경우 스트리밍 사용 비율이 다른 나라에 비해 높은 편인 41%에 달하는 것으로 조사되었고, 대표 유료 스트리밍 시장으로 멜론, 지니, 벅스 등이 있다.

빅데이터
Big Data

정형·반정형·비정형 데이터세트의 집적물, 그리고 이로부터 경제적 가치를 추출 및 분석할 수 있는 기술

기존 데이터보다 방대하여 기존의 방법으로는 수집·저장·분석 등이 어려운 정형·비정형 데이터를 뜻한다. 빅데이터의 세 가지 V 로 알려진 특징은 데이터의 크기, 속 도 및 다양성이다.

캐리어 이더넷
Carrier Ethernet

도시 통신망을 위한 고속 이더넷

광역통신망에서 고속으로 데이터를 전송할 수 있는 차세대 인터넷 프로토콜 전송 기술이다.

홍채인식
Iris Recognition

안구의 홍채 정보를 이용하여 사람을 인식하는 기술

사람마다 고유한 특성을 가진 홍채 정보를 이용하여 사람을 인식하는 기술을 보안용 인증 기술로 응용한 것을 말한다.

네트워크 준비지수
NRI : Networked Readiness Index

ICT 발전 및 활용도와 경쟁력 등을 평가한 지표

세계경제포럼이 국제적인 경영대학인 인시아드(INSEAD)와 공동으로 개인과 정부, 기업의 정보통신기술의 발전도와 경쟁력을 국가별로 평가한 지수이다.

데이터 사이언티스트
Data Scientist

많은 데이터들 중 가치가 높은 데이터를 추출하여 분석하는 과학자

빅 데이터의 활용이 높아짐에 따라 데이터의 규모보다 데이터 자체의 가치에 초점을 두고, 분석하여 방향을 제시하는 사람을 말한다.

토렌트
Torrent

P2P 방식의 파일 공유 프로그램

온라인에서 자료를 공유할 수 있는 프로그램이다. 전송 속도가 빠르고 파일용량의 제 한이 없다는 장점을 악용하여 불법 다운로드를 주 목적으로 이용하고 있다. 또한 별도 의 성인인증이 없어 누구나 음란물에 접근할 수 있다는 문제도 함께 대두되고 있다.

부트키트
BootKit

OS영역에서 활동하는 악성코드

관련된 파일을 제거해도 PC나 스마트폰을 재부팅해도 다시 감염되는 악성코드이다. 이는 한 번만 감염되도 시스템 손상으로 치료가 어렵다. 부트키트는 대부분 국외 사례가 많았으나 최근 국내에서도 안드로이드 운영체제를 겨냥한 부트키트가 확인되었다.

다층 나노튜브
MWNT : Multi Walled NanoTube

탄소 나노튜브를 포개어 놓은 소재

열이나 전기를 전하는 성질이 좋고 단단하여 전기나 화학분야에서 많이 활용되고 있다.

하둡
Hadoop

대용량 데이터 처리 기술

빅데이터를 효율적으로 다루기 위한 분산시스템으로 여러 개의 서버를 하나에 연결 하여 처리하는 기술이다.

타이젠
Tizen

IOS와 안드로이드 외 다목적 운영체제 플랫폼

리눅스 재단이 주관하는 스마트폰이나 가전제품, 웨어러블 기기 등을 작동시키기 위 한 운영체제이다.

자동차 전자제어장치
ECU, Electronic Control Unit

자동차를 컴퓨터로 제어하는 장치

기술의 발전과 더불어 엔진이나 자동변속기 등을 컴퓨터로 제어하여 기능의 최적화를 유지하는 장치이다.

코드 커팅
Cord Cutting

기존 방송에서 OTT 등 새로운 플랫폼으로 이동하는 현상

넷플릭스·왓챠 등 OTT 등장으로 기존 방송 시청자들이 새로운 플랫폼으로 대규모 이 동하는 현상을 말한다. 국내에서는 제로TV라는 용어가 보다 일반적으로 사용되고 있다.

디지털 발자국
Digital Footprint

인터넷 이용자들의 디지털 기록

온라인 사용자들이 온라인 활동을 하면서 남긴 구매 패턴, 검색어 기록, 홈페이지 방문 기록 등을 디지털 발자국이라고 하며 디지털 흔적이라고도 한다. 기업들은 이를 분석하여 광고나 프로모션을 할 수 있는 소프트웨어를 활용하여 소비자 맞춤형 광고를 노출한다.

퍼지 컴퓨터
Fuzzy Computer

인간 두뇌의 제어방법에 가까운 제어를 할 수 있는 컴퓨터

현재의 디지털 컴퓨터는 모든 정보를 2개의 값으로만 처리하기 때문에 모호성이 전혀 없는 것이 특징이다. 그러나 사람은 직감과 경험에 의해 융통성(퍼지)있는 행동을 한다. 이와 같이 사람의 행동과 동작을 컴퓨터에 적용하고자 하는 것이 퍼지 컴퓨터이다. 이전에는 인간의 뇌중 계산능력이 뛰어난 왼쪽 뇌를 모방하여 개발되었다면, 퍼지컴퓨터는 이미지 묘사, 상상, 판단 기능을 수행하는 오른쪽 뇌를 모방하여 인간적인 사고나 판단 기능을 특화시킨 것이다.

캄테크
Calmtech

사용자가 필요한 순간에만 제공하는 기술

조용하다(Calm)과 기술(Technology)의 합성어로 필요한 정보를 알려주지만, 주의를 기울이거나 집중할 필요가 없는 기술을 뜻한다. 센서와 컴퓨터, 네트워크 장비 등을 보이지 않게 탑재하여 평소에는 존재를 드러내지 않고 있다가 사용자가 필요한 순간에 각종 편리한 서비스를 제공하는 기술이다. 예를 들어 현관 아래에 서면 불이 들어오는 자동 센서, 자율 주행차, 스마트 홈 등이 있다. 또한 애플의 시리와 같은 인공지능 캄테크도 등장하였다.

가상광고
Virtual Adtvertising

가상 이미지를 TV 화면에 삽입하여 광고하는 것

컴퓨터 그래픽을 사용하여 가상의 이미지를 만들어 이를 광고에 사용하는 기법이다. 지나친 상업화와 시청권 침해를 우려하는 목소리도 크다.

스마트 그리드
Smart Grid

차세대 지능형 전력망

전력산업과 정보기술(IT), 그리고 통신기술을 접목하여 전력 공급자와 소비자가 양방향으로 실시간 정보를 교환함으로써 에너지 효율성 향상과 신재생에너지공급의 확대를 통한 온실가스 감축을 목적으로 하는 차세대 지능형 전력망이다. 전력 공급자는 전력 사용 현황을 실시간으로 파악하여 공급량을 탄력적으로 조절할 수 있고, 전력소비자는 전력 사용 현황을 실시간으로 파악함으로써 요금이 비싼 시간대를 피하여 사용 시간과 사용량을 조절한다. 태양광발전·연료전지·전기자동차의 전기에너지 등 가정에서 생산되는 전기를 판매할 수도 있으며, 전력 공급자와 소비자가 직접 연결되는 분산형 전원체제로 전환되면서 풍량과 일조량 등에 따라 전력 생산이 불규칙한 한계를 지닌 신재생에너지 활용도가 높아져 화력발전소를 대체하여 온실가스와 오염물질을 줄일 수 있어 환경문제를 해소할 수 있는 등의 장점이 있어 여러 나라에서 차세대 전력망으로 구축하기 위한 사업으로 추진하고 있다

차세대 메모리 반도체
Next Generation Memory Semiconductor

전원이 없어도 기억을 보존하는 성격을 지닌 메모리 반도체

D램과 낸드플레시의 단점을 보완한 것으로 빠른 속도와 기억보존 능력을 가지고 있다.

FAANG

미국 IT 산업을 선도하는 5개의 기업

페이스북(Facebook), 아마존(Amazon), 애플(APPLE), 넷플릭스(Netflix), 구글(Google)을 일컫는다.

캡차
CAPTCHA

자동 계정 생성 방지 기술

사람과 컴퓨터를 구별하기 위한 기술로 홈페이지 등에서 주로 회원 가입 할 때 사용된다. 이는 악의적으로 사용되는 프로그램을 구별하는 역할을 한다.